🏴 올해 가장 기다렸던 저자의 책. 아무리 미약하더라도 삶의 온갖 장면에 끼어드는 권력에 조금이라도 대항하는 모든 행위를, 항거의 뜻을 품고 그저 생존하는 것 자체를 저항이라고 부르고 혁명적 행동이라고 단언한다. 이는 타인을 위해 조금이라도 세상을 더 나은 방향으로 움직여나가기 위함이다. 이토록 다정하면서도 긴박한 선동을 나는 달리 알지 못한다.

🏴 이 책은 이부자리 밖으로 빠져나올 수 없는 극한의 상태를 아는 바로 그 사람에게 살아 있어달라고 손을 내밀고, 함께 봉기하자고 외친다. 아나키스트나 페미니스트가 아니더라도, 살아가는 데 어려움을 느끼는 사람이라면 여하튼 읽어보기 바란다. 올해 최고의 '부적'이다.

🏴 건강하고 건전해서 도리어 장벽이 높은 평균적인 '평범함'에서 사실 대다수는 벗어나 있지 않은가. 그 사실에 괴로워하는 사람도, 내면의 힘을 믿는 사람도 읽어주기 바란다. 이렇게 모든 사람에게 다정한 책은 처음이었다.

🏴 사회와 자신 사이의 충돌에 대해 철저하게 고찰하여 쓴 에세이집. 저자는 '삶의 괴로움'이라는 말로 정리해버리지 않고, 누구나 '살아갈 수 있는' 사회를 추구하는 자세를 견지한다. 사는 것이 괴롭고 힘든 일이 많은 세상에서 좌절 직전까지 가더라도 자신의 언어를 갈고닦아 날카롭게 반격의 기회를 노리는, 그야말로 '뼈를 깎아' 나온 듯한 문장에 전율했다.

한국 출판 편집자들의 추천사

🚩 갈수록 안 좋은 쪽으로 흐르는 것만 같은 세상을 보며, '나는 무엇을 해야 하고 무엇을 할 수 있을까'라는 물음만 우물거렸다. 입으로만 정의를 말하는 나 자신이 어쭙잖게 느껴지는 날도 많았다. 용기를 내어 광장에도 나가보았지만, 무력감은 해소되지 않았다. 그런데 이 책을 읽으며 숨통이 트였다. 모든 권력과 차별에 반대하는 아나카 페미니스트 다카시마 린은 함께 봉기하자고 외친다. 동시에 "당신이 죽지 않았으면 좋겠다"라고 이야기한다. 그의 저항은 '사는 것'에서 출발하기에. 그러니 부디 우리 함께 살자. "애당초 인간의 생을 으깨려고 하는 이 세상에서 살아남는 것이 이미 저항"이니.

_곽명진(원더박스 출판사)

🚩 신자유주의가 확고히 자리 잡은 줄로만 알았는데, 어디서 이런 '정확한 반신자유주의 매뉴얼'이 나왔을까. 이 책이 소개하는 아나카 페미니즘, 탕핑주의(바닥에 드러눕자)를 토대로 하여, 조만간 우리 사회에도 개별적이고 구체적인 행동으로서의 반신자유주의 지침이 등장하리라 본다. 방구석, 이불 속이 여전히 좋은 사람이라면 더더욱 반가워할 행동 교과서!

_박대우(온다프레스 출판사)

🚩 높은 곳에서 만나자는 말을 들을 때마다, '그럼 올라가는 동안은 각자 알아서 잘 살아보는 건가? 못 올라가면 이대로 안녕이고?' 하는 삐딱한 마음이 들었다. 이 책은 이런 사람을 위한 책이다. 다카시마 린은 고집스럽게 누구도 뒤에 남기지 않는 운동을 주장한다. 그러기 위해 기존의 모든 질서를 거부해버렸으니 가끔 헤매기도 하겠지만, 앞뒤 양옆에 살아서 싸우는 이들이 가득하다. 누워서, 휠체어를 타고, 지팡이를 짚고, 배를 곯고, 온갖 색깔 깃발을 흔들고, 약을 삼켜가며, 자신을 미워하는 그대로 살아남는 투쟁에 기꺼이 동원되고 싶다.

_이은정(위즈덤하우스 출판사)

🚩　“누구든 살아 있으라”는 30년 전 어느 시인의 말이 텅 빈 거리를 메아리처럼 울리는 지금, 시대가 주는 무력함에 지친 젊음에게 이 책은 더없는 위로를 선사한다. ‘죽지 말고 이야기하자’ ‘행복할 필요 같은 것 없다’ ‘내가 누군지 명명할 필요도 없다’고 말하는 다카시마 린의 이야기는 얼핏 발칙하나 사실 누구에게든 유효하기 때문이다. 이 책은 일상에 자박히 깔린 절박함으로 생의 의미를 골몰하며 삶의 방향을 더듬어나가는 번뜩이는 젊은 여성의 치열한 분투기다.

_인수(유유 출판사)

🚩　세상을 바꾸려면 앞으로 나서야 한다고 생각했다. 그래서 거리로 나서는 이들을 보며 그러지 못하는 나 자신에게 무력감과 부끄러움을 느껴왔다. 나는 비겁한 도망자였다. 이 책은 나에게 그래도 된다고, 거기가 혁명의 시작이라고 말한다. 저항의 정신으로, 일단은 죽지 않고 살아갈 것, 그리하여 혁명의 동심원을 넓혀갈 것. “해마다 모든 게 나빠지는 듯한 분위기”에서 나고 자란 일본의 90년대생 아나카 페미니스트의 이 말에 위안과 용기를 얻게 된다. “변화는 착실한 행동에 의해 조금씩 찾아온다.”

_최윤경(어크로스 출판사)

이불 속에서 봉기하라

생존을 위한 최소한의 저항법

이불 속에서 봉기하라

다카시마 린 지음
이지수 옮김

"이불 밖은 위험해!"

생각
정원

차례

서문

살아 있는 것이 괴로운가? 이 세상이 미운가? 이 세상이 변하기를 바라지만 그 징조조차 보이지 않는 현재의 상황에 실망하고 있는가? 이부자리 위에서 꼼짝도 못 하는 채로, 딱히 보고 싶지도 않은 SNS나 천장, 이불 안쪽을 끝도 없이 바라보며 스스로도 정체를 알 수 없는 불안을 견디고 있는가?

혹시 당신에게 그런 경험이 있다면 이 책은 당신을 위한 것이다. 당신에게 이 책이 필요치 않다 해도 이 책은 당신을 위해 세상에 나왔다. 말하자면 이 책은 일방적으로 당신을 기다리고 있는 셈이다. 열려 있는 문, 마실 수 있는 물이 솟아나는 고요한 샘, 또는 아무도 없는 호숫가의 벤치로 지금 이곳에 존재하고 있다. 당신은 여기로 올 수도 있고, 오지 않을 수도 있다. 온다 해도 관심을 보이지 않은 채 지나가버릴

지도 모른다. 그러므로 이 기다림은 당신을 향한 나의 기도에 가깝다.

하지만 기도의 힘은 약하지 않다. 이 점은 분명히 말해둬야 한다. 기도한다거나 믿는다는 말을 대상의 불가능성을 얼버무리기 위한 어휘로, 혹은 단순한 미사여구로 깎아내려서 사용하는 것을 나는 경멸한다. 기도를 비웃으면 대체 인간이 무엇을 할 수 있단 말인가? 나는 이 지옥 같은 세상에서 진부하게 변해버린 '믿는다'는 말의 참뜻을 되찾고 싶다. 믿는 것은 믿는 것이다. 무언가를 하려면 그것이 가능하다고 믿는 수밖에 없다.

나는 이 세상을 조금이라도 나은 방향으로 움직이고 싶다. 어느 누구에게도, 어떤 거대한 힘에도 위협당하지 않고 존재할 수 있는 세상을 만들고 싶다. 그것이 구체적으로 어떤 모습을 한 세상인지는 아직 다소 불분명하다. 지금 시점에서 내가 가진 비전은 국가, 가부장제, 이성애 규범, 자본주의를 비롯한 온갖 권력과 차별, 배외주의를 해체·부정한 뒤, 감정적 관계를 필요로 하지 않는 상호부조相互扶助에 의해 성립하는 사회를 전망하는 것, 그뿐이다. 우선은 약한 개인을 궁지로 내모는 현재의 상황을 비판·파괴·거부하는 것에 역점을 두고 있다.

나는 비판, 파괴, 거부를 비롯해 '이 세상을 더 나은 방향으로 움직이기 위한' 모든 활동을 혁명적 행동으로 인식하며, 혁명을 믿고 있다. 이 흐릿한 경계를 나는 오히려 환영하고 싶다. 그것이 보다 많은 사람들을 더욱 많은 장소로 끌어들이는 데 필요한 요소이기 때문이다. 나는 혁명을 위해 함께 싸울 수 있는 사람이 한 명이라도 더 많기를 바란다. 그러므로 당신을 기다린다고 말하기는 했으나, 내가 실제로 기대하는 일은 **당신이 나와 함께 혁명적 행동에 휩쓸려주는 것**이다.

혁명에서 함께 싸운다는 것은 사상의 공유도, 감정적 결속의 공유도, '현장'의 공유도 아닌 목적의 공유다. 각자의 장소에서 저마다 투쟁을 계속해나가는 것이야말로 혁명의 올바른 수순이다. 누군가에게는 국회 앞에서 자신의 요구를 외치는 것이 투쟁일 수도 있고, 다른 누군가에게는 직장 동료의 차별 발언을 웃어넘기지 않고 "그거 차별 발언이에요"라고 말하는 용기가 투쟁일 수도 있으며, 또 다른 누군가에게는 지금 살아남는 것 자체가 투쟁일 터다.

혁명은 어느 날 갑자기 모든 것이 뒤바뀌는 극적인 현상이 아니다. 변화는 착실한 행동에 의해 조금씩 찾아온다. 지금 시점에서 우리가 힘을 기울여야 할 일 역시, 혁명적 행동이 초래할 결과를 걱정만 하는 게 아니라 지금 자신이 무엇을 할 수 있을지 생각하는 것이다. 한순간만 거창하게 들고 일어났다가 산산이 흩어지는 저항은 투쟁이 아니라고 절대 생각하지 않지만, 내가 중시하는 것은 보다 지속 가능한 혁명이다.

일단은 살아갈 것. 살아남음으로써 저항운동 또한 궤멸하지 않고 이어질 수 있다. 뒤집어 말하자면 저항의 의지를 유지하면서 살아가는 삶 자체가 이미 혁명에 가담하는 것이다. 그러므로 '혁명'이라는 단어에 놀라서 '그런 과격한 행동은 따를 수 없어' 하고 생각한 사람도 걱정할 필요 없다. 나는 손가락 하나, 시선 하나 움직이지 않고서 권력에 저항할 수 있다고 약속한다.

방금 말한 '혁명'은 얼핏 생각하기에는 고독한 행위 같다. 그러나 목적을 짊어진 시점에서 나는/당신은 같은 목적을 짊어진 누군가의 등 뒤를 지키게 된다. 안쪽을 향한 원이 아니다. 우리는 바깥쪽을 향한 원으로 공동전선을 구축할 수 있다. 살아가는 것은 괴롭다. 변화가 없는 이 세상이 밉다. 하지만 아무런 힘도 없다. 그런 우리가 저마다 살아가며 각자 싸운다. 이 싸움이 쌓이면 반드시 거대한 '분수령'이 만들어질 것이다. 나는 그렇게 믿는다.

이런 이야기를 하고 있는 '나'는 다카시마 린이라는 이름으로 글을 쓰는 아나카 페미니스트anarcha-feminist,* 다시 말해

---

* 성평등을 이룩하기 위해서는 아나키즘(무정부주의)을 바탕으로 해야 한다고 주장하는 '아나카 페미니즘'을 따르는 사람을 이른다.

모든 권력과 차별에 반대하는 사람이다. 지하철 사린 사건*과 한신·아와지 대지진이 일어난 1995년 가을에 태어났다. 유치원을 졸업할 무렵 미국에서 9·11 테러가 있었고 초등학교를 졸업하는 시기에 리먼 사태가 터졌으며, 중학교를 졸업할 때는 동일본 대지진이 일어났다. 나는 태어나서 지금까지 호경기를 경험하지 못했고, 해마다 모든 게 나빠지는 듯한 분위기 속에서 인생을 살아왔다.

사람을 세대별 경험으로 뭉뚱그려 이야기하는 것의 폭력성을 일단 감수하고서 굳이 세대론을 말하자면, 우리 세대는 처음부터 대체로 모든 것을 체념하고 있다. 아니, 어쩔 수 없이 체념하게 되었다고 본다. 자기 자신이 주체로서 무언가를 선택했다는 감각은 거의 없다. 그저 정신을 차려 보니 나빠져 있었고, 그 '나쁜 흐름'을 거스를 수 없다는 것만큼은 확실하게 학습했다. 모든 것은 나빠진다. 하지만 어쩔 도리가 없다. 그것이 중심 가락이며 리듬이다. 우리에게 주어지는 질문은 무엇을 노래할 것인가 뿐, 리듬 변경이나 악보 파괴는 처음부터 선택지에 없었다. 그야 우리 스스로가 무언가를 움직일 수 있는 '주체'라는 자각이 없으니까. 그런 계기가 한 번도 찾아오지 않았으니까.

* 일본의 사이비 종교인 옴진리교의 신도들이 도쿄의 지하철 내에 맹독성 신경 가스 '사린'을 살포해 14명이 사망하고 6300명이 중경상을 입은 동시다발 테러 사건.

이런 상황 속에서 살아왔으니 내가 말하는 혁명은 '허풍'으로 받아들여질 가능성이 매우 크다…. 무슨 소리인지 모르겠어/어차피 아무것도 바뀌지 않잖아/뭐? 진심이야? 등등. 그럴 법도 하다. 나 또한 그러한 상황의 영향을 받지 않는 것은 아니다. 국가를 정말 해체할 수 있을까? 가부장제에 의한 지배를 전부 없앨 수 있을까? 모든 것을 때려 부순 뒤에도 나는 살아갈 수 있을까? 언제나 두렵다.

하지만 나는 진심으로 공포를 느낀다. 정말로 그렇게 되지 않을 가능성에 벌벌 떨고 있기 때문에, '지금과 다른 세계'에 도달할 길을 모색하는 것도 진심으로 초조해하는 와중에 한다. 당신도 지금, 사실은 두려워하고 있지 않은가? 더욱 나빠질 세계가 공포스럽지 않은가? 만약 그렇다면 당신은 이미 문 앞에 서 있는 것이다. 그 공포를 '진심'으로 느끼고 있으니 말이다.

같은 말을 몇 번이나 반복하지만 '진심'은 항상 소중히 여겨야 한다. 진심이라는 말 역시 이 세상의 독기에 참뜻을 빼앗겨온 개념이다. 이 또한 확실하게 되찾아야 한다. 무력한 몸으로, 진심의 혁명을 지향하고 실천해나가기. 권력에 빼앗긴 것을 확실하게 되찾기. 내가 뜻을 둔 것은 그런 일이다.

실제로 아나키즘은, 말하자면 '진심의 유토피아 사상'이다. 지금과는 다른 세계를 실현할 수 있다고 진지하게 생각하고, 그 실천 방법을 도덕적으로 논의하기 위한 이념이다.

이 이념이 중심축이 된다는 점은 틀림없다. 하지만 한편으로 '다른 세계'로 이행하는 데는 엄청난 에너지가 필요하다. 이 자세를 추구하다 보면 '체력이 좋고 정신적으로도 강인하며 권위적인 사람만이 혁명을 선도한다'라는 마초이즘으로 향하는 함정이 기다리고 있다. 이는 반드시 피해야 할 길이다.

따라서 아나키즘에는 페미니즘이 반드시 필요하다. 이들은 언제나 양쪽 바퀴로 굴러가야 한다. 페미니즘은 원칙적으로는 여성 차별에 반대하는 운동, 사상의 이름이지만, 이 책에서는 온갖 차별과 불평등에 맞서는 운동, 사상이라고 이해해도 상관없다. 페미니즘에 대한 이해는 개인차가 크고 그 자체는 나쁜 일이 아니지만(단, 트랜스젠더 차별처럼 절대로 허용해서는 안 되는 차별적 사상을 내세우며 '페미니스트'를 자칭하는 무리도 있으니 주의해야 한다), 나는 적어도 여성 차별 이외의 이슈에 관심을 두지 않는 자세는 페미니스트로서 틀렸다고 본다. 약자의 입장에 놓인 모든 사람을 힘닿는 대로 옹호하고, 누군가의 존재를 허락하지 않는 공간의 형성을 저지하는 데 있어서 아나카 페미니스트의 사상은 혁명의 중추가 될 것이다.

그렇다면 실제로 어떤 일을 하면 될까? 앞서 잠깐 이야기 했지만 내가 생각하는 '저항'은 매우 다양한 방면에 걸쳐 있다. 내가 함께 싸우고픈 사람들은 분명 내 상상의 범위를 벗어나는 곳에도 많을 것이므로, 그들을 되도록 누락시키지 않고 말을 건네려면 특정한 활동 영역을 지정할 수 없기 때문이다. 각자의 장소에서 저마다의 문제를 마주하고 있지만, 우리의 적은 언제나 권력이다. 따라서 나의/당신의 삶에서 온갖 장면에 끼어드는 권력에 조금이라도 맞서는 모든 행위를 나는 저항이라고 부르고, 혁명적 행동이라고 말한다. 우리의 생활 속에서는 늘 어떤 힘이 나타나 나를/당신을 모종의 형태로 위협할 것이다. 그때마다 나를/당신을 위협하는 그것의 정체를 최대한 탐색하고, 자신의 생존을 위협받지 않는 범주에서 물리치기를 시도하자. '자신의 생존을 위협받지 않는 범주에서'라는 대목을 '안일하다'라고 여기지 않는 것이 중요하다. 저항의 뜻을 품고 살아가는 것은 이미 괴로운 일이다. 그러므로 그 자세를 유지하는 것은 결코 '안일한' 상태가 아니다. 그리고 나는, 진심으로 당신이 죽지 않기를 바란다. 당신이나 내가 목적을 위해 부조리하게 죽는다면 그것은 혁명이 아니다. 나도 죽지 않도록 노력할 테니 당신도 죽지 말고 살아주길 바란다.

다시 한번 말하지만 살아 있는 것은 무척 괴롭고 슬픈 일이다. 가뜩이나 괴롭고 슬픈데 지금의 세상에 저항하려고 하면 고통은 몇 곱절로 늘어난다. 그것은 틀림없는 일이고, 어쩔 수 없다. 살아 있는 의미도 애초에 없다. '행복'해지는 것이 삶의 목적이라면, 나한테는 죽을 이유밖에 없다.

그렇기 때문에 '행복'을 끊임없이 의심한다. 지금 세상에서 나 하나가 만족해봤자 거기에 무슨 의미가 있겠는가? 단언컨대 정말로 아무런 의미도 없다. 같은 현실에 괴로워하는 타자가 있는 한, 우리는 현실의 구성원으로서 그 고통과 싸울 책임을 분명히 짊어지고 있다.

기왕 태어났으니 다른 사람을 위해, 조금이라도 이 세상을 더 나은 방향으로 움직이자. 자기 자신에게 살의를 내뿜지 말자. 목을 감싼 손을 풀고, 천천히 사회를 향해 주먹을 고쳐 쥐자. 온갖 것들로 인해 궁지에 몰려 이부자리 위에 드러누운 채 꼼짝하지 못하는 몸은, 당신의 의지 하나로 봉기에 참여시킬 수 있다. 나는 당신과 함께 그런 투쟁을 해보고 싶다.

마지막으로 이 책에 관해 설명해두겠다. 이 책은 여덟 개의 부로 이루어졌으며, 전부 독립적인 에세이로 구성됐다. 모두 생존을 움켜쥐고 권력에 저항하기 위해 쓴 문장이다. 짧은 글도 있고 긴 글도 있으며, 가벼운 글도 있고 무거운 글도 있다. 어디서부터 읽어도 상관없다. 당신의 기분과 컨디션에 따라 무리하지 않는 선에서 읽어준다면 그게 가장 좋다.

이 책이 당신의 생존과 저항을 돕고 이 세상의 편파적인 '정상正常'을 뒤섞어 부수는 데 일조할 수 있다면, 그보다 큰 행복은 없을 것이다. 살아남고, 저항하고, 몇 번이든 만나자. 나는 독자 여러분을 믿고 싶다.

한국어판 독자 여러분께

　세상이 참 엉망진창이지요. 저는 한국어권—지역을 나라 이름으로 부르기 싫어서 이렇게 표기합니다—의 사회 정세를 잘 알지 못하지만, 아마 그쪽도 엉망진창이리라는 것 정도는 짐작할 수 있습니다.

　우리는 분명 탈진해 있습니다. 너무나 지쳐서 당장이라도 이불 위로 쓰러져 죽은 듯이 잠자고 싶습니다. 사회는 그런 상태인 사람을 계속 닦달합니다. 너는 더 할 수 있잖아, 진짜 실력을 아직 안 보여줬잖아, 온 힘을 쏟아붓지 않으면 의미가 없어, 얼른 일어나, 일어나는 거야. 그렇게 말하며 기진맥진한 우리의 먹살을 쥐고 억지로 일으켜 세우는 것이 지금의 고도 자본주의사회입니다.

　게다가 그 위로 온갖 차별이 포개집니다. '남자'나 '여자'

중 어느 한쪽에 속할 수 있는 것이 '평범', 태어날 때 부여받은 성별 그대로 살아가는 것이 '평범', '이성'이라고 불리는 존재와 연애해서 결혼하고 아이를 낳는 것이 '평범'. 가부장제가 강제하는 '평범'을 수행하지 못하면 금세 낙오자 취급을 당합니다.

이 상황에 이의를 제기하려 한다 칩시다. 하지만 거기서도 장벽이 다시 앞을 가로막습니다. 우리는 완전히 진이 빠져 있으니까요. 이렇게 기진맥진한 상태로 대체 뭘 할 수 있을까요? 기력을 잃고, 정신건강 문제와 싸우면서, 게다가 또 사회운동까지 해내려고 합니다. 여기까지는 괜찮습니다. 그러나 운동의 장에도 독재자가 있어서 "너희들은 아무것도 안 하잖아" 하고 트집을 잡습니다. 현장에 안 나오는 사람은 쓸모없다면서요. 정작 문제는 그럴 기력과 체력을 빼앗긴 것인데 말입니다.

제가 부수고 싶은 것은 그런 사회 전체입니다. '평범'하게 '행동하라'고 강제하는 모든 것입니다. 국가라고 불리는, 인간을 '생산성'을 위한 도구로밖에 보지 않는 쓰레기 같은 시스템 그 자체입니다. 저는 국가를 매장하고 싶습니다. 국가 없는 세상에서 새롭게 살아보고 싶습니다.

원서 제목인 '이불 속에서 봉기하라'는 이불 속에서 꼼짝하지 못하는 사람을 위해 지었습니다. 괴로움에 휩싸여 눅

눅한 이불 속에서 몸부림치고, 아무것도 하지 못하는 자신을 돌아보며 힘없이 주먹을 쥡니다. 지금 죽어버릴까 문득 생각하며 무의미하게 SNS를 계속 봅니다. 저는 바로 그런 사람과 연대하고 싶습니다. 함께 이불 속에서, 괴상한 존재로서 사회에 들어앉아, 괴로운 신음 소리에서부터 모든 것을 시작합시다. 저는 분통 터지는 진흙탕 속에 있는 당신과 손을 잡아보고 싶습니다.

바다 하나를 사이에 뒀으니 분명 가까운 거리는 아닙니다. 언어의 장벽도 있고요. 한반도에 대한 일본의 전쟁 책임도 결코 무시할 수 없겠지요. 우리는 멀리 떨어져 있습니다. 그럼에도 당신이 지금 이 문장을 읽고 있다는 건 우리가 새로운 연대를 맺을, 같은 적과 싸울 준비를 갖춰가고 있다는 증거일 겁니다. 자본주의, 가부장제. 이와 같은 악을 옹호하는 국가라는 폭력 장치를 우리는 완전히 때려 부술 필요가 있습니다. 저는 이것이 급진적인 주장이라고 생각하지 않습니다. 생명이 존엄성을 가지고 살아가기 위한 하나의 과정일 뿐이기 때문입니다.

가장 중요한 건 국가가 사라진 세계가 존재한다고 믿는 것입니다. 모든 권력체가 사라진 장소에서 유동적인 커뮤니티를 만들어 살아가는 것. 그런 미래를 상상하고 창조하는 것. 우리는 그 일을 기도하듯이 수행해야 합니다.

자, 아나카 페미니즘의 세계로 어서 오세요. 국가를 폐지하고, 가부장제를 폐지하고, 자본주의를 폐지하고, 모든 차별과 권력을 적대하기 위한 연대로 어서 오세요. 저는 당신을 환영합니다.

1

모든 권력을 거절하라

: 아나카 페미니즘

그냥 페미니스트이기만 해서는, 혹은 그냥 아나키스트가 되기만
해서는 약자의 입장에 놓인 삶을 광범위하게 끌어들이는 혁명은
일으킬 수 없다. 동시에 아나키즘과 페미니즘이 양쪽 바퀴를 하나씩
맡아야 한다는 점을 가시화할 필요가 있다.

거절의 언어
: 나의 아나카 페미니즘 강령

나는 나의 언어로 권력을 거부한다.

나는 나의 언어로 국가를 거부한다.

나는 나의 언어로 가부장제를 거부한다.

나는 나의 언어로 모든 차별을 거부한다.

나는 나의 언어로 자본주의를 거부한다.

나는 나의 언어로 천황제를 거부한다.

나는 나의 언어로 식민지주의를 거부한다.

나는 나의 언어로 신자유주의를 거부하다.

이것이 나의 아나카 페미니즘이다.

'나의'라고 말할 때의 '나私'. 나는 '나'라는 개별적 존재

를 확신하고 있지 않다. 나는 언제나 무수한 세균과 세포 들로 이루어져 있는 '통생명체holobiont'*이며, 나의 내부에는 생물로서의 복수성複數性이 있다. 이를 전제하고서 '나의'라고 말할 때의 '나', 이는 내 의사 결정 조직의 일인칭이자 언제나 유동성을 띠고 있는 임시 주어다. 끊임없이 요동하면서도 이미 여기에 존재하는 삶을 뭉개버리려고 하는 힘에 최대한 저항하기 위해 박아넣는 쐐기의 일종, 그것을 여기서는 '나'라고 한다. 꼭 '와타시私'가 아니라도 좋다. 오레俺/지분自分/와시わし/보쿠僕/?/….**

내가 바라는 것은 잃은 땅의 수복이다.

이 세상에 두 종류의 언어가 있다고 가정해보자. 하나는 '수용의 언어', 다른 하나는 '거절의 언어'다. 여성 젠더가 요구받는 것은 늘 전자였다고 단언해도 좋다. 여성 젠더의 입장에 처해온 내가 창조하고 싶은 것은 무엇보다 새로운 거절

---

* 하나의 생명체를 규정할 때, 한 개체와 그 개체에 공생하는 미생물 등의 다른 생명체를 함께 묶어 생각하는 개념.

** 일본어에서는 말하는 사람의 연령과 성별, 또는 듣는 상대나 상황에 따라 일인칭을 구분해 쓴다. '와타시'는 남성과 여성 모두가 격식 있는 자리나 공적인 자리 등에서 쓰는 가장 정중한 표현이고, '오레'는 남성이 쓰는 거친 느낌의 일인칭으로 듣는 상대가 동등한 사이이거나 아랫사람일 때 친한 관계에서만 쓴다. '보쿠'도 남성이 쓰는 일인칭이며 '오레'보다 부드러운 표현이다. '지분'은 뉘앙스가 강경해서 남성이 많이 쓰는 일인칭이지만 여성이 사용하는 경우도 있다. '와시'는 주로 남자 노인이 쓰는 일인칭으로 다소 거만한 느낌을 준다. 이 글에서 저자는 자신을 가리키는 일인칭으로 '와타시'를 썼다.

의 언어이며, 나는 거절로써 빼앗긴 장소를 되찾기를 바란다.

강탈이라기보다 탈환이다. 과거에 빼앗겼던 것을 모조리 되돌려받는다. 그리고 억지로 수용해온 것을 위장 밑바닥에서 토해내 보여준다. 그 투쟁은 젠더 구분 자체가 필요 없어질 때까지 끝나지 않을 것이다.

그렇기에 나의 아나카 페미니즘은 무엇보다 잃은 땅의 수복이며, 거절의 언어를 필요로 한다.

내가 바라는 것은 유토피아 창조다.

아나키즘의 실현에는 끝이 없다. 권력을 모조리 해체했다 해도 그로써 아나키즘이 '완성'되지는 않는다. 아나키즘이란 유동적이고, 지극히 직접민주주의적이며, 감정적인 관계가 필요치 않은 상호부조의 공동체가 지속·난립하는 상황이다. 나는 권력의 발생을 막으려는 온갖 노력이 거듭되는 그 연속체야말로 이상적인 아나키즘이라고 믿는다.

요컨대 아나키즘이란 끊임없는 권력 부정이며, 여기서도 필요한 것은 거절의 언어다. 나는 거절을 통해 언제나 새롭고 항상 변처하는, 그리고 이합집산의 가능성을 지속저으로 품고 있는 공동체의 창조를 지향한다. 이는 아마도, 아니 틀림없이 지난한 작업일 것이며 나의 짧은 삶 하나로는 완수할 수 없는 일인지도 모른다. 그러니 되도록 이런 생각을 글로 써서 남기고 퍼트려둬야 한다.

따라서 나의 아나카 페미니즘은 유토피아 창조이며, 거절의 언어를 필요로 한다.

매 순간 변하는 현상이 되고 싶다

현상現象이 되고 싶다. 현상. 나 자신의 연속성을 없애고 싶다. 내 안의 무언가가 멋대로 고정되는 것이 너무나 불쾌하다. 나를 만날 때마다 새롭게 나를 '관측'해주고, 그때마다 새로운 존재로서의 나를 행동으로 판단해줬으면 한다. 내가 언제 어떻게 변할지 모르니까. 가령 어떤 사람이 3초 전까지 '여성'이었다 해도, 다음 순간 '남성'이나 '논바이너리non-binary'나 '젠더퀴어genderqueer'*가 될 가능성을 어떻게 부정할 수 있을까? 성격, 젠더, 사상, 전부 초 단위로 갱신될 수 있다.

---

* 논바이너리와 젠더퀴어는 둘 다 젠더를 여성 또는 남성으로 분류하는 기존의 이분법적 성별 구분(젠더 바이너리gender binary)에서 벗어나 그 외의 성적 정체성을 가지는 상태, 혹은 그러한 특성을 지닌 사람을 뜻한다. 논바이너리는 젠더퀴어, 젠더플루이드(젠더 정체성이 주기적으로 변동하는 이), 에이젠더(젠더를 가지고 있지 않은 이) 등의 여러 정체성을 포괄하는 용어로도 사용된다.

그 폭을 고려해 어떤 상대건 '인간'으로 마주하는 것이 당연해지면 된다. 요동하는 것도, 요동하지 않는 것도 개인의 자유다. 누구도 방해해서는 안 된다.

지금 이 글에서는 내가 평소 가장 자주 사용한다는 이유로 '와타시'라는 일인칭을 쓰고 있지만, 여기에는 갈등이 있다. '와타시'의 어감이 너무나 예의 바르기 때문이다. 속도 면에서는 느리다. 보다 민첩하고 날카롭게 자아의 말뚝을 땅에 꽂아 세우기에는 '와타시'가 지나치게 동글동글해서 하나부터 열까지 부족하다. 그럼 '오레'를 쓰면 어떨까? 실제로 나 자신을 '오레'라고 칭하는 경우가 간혹 있다. 내가 원하는 속도와 예리한 각도에 잘 맞아서 쓰면 기분이 좋다. 하지만 결국 공격적으로 말할 때는 '남성'의 형태를 취해야만 하는가 생각하면 그건 그것대로 분하다. 게다가 세상 사람들은 "스스로를 '오레'라고 칭하는 여자"를 딱하게 여기기 일쑤라서 거기에도 갈등이 있다. 중성적이면서도 재빨리 나를 땅에 꽂아 넣을 수 있는 공격적인 일인칭이 필요하다. 뭐 좋은 거 없을까? 일단 이 글에서는 자아의 갈등을 설명했으니 일인칭은 '와타시'로 설정한 채 계속 쓰겠다. 다음에 또 바뀔 수도 있지만, 신경 쓰지 말고 읽어주시기를 바란다.

자기 인식과 타자로부터의 인식을 둘러싼 갈등이 완벽하게 해소되기를 바라는 것은 현재로서는 엄청나게 허황된 소망이다. 예를 들면 나는 힘 쓰는 일을 대체로 싫어하지 않아서 커다란 상자도 잘 나르는데, "여자한테 짐을 들라고 하면 안 되지" 하며 '나'보다 호리호리한 선배가 내 손에서 상자를 빼앗아 갈 때가 있다(그건 대체 뭘까?). 내 몸이 소재가 되지 않는 선에서는 야한 이야기도 좋아하지만, 화제가 에로틱한 방향으로 흘러갈 조짐이 보이면 "여자가 있는 데서는 좀 참자" "성희롱으로 여기면 곤란해" 하며 재빨리 입단속을 하는 사람이 있다.

이런 행동들은 '배려'라고 생각한다. '여성'만 짐을 옮기고 그동안 '남성'은 아무것도 하려 하지 않거나, 거부하는데도 나의 성 체험을 꼬치꼬치 캐묻는 상황보다는 훨씬 낫다. 신경 써야 한다는 마음을 가지고 있는 것은 좋은 일이다. 하지만 거기에 있는 것은 거리와 단절이며, '다가오는' 느낌은 전혀 들지 않는다. 그 핵심에는 '귀찮은 일이 벌어지기 전에 조금 거리를 두자'라는 보신주의가 있다. 이는 눈앞에 있는 상대를 진지하게 마주하려는 자세와 닮아 보이지만 실제로는 전혀 다른 방식이다. 난 힘 쓰는 일을 많이 해봤고 잘해. 야한 이야기 듣는 거 생각보다 좋아해. 이렇게 그 자리에서 동의를 표시해도, 그때까지 쌓아온 관계가 있으니 어느 정도 이해해줄 거라고 생각해도, "그래도 넌 '여자'니까…" 하는 선 긋기로 모든 게 멀어진다. 예컨대 교수와 학생이나 상사와 신입사원 등 권력 관계상 표면적인 동의를 단순히 동의로 판단할 수 없는 경우도 있으니 어렵다면 어려운 일이다. 하지만 상대가 그렇게까지 멋대로 대화를 기피한 뒤에 '아아, 귀찮은 규칙이 생겼지만 어쩔 수 없네' 하는 식의 태도를 취하면, 정말로 어쩌면 좋을지 모르겠다. '여자'는 한데 묶어 '배려'받는 쪽에 둬야 하고, '남자'에게는 남자라는 이유만으로 무거운 짐을 들게 하고 (대부분은 이성애를 전제로 한) 음담패설을 해도 된다고 해석하는 사람을 앞두면 정말이지 "…**뭐라고?**"밖에 할 말이 없다. "방해해서 죄송합니다" 하며 그 자리를 벗어나야 하는 걸까? 그런 걸 반복해서야 언제쯤 대화를 나눌 수 있는 걸까?

아마 이 글을 읽고 자신이 공격당하는 것처럼 느끼는 사람도 있을지 모르지만, 나한테는 개인을 공격할 의도가 없다. 나도 이제까지 죽도록 실패해왔고, 실제로 어떻게 하는 것이 정답인지 모를 때도 많다. 또한 인간의 사고 회로는 대부분 사회 환경에 의해 구축되니 누구 한 사람의 책임으로 돌릴 일도 아니다. 최종적인 메시지는 '성별을 불문하고 어떻게 하는 것이 좋을지 매번 함께 생각해보고 싶습니다', 이게 전부다.

눈앞에 있는 사람이 어떤 인물인지, 실은 언제나 알 수 없다고 생각한다. 무엇이 어떻게 바뀌고 있나, 지금 상대에게 무슨 일이 일어나고 있나. 내 눈에 상대의 아이덴티티로 보이는 것이 상대에게는 아이덴티티가 아닌 경우도 있고, 그

반대의 경우도 있다. 무엇을 어떻게 존중하면 좋을지는 모두가 매초 바뀌고 있다고 말해도 좋다. 끝이 없다. 어렵다. 어렵기 때문에 멀리해서는 안 되며, 실수하고 사과하고 다시 하고 실수하고 사과하고 다시 하는 수밖에 없다. 모두 함께 준비, 시작! 하며 마음 단단히 먹고, 매초마다 변하는 현상이 되자. 나도 남 말할 처지가 아니지만, 내 멋대로 노력할 테니까.

아나카 페미니스트가 된 이유

　나는 언제부터 아나카 페미니스트였나? 정확한 시기나 계기는 기억나지 않지만, 아마도 '아나키스트라고만 하거나 페미니스트라고만 말하기가 충분하지 않다고 느꼈을 때부터'가 그 대답일 것이다.

　미리 말해둬야겠다. 아나키스트, 또는 페미니스트라고 분류해도 각각의 내부에는 엄청난 차이가 있다. 예컨대 아나키스트 중에는 모든 책임을 개인에게 돌리는 대신 모든 행동의 자유를 지지하는 개인주의적 아나키스트도 있고, 집단의 책임을 중시해 때로는 노동조합 등과 행동을 함께하는 집단주의적 아나키스트도 있다. 선거는 국가가 주도하는 간접민주주의에 가담하는 행위이므로 투표하러 가면 안 된다고 말하는 아나키스트도 있고, 국가가 정한 정치기구에 편승하는 것이라 해도 투표는 저항 수단의 일환이 될 수 있으니 선거에 참여하자고 주장하는 아나키스트도 있다(나는 둘 다 후자에 가까운 입장이다).

또한 페미니스트 가운데는 천황제를 지지하며 여성 천황을 실현시켜야 한다고 말하는 보수 페미니스트도 있고, 천황제 자체가 여성 차별이므로 폐지해야 한다고 말하는 좌파 페미니스트도 있다. 성 노동을 여성 차별적 행위로 보고 인정하지 않는 페미니스트도 있는가 하면, 직업의 일종으로 여기는 페미니스트도 있다(나는 둘 다 후자의 입장이다).

나는 앞에서 든 '차이'의 예시 가운데 전자의 입장을 명확하게 비판한다. 당연한 이야기지만 간판도 중요하나 그보다 더 중요한 것은 내실이다. 같은 페미니스트나 아나키스트, 아나카 페미니스트라 해도 아무하고나 연대할 수 있는 것은 절대 아니다. 또 개별적인 문제에서 연대할 수 있는 상대라 해도 의견이 충돌할 가능성은 얼마든지 있다.

따라서 이제부터 내가 주장하는 아나카 페미니즘과 그 입장을 선택하게 된 경위는, 대체로 내 고유한 것이라고 강조해두고 싶다. 또한 나는 '흔들리지 않는' 자세에 대한 일방적인 상찬을 마초이즘의 발현으로 보고 기각한다. 그러므로 나의 사상은 또다시 변할 가능성을 품고 있다. 요동하며 여기까지 이르렀고, 요동하며 또 어딘가로 간다. 나는 그렇게 나의 사상과 그것을 선택하기까지의 역사를 서술해보려 한다.

젠더라는 경계를 뛰어넘어

'흐리멍덩한 좌익.' 페미니스트가 되기 전의 나를 묘사하면 이렇다. 욕처럼 들린다. 욕이라도 상관없다.

나는 강경한 좌익 집안에서 자랐다. 집에는 늘 좌파 사상에 관한 책이 널려 있었고, 부모님의 인간관계도 (자세히 말할 수 있을 만큼 전모를 파악하지는 못했지만) 좌파적 유대에 기반을 두고 있었으며, 초등학교에 들어가기 전부터 시위에 끌려다녔다. 어머니는 특히 교육을 중시해서 내가 중학교부터 사립 여학교에 들어간 것도 어머니의 강한 권유 때문이었다. 그런 과정 속에서 좌익 가정과 여학교를 오가며 생활하던 나는, 자신이 놓인 입장에 대해 또렷하게 자각하지 못한 채 좌파의 주장만 머릿속에 주입한 흐리멍덩한 좌익이 되어 대학의 사학과에 몸을 던졌다.

대학! 물론 대학이라는 점에서 그것은 틀림없이 동질성 높은 집단이겠지만, 나한테는 미지의 세계에 가까웠다. 갑자기 손에 들어온 행동의 자유와 불현듯 만나게 된 말이 통하지 않는 무수한 사람들—그쪽도 분명 나를 말이 통하지 않는 사람으로 여겼겠지—에 나는 심하게 동요했다. 어떻게 동요했는지 자세히 쓰려면 끝이 없지만, 그중 결정적이었던 것은 인생에서 (내가 자각하는 범위 안에서는) 거의 처음으로 '여자 취급'을 당한 경험이다. 그것은 미묘한 차별microaggression*

로서 온갖 장소에서 조금씩 쌓여갔다. 처음에는 혼란스럽기만 해서 내가 무엇 때문에 괴로운지, 나에게 무슨 일이 일어나고 있는 것인지 이해가 잘 안 되었다. 뭔가 이상하다, 뭔가 이상하지만 뭐가 이상한지 파악할 방도가 없다. 나는 대체 무엇에 괴로워하고 있는 걸까?

괴로움의 윤곽이 또렷해진 것은 문장을 쓰기 시작했기 때문이다. 내 안에서 솟구쳐 올라 멈추지 않는 것을 써서 모아보자고, 느닷없이 생각했다. 글을 쓰자 비로소 내가 무엇과 마찰을 일으키고 있는지 명확해졌다. 나는 어디를 가든 기호인 것이다! 기호에게는 사회가 기대하는 역할이 있고, 그에 따르도록 강제하는 힘이 거세게 작용한다. '여자' '딸' '젊은이'. 나는 그것들을 핑계 삼아 언젠가 '가야 할 길'을 갈 거라고 상정되었다. 내가 나로 취급받지 못한다. 그것은 절대적인 고통이었다.

'여자 취급을 당하는 것'이 분하다. 이성애 규범과 가족 제도에 적응하기 힘들다. 신체가 없는 세상으로 가고 싶다. 나는 끊임없는 동요의 한복판에서 나의 언어를 간신히 손에 넣었다. 아마도 나는 매우 중의적인 의미로 '좋은 환경'을 만

---

* 의도적이든 비의도적이든 간에, 편견이나 차별에 기반해 어떤 집단이나 개인을 미세하게 멸시하거나 부정적인 태도를 보이는 것. 예컨대 지방 사람에게 사투리를 왜 고치지 않느냐고 물어보는 것이나 전공이 뭐냐고 물어 대학을 나오지 않은 사람들을 배제하는 것, 모든 사람들이 이성애자라고 전제하고 남자(여자) 친구는 있냐고 물어보는 것 등이 이에 해당한다.

난 것이었다. 대학은 한편으로는 나 자신을 강제로 바꿔야 할 만큼 불쾌한 경험을 겪게 만드는 장소였지만, 다른 한편으로는 불쾌감을 언어로 옮기는 능력을 부여해준 풍요로운 학습 환경이기도 했다. 특히 지금까지의 지도 교수인 N 선생님께는 이름 없는 사람들의 역사를 뒤쫓는 방법을 배웠고, 이를 통해 나는 개인이 가진 생활 세계의 정치성을 차츰 깨달아갔다. 완전히 무지한 상태에서 역사를 배우고, 내가 느끼는 위화감을 언어로 옮기는 과정에서 집단적인 것에 적합하지 않은 스스로를 자각한 일은 나한테는 자아에 눈뜨는 결정적인 한 단계였다.

대학에서 나는 젠더에 대해 끝없이 고민하게 되었다. 나는 성격이 꽤나 극단적이라서 한번 생각하기 시작한 뒤로는 페미니즘에 대한 경계심을 완전히 풀어버렸다. 그러나 페미니즘 이론의 고전인 《젠더 트러블》도 진득하게 볼 근성이 솟아나지 않아 금방 도서관에 반납해버렸을 정도니, 공부에 게으른 내가 정말로 페미니스트를 자칭해도 되는지 한동안 고민하는 시간이 이어졌다.

결국 나의 페미니스트행을 도운 것은 록산 게이의 《나쁜 페미니스트》였다. 불성실해도 페미니스트로 살아갈 수 있다고 말하는 이 책은 페미니즘 학습의 입구에서 제자리걸음만 하던 나를 페미니스트로 포섭해줬다. 이는 시위에 나가는 감각과 비슷했다. 일단 간판을 다는 것만으로도 의의가 있지 않은가. 그 간판이 비뚤비뚤한 손 글씨라 해도 내 의지로 달고 있다면 그걸로 괜찮지 않은가.

이리하여 나는 다정한 선배 페미니스트의 문장이 내밀어준 손을 잡고 페미니스트라는 칭호를 손에 넣었다.

이 시기, 다시 말해 대학에 들어가서 마주한 혼란기 이후의 나에게 하나의 이상적인 상像으로 떠오른 것이 〈공각기동대〉였다. 〈공각기동대〉는 시로 마사무네의 만화를 원작으로 한 여러 버전의 애니메이션 시리즈인데, 어느 버전이나 주인공은 온몸을 기계화한('의체'라고 부른다) 천재 해커이자 여자 사령관인 구사나기 모토코 소령이다. 모토코는 성별과 나이를 불문하고 온갖 기계 신체를 자유자재로 타며, 미지의 타자와 정신적으로 융합하는 것에도 거리낌이 없다. 여성과도 남성과도 로맨스 관계를 가지며, 날카로운 목소리로 남자에게 지시를 내린다. 나는 몸이 단순한 탈것이 되어 모든 심리적 속박을 떨쳐내고 어디로든 갈 수 있는 미래를 강렬하게 동경했다. 작품 자체에 받아들이기 힘든 부분이 있다 해도, 나에게 구사나기 모토코는 지금도 온갖 경계를 뛰어넘는 데 있어서 더없이 사랑스러운 상징으로 존재한다.

"국가를 없애려고 하시는 거예요?"

"네, 그렇습니다."

분명 이런 대화였다고 기억한다. 대학원에 진학하고 시간이 조금 흐른 무렵이었다. 겨우 페미니즘의 기초 문헌을 읽기 시작했고, 내 전공인 역사학 외의 분야에 대해서도 공부할 필요가 있다는 것을 깨달아가던 시기다. 나의 스승 중 한 분인 H 선생님은 내 소박한 질문에 위와 같이 대답했다. H 선생님은 규율에 얽매이지 않고 연구를 진행하는 기백 넘치는 아나키스트로, 모든 인문학자는 아나키스트여야 한다고 생각하는 분이었다.

나는 등뼈가 충격으로 찌릿해지는 것을 느끼며 믿기 힘든 심정으로 선생님을 바라봤다. 당시 나는 국가라는 제도는 강고하게 성립되어 결코 무너트릴 수 없다고 생각했다. 그걸 무너트릴 수 있다고? 정말로? 아니, 그보다 국가를 없앤다는 발상이 내 손이 닿는 곳에 있었다고? 여태까지 나는 왜 그리로 손을 뻗지 않았던 걸까?

국가를 없앤다. 이 사상에 대해 내 안의 위화감이 급격히 일관성을 가지고 일어서는 듯한 감각을 느꼈다. 천황제, 가부장제, 호적제, 집단의 폐쇄감. 이들을 완전히 거부하려면 아나키스트가 되어야 한다는 사실을 금세 깨달았다기보다,

그 전까지 아나키스트가 아니었던 나 자신이 몹시 부끄러워졌다.

하지만 아나키스트의 책을 읽고 아나키즘에 대해 알아가다 보니, 아나키스트를 자칭하는 사람들 가운데는 엄청난 마초에 반페미니즘적 언동이 두드러지는 사람이 있다는 사실도 알게 되었다. 예를 들어 가장 초기의 아나키스트 중한 명인 프랑스 사상가 피에르 조제프 프루동은 여성 참정권에 반대했다. 최근에는 정치학자 구리하라 야스시가 자신의 저서 《아나키즘ｱﾅｷｽﾑ》에서 페미니즘에 대해 무책임한 말을 늘어놓았다.* 아나키즘은 늘 탄압을 받아온 사상이기 때문에, 아나키스트 중에서는 격렬한 행동을 통해 의사를 표명한 사람이 역사적으로 많다. 그건 좋다. 하지만 그 문맥은 아나키스트 사이에서 행동에 편중한 분위기를 자아내고 있지 않은가.

운동에서 '했는가, 안 했는가'를 추궁하는 것은 정말로 난센스다. 가령 시위에 참여했는가, 안 했는가. 조직 선전 활동

---

* 구리하라는 프랑스 노동절 시위를 중계로 보면서 다음과 같이 말한다. "마침 불타고 있는 맥도날드 앞에서 젊은 언니들이 깃발을 들고 달려가기에, 저 깃발에는 뭐라고 쓰여 있느냐고 물었더니 친구가 이렇게 대답했다. '페미니즘은 끝나지 않는다.' 저런, 말도 안 되는 소리다. 엉망진창이다."(같은 책, 3~4쪽) 임금을 비롯한 노동자의 대우 문제와 여성 차별은 밀접한 관련이 있으며, 노동절에 '페미니즘은 끝나지 않는다'라는 플래카드를 드는 것은 전혀 '말도 안 되는 소리'가 아니다. 이 문맥을 이해하지 못하거나 무시하고 있다면 그것은 악질적인 페미니즘 경시가 아닐까.─원주

을 했는가, 안 했는가. 이처럼 행동을 기준으로 사람을 둘로 나누어 '움직이지 못하는 사람'을 '움직일 수 있는 사람'의 하위로 보는 발상을 나는 부정하고 싶었다. '움직일 수 있는 사람'만 칭찬받는 혁명은 '움직이지 못하는 사람'을 싹둑 잘라서 내버린다. 그로써 사회가 변한다 해도, 그 자리에 나타나는 것은 새로운 마초이즘의 '제국'이 아닌가? 이불 속에 웅크린 사람을 끌어들이지 못하는 혁명은 나의 혁명이 아니다. 이는 온갖 차별을 부정하고 약한 삶을 옹호하는 페미니즘으로부터 배운 점이다.

그렇다면 나는 대체 어떻게 존재해야 하는 걸까?

가네코 후미코를 만나다

아나키스트의 남성중심주의에 위화감을 느낀 것과 거의 같은 시기인 2018년 여름, 공교롭게도 구리하라 야스시가 편찬한 앤솔러지 《철겹게 피어라, 자유여狂い咲け, フリーダム》를 통해 나는 가네코 후미코라는 인물을 만났다. 후미코는 1903년에 태어나 1926년 고작 스물세 살의 나이로 옥사한 운동가다. 이 책에 수록된 것은 주로 후미코의 조서인데, 그 기록은 당시 스물두 살이었던 나를 열렬히 매혹시켰다.

나는 전부터 인간의 평등에 대해 깊이 생각해왔습니다. 인간은 인간으로서 평등해야 합니다. 거기에는 멍청이도 없고 똑똑이도 없습니다. 강자도 없고 약자도 없습니다. 지상의 자연적 존재인 인간으로서의 가치로 말하자면 인간은 모두 완전히 평등하며, 따라서 모든 인간은 인간이라는 단 하나의 자격에 의해 인간으로서 생활할 권리를 완전하고도 평등하게 누려야 한다고 믿습니다.[1]

후미코는 나이를 물으면 "몇 살이든 간에 내가 지금 나 자신의 생활을 해나가는 것과는 아무런 관계도 없습니다"[2]라고 대답했고, 직업을 물으면 "현재 존재하는 것을 때려 부수는 게 저의 직업입니다"[3]라고 응수했다. 나의 동년배가 이런 말을 관청에서 내뱉을 수 있다니! 동시에 "우주의 창조자는 바로 자기 자신이다"[4]라고 말할 정도로 스스로의 행동을 강하게 긍정하는 후미코의 말에서는, 뜨끔할 정도로 긴장감을 느꼈다고 표현하는 것조차 가볍게 여겨질 만큼 격렬한 억압의 경험이 내비쳤다.

대체 이 사람은 무엇을 보고, 무엇을 생각했던 것일까? 나는 후미코의 옥중 수기 《나는 나》[5]를 비롯해 조서, 시집, 서간집, 평전 등 입수할 수 있는 후미코에 관한 책을 모조리 모아 닥치는 대로 읽었다. 그러자 후미코의 궤적이 점점 보이기 시작했다. 출생신고를 하지 않은 무적자無籍者로 태어나

교육 대신 학대를 받으며 자란 것. 부모에게 버려지다시피 하며 조선에서 고리대금업을 하던 고모의 집에 맡겨졌고, 거기서도 엄청난 학대를 받은 것. 자살을 시도했다가 단념한 것. 혈혈단신으로 도쿄에 가서 죽을힘을 다해 고학생 생활을 한 것. 공적으로도 사적으로도 파트너가 된 조선 출신 운동가 박열과의 운명적 만남. 간토대지진* 때 박열과 함께 체포되어 황태자 암살을 꾀했다는 거의 누명에 가까운 기소를 당한 것. 전향하면 풀려난다는 사실을 알고서도 한복을 입고 최고재판소에 가서 사형선고에 대해 만세를 외친 것. 이윽고 사면장이 나오자 그것을 쫙쫙 찢고 뒷날 감옥에서 스스로 생을 마감한 것….

분명히 말해 나와 후미코의 사상은 상당히 다르다. 후미코는 박열과 만난 시기에 이미 만물의 절멸을 바라는 니힐리스트(허무주의자)임을 자인했고, "개인주의적 무정부주의자"6를 자칭한 것은 사안이 최고재판소로 올라간 이후였다. 즉 후미코가 아나키스트가 된 것은 거의 죽기 직전이며, 게다가 개인의 의사에 기반한 행동을 절대적으로 긍정하는 개인주의적 입장을 취했다는 점에서 나와는 차이가 있다.

후미코는 "내가 나의 행위에 요구하는 모든 것은 나에게

---

* 1923년 일본의 간토 지방에 발생하여 10만여 명의 사망자를 낸 큰 지진. 이때 재일 한국인이 폭동을 일으켜 약탈과 방화를 일삼는다는 유언비어가 돌아 수천 명의 한국인이 학살되었다.

서 나와 나에게로 돌아온다. 요컨대 처음부터 끝까지 모든
게 나를 위한 것이며, 나 자신을 표준으로 삼는다"[7]라고 말
했다. 반면 나는 언제나 타자의 존재를 무시할 수 없고, 무시
해서도 안 된다고 생각한다. 후미코는 주체성의 발휘야말로
'살아가는 것'이라고 평가했으며, 그 결과 육체가 사라진다
해도 그것은 생에 대한 긍정이라고 결론짓는다. 하지만 나는
자신을 위해 행동할 자유를 어떤 식으로 빼앗겨 있든 간에,
그 훼방당한 삶을 계속 살아가는 길이야말로 혁명으로 이어
진다고 믿는다.

　그럼에도 후미코에게 매료되는 이유는 이 사람이 죽을
때까지, 정말로 죽을 때까지 갈등하면서도 철저하게 자신의
삶을 책임지고 살아냈기 때문이다. 후미코는 꼭 쥐고 있지
않으면 날아가 사라지는 '나'를 길거리에서부터 최고재판소
라는 국가의 앞마당까지 개진해나갔고, 마지막까지 흔들리
면서도 그 흔들림을 받아들였다. 오히려 후미코의 사상 자체
에 완전히 수긍하지 못하기 때문에, 나는 가네코 후미코가
그렇게 살았다는 현실에 대해 무엇보다 고개를 끄덕이고 싶
다. 이는 동시에 후미코로부터 물려받아야 할 것을 물려받
음을 뜻한다.

아나카 페미니스트가 되다

나는 후미코를 만나 아나카 페미니스트가 되었다. 후미코 자신은 한 번도 아나카 페미니스트를 자칭한 적이 없지만[8], 그는 나를 아나카 페미니스트로 만들었다. 후미코의 삶이 나를 그렇게 이끈 것이다.

여하튼 나는 페미니스트로서 국가를 포함한 모든 권력을 부정하지 않는 한, 남성중심주의 사회의 종언은 없다고 생각했다.

2018년은 이미 미투 운동이 일어나 세상에 페미니즘이 급격히 가시화되고 문제화된 시기다. 페미니즘을 긍정적으로 언급하는 경우도 많아졌지만, 그것은 종종 자유주의의 윤리로 부드럽게 요리한 것이었다. 일본의 새 연호는 천황제의 갱신, 올림픽은 국위 선양 게임 개최라는 분위기의 한복판에서 자기 계발처럼 퍼지기 시작한 입에 착 감기는 페미니즘의 언설은 사회를 바꿀 열기를 거의 다 잃은 것처럼 보였다.

커뮤니티에 군림해 권위를 내세우는 페미니스트, 트랜스젠더를 배제하는 페미니스트도 논외다. 집단을 형성할 때의 명백한 잘못, 인간을 인간으로서 존중하지 않는 태도를 보고 들을 때마다 아나키스트들 사이에서 축적된 합의 형성의 이론이 페미니즘에도 도입되어야 한다고 느꼈다.

또한 아나키스트들의 남성중심적 자장이 '나'를 소외시
킨다면, 거기에는 늘 다른 한쪽 바퀴로서 성차별을 부정하
는 페미니즘이 존재해야 한다고 생각했다.

페미니즘의 가시화와 함께 페미니즘에 대한 공격은 놀라
우리만치 격화되었다. 국가를 부정하는 사람들이 여성과 퀴
어, (사회 모델에서의) 장애인이 직면한 현실 문제에 관해서
는 급속하게 둔감해지는 장면을 나는 몇 번이나 목도했다.
정말이지 페미니즘 이야기만 나오면 갑자기 말이 안 통하는
것이다. 분명 급진적인 변혁을 추구하는 사람이 뼛속까지
가부장제에 젖어 있다고 판명되는 순간은 언제나 기괴했다.
그만큼 일본에 깔린 시스템이 근본적으로 틀렸던 거라고 생
각한다.

그냥 페미니스트이기만 해서는, 혹은 그냥 아나키스트가
되기만 해서는 약자의 입장에 놓인 삶을 광범위하게 끌어들
이는 혁명은 일으킬 수 없다. 동시에 아나키즘과 페미니즘이
양쪽 바퀴를 하나씩 맡아야 한다는 점을 가시화할 필요가
있다. 따라서 나는 아나카 페미니스트를 적극적으로 자칭하
기로 했다. 직함을 요구받으면 언제나 '작가, 아나카 페미니
스트'라고 쓴다. 아나카 페미니스트가 대체 뭘까 생각하며
멈춰 서줄 누군가에게 기대를 건다. 그리고 나 자신의 바람
직한 모습을 항상 생각한다. 가네코 후미코가 '나'를 추구했
던 것처럼 나에게 있어서의 '나', 그리고 거기에 필요한 이타

利他에 대해.

이상이 내 사상의 궤적이다.

어떤 역사를 서술할 때, 그것은 언제나 주관이다. 그러므로 역사는 항상 과거에 대해 진지하게 써야 한다. 과거의 서술은 미래의 창조 그 자체이며, 내가 지금 여기에 쓰기 시작한 나의 과거도 앞으로 나의 발걸음에 분명히 영향을 끼칠 것이다.

이는 두려운 일이다. 그러나 써야 한다. 써야 남는다. 써야 전해진다. 써야 퍼진다. 그리고 무엇보다, 써야 내가 나를 알 수 있다.

이것은 일종의 선동 전단지다. 또한 선언이기도 하다. 나는 나의 사상을 최대한 흩뿌리며, 어딘가에서 와서 어딘가로 간다. 당신이 이 문장을 읽고 있다는 것은 전단지를 흩뿌리는 나와 당신이 스쳐 지났다는 뜻이다. 우선은 우리의 만남을 환영하고 싶다. 나도 당신이 흩뿌리는 무언가를 만나고 싶다. 그리고 나는, 당신이 아나카 페미니스트의 혁명에 발을 들여놓아주지 않을까 진심으로 기대하고 있다.

나는 써야만 한다

나는 써야만 한다. 무엇을? 가능한 한 모든 것을. 내가 지각한 것, 내가 생각한 것, 나 자신의 족적에 대해 되도록 많이, 되도록 자세히 써서 남겨야 한다. 나는 그런 관념에 홀려 있다. 홀려 있다고 말하면 악령에 씐 것처럼 들리고, 실제로 그건 악령일지도 모른다. 문자로 쓰는 행위에 의해 놓치는 것도 적지 않다. 소설가 나카지마 아쓰시는 단편소설 〈문자화文字禍〉에서 문자가 사람의 두뇌를 해치는 혼이라고 했다. 눈앞에 있는 것 자체가 아니라 그 그림자를 보도록 만드는 혼이다. 문자의 혼에 매료되면 더는 돌이킬 수 없다.

그럼에도 써야만 한다고 생각한 이유는 역시 써야 퍼지고, 써야 남기 때문이다. 나는 되도록 많은 사람들에게 의사를 표시하고 싶다. 대화를 하고 싶다. 아직 만나지 못한 모든 이웃에게, 내가 죽은 뒤까지 계속 말을 걸고 싶다. 문자의 혼에 골수까지 침범당하고 나서 생각하는 건, 이 침범당한 골수를 어떻게 자각하고 어떻게 이용할까 하는 것이다. '어떻게 문자로부터 달아날까'가 결코 아니다.

너의 글에 그 정도의 가치가 있느냐고 생각할지도 모른다. 가치 따위는 없어도 된다고 대답하고 싶다. 나보다 뛰어난 문장을 쓰는 사람이 나 말고 얼마나 있든 간에 그것은 나의 문장이 아니다. 나는 나라는 개체의 실존을 반드시 열렬하게 믿지는 않지만, 그럼에도 나라는 살아 있는 신체에서 나오는 말은 다른 살아 있는 신체에서 나오는 그것과는 분명 언제나 다른 형태다. 나는 사회의 복수성複數性 중 일부다. 온갖 사람들과 조금씩 닮은 동시에 전혀 다르다. 따라서 나의 문장에는 써서 남길 의미가 있다.

이는 동시에 당신 역시 써야 한다는 뜻이기도 하다. 꼭 문자에 기대라는 말이 아니다. 당신이 사고에 이용하는 도구는 분명 문자만이 아닐 것이다. 악기, 그림, 찰흙, 춤, 그 외에도 세상에는 다양한 형태의 언어가 존재한다. 그들은 문자와 다른 형태로, 그러나 평등하게 존중받아야 한다. 따라서 여기서는 당신도 '써야 한다'라기보다 당신도 '서술해야 한다'라고 바꿔 말하는 편이 적절할지도 모른다. 나는 당신이 무언가를 이용해서 무언가를 서술했으면 한다.

역사가 있는 마음

나는 나 자신을, 적어도 지금은 팬섹슈얼pansexual*이라고 생각한다. 여태까지 논바이너리, 여성 젠더, 남성 젠더인 사람에 대해 각각 로맨틱한 마음을 지속적으로 품은 적이 있다.

이렇게 쓰면서 무언가 꺼림칙한 기분을 느낀다. 방금 나는 구체적인 경험으로 스스로를 증명해야만 한다는 강박관념 때문에 위의 문장을 썼다. 이는 섹슈얼리티에 관한 화제를 다룰 때 필요한 일이지만, 동시에 무언가를 억지로 내세우고 있는 듯한 감각을 나에게 안겨준다.

예컨대 나는 논바이너리, 여성 젠더, 남성 젠더인 사람들에게 로맨틱한 마음을 품어왔다고 말했지만 논바이너리나 여성 젠더인 사람과의 관계가 또렷하게 말할 수 있는 형태로 발전한 적은 없다. 한편으로 남성 젠더인 사람과는 명확하게 '교제'를 한 적이 있기 때문에 일반적으로 보기에는 이성애자straight로도 여겨질 거라고 생각한다. 실제로 "너는 다수자majority가 될 수 있으니까 좋겠네"라는 말을 들은 적도 있다. 분명 그럴지도 모른다. 나의 비非남성에 대한 욕망은 어디까지나 우애고, 나는 그저 좀 성소수자minority의 얼굴을 하

* 한국말로 '범성애자'라고 하며, 젠더와 상관없이 끌림을 느끼는 사람. 둘 이상의 젠더에게 끌림을 느끼는 바이섹슈얼과 구분된다.

고 싶을 뿐인 헤테로섹슈얼heterosexual*이 아닐까, 이렇게 스스로를 의심하기도 한다. 하지만 그렇게 생각해버릴 경우, 내가 인생의 절반 넘게 품어온 나의 갈등은 없던 일이 되고 만다는 것에 두려움을 느낀다. 눈에 보이지 않는, 조금 도를 넘었을 뿐 우정으로 해석될 가능성이 있는, 그러나 확실히 역사가 있는 마음이 '자주 있는 일' 혹은 '마음의 헤맴'으로 잔반처럼 처리되는 것이 나는 너무나 싫다.

문자의 양면성

나는 쓰는 행위를 고집한다. 문자는 나에게 언제나 사랑스럽고, 또한 가장 빠르면서도 최고로 적확하게 나의 사상을 표현할 수 있는 매체라고 느낀다. 내가 문자를 선택한 이유는 이 '속력'과 '적확함' 때문이다. 문자는 예리하고 재빠르다. 세상을 지극히 정확하게 꿰뚫을 힘과 스피드를 지니고 있다. 이 전달의 편의성은 나에게 거대한 쾌락이다. 그건 틀림없다. 문자는 기분 좋다.

단, 그 편의성에는 양면적 특성이 있다. 한편으로는 쓴 것에 윤곽을 부여하고, 가시화하고, 넓게 퍼트리고, 사후에도

---

* 이성애자.

보존될 수 있는 상태로 만든다. 그러나 동시에 문자는 유동하는 현실을 계속 고정한다. 변화할 가능성이 있는 현실을 절대적인 것처럼 보이게 해서, 쓴 사람에게는 '절대적 현실'이라는 허구의 내면화를 일으키고 읽는 사람에게도 그것을 유포한다.

　그렇기 때문에 써야만 한다는 것이 나에게 언제나 기분 좋은 일이라고는 할 수 없다. 나는 앞서 나의 섹슈얼리티를 언어로 표현했지만, 그것은 내가 정말로 오랫동안 피해온 일이었다. 일단 나 자신이 '그렇다'라는 사실을 온전히 받아들이기까지 실로 많은 시간과 (이는 기묘한 일이기도 한데) 본가에서 멀리 떨어진, 문이 있는 '자기만의 방'이 필요했다. 또한 나의 섹슈얼리티가 변할 가능성을 앞두고, 언어가 나라는 현상을 표본처럼 핀으로 고정할 수도 있으니 그에 대해 말하는 건 관두자고 생각했다.

　그러면서도 왜 지금 언어화하기를 기피해온 내용을 쓰냐면, 바이섹슈얼에 관한 차별적 뉴스를 갑작스레 접해서 도무지 가만히 있을 수 없었기 때문이다.

　2021년 12월 15일 《고베신문》의 보도에 따르면 2019년에 효고현 아마가사키시의 보건소에 근무하는 바이섹슈얼 남성이 보건소 간부로부터 "시민에게 섹슈얼리티를 밝히는 것은 공무원으로서 부적절하다"라는 지적을 받았고, 결과적으로 희망퇴직을 강요당했다고 한다. 보건소 직원이 억지로 커밍아웃을 한 이유는 한 시민이 결혼관을 끈질기게 물어봤기 때문이었다. 간부는 "성소수자에 대한 이해가 시민 모두에게 스며들어 있는 것은 아니기 때문에, 공무원으로서 사적인 발언은 삼가야 한다"라며 해당 직원의 커밍아웃을 '사적인 발언'으로 치부하려 했다. 직원은 간부와의 면담 도중 퇴직을 강요받았다.

나는 뉴스를 보고 남의 일이 아니라고 진심으로 생각했다. 나 역시 사상적인 이유로 결혼을 거부하기로 결심했기 때문이다.

내가 결혼을 싫어하는 이유는 국가에 사적인 관계를 신고해서 승인을 얻는 행위에 대한 불쾌함에 더해, 가족 재생산이 가능하다고 간주되는 관계에만 사회적 특권을 부여하는 시스템이 마음이 들지 않기 때문이다. 또 남성이 아닌 상대와 (연애 감정이 아니라 해도) 강한 마음으로 연결되어 있는, 내 눈으로 본 현실의 사람들에게 아무런 사회보장도 없다는 사실에 대한 분함이 나로 하여금 결혼을 거부하게 만들었다. 다시 말해 결혼에 대한 내 생각은 나의 섹슈얼리티와 깊게 연관되어 있다. 그래서 나는 나의 섹슈얼리티를 언어로 표현해야 한다고 충동적으로 생각했다. 그리고 나는 그 충동을 부정하고 싶지 않았다.

내가 만약 어느 직장을 다니는 중 처음 보는 사람으로부터 집요하게 결혼에 관한 질문을 받는다면 대체 어떻게 대답할지 상상해봤다. 나 역시 이 아마가사키시의 전 공무원과 같은 상황에 놓일지도 모른다.

　한편 그렇게 생각할 때, 동시에 내 목덜미 뒤쪽에서 "너는 거기에 감정이입을 하고 싶을 뿐이잖아"라는 목소리가 들려오는 것 같기도 하다. 전에도 말했던 '나는 그저 좀 성소수자의 얼굴을 하고 싶을 뿐인 헤테로섹슈얼이 아닌가'라는 의심이, 정말이지 몇 번씩이나 고개를 든다. 그리고 그때마다 나는 그럴지도 모른다고 생각하고 만다.

　끝이 없다.

고민한 시간은 사라지지 않는다

　쓰는 행위가 나에게 중요한 건, 쓰기를 통해 나의 내면에 있는 것을 잡아 뜯어 어느 정도 타자화할 수 있다는 이점 때문이기도 하다. 실제로 여태까지 감당하기 힘들 만큼 괴로운 일이 일어났을 때, 또는 내가 무엇을 생각하고 있는지 스스로도 알 수 없을 때, 나는 펜을 움직이는 행위를 통해 힘든 시간을 극복해왔다. 지금 역시 그렇다. 써야만 하는 것을 쓴다는 건 그런 일이다. 나는 이제 끝내고 싶다. 내가 다른 사람에게 어떻게 보이든 간에, 나는 이미 스스로를 팬섹슈얼로 여기고 있으니 거기서 묘하게 떳떳하지 못하다는 느낌을 받을 필요도 더는 없고, 앞으로 뭐가 어떻게 되든 (설령 팬섹슈얼에서 다른 무언가로 바뀌더라도) 고민해온 시간은 결코 사라지지 않는다고 말하고 싶다. 누구에게? 누구보다도 나 자신에게. 그리고 나와 비슷한 고민의 소용돌이 속에 있는 다른 누군가에게.

가능성에 대해 생각한다. 이 책을 읽는 분들 가운데 나와 비슷한 고통을 느끼는 누군가가 있어서 나의 '끝내기' 선언에 찬동해줄지도 모른다. 문장으로 써서 퍼트리는 것의 의의는 거기에 있다. 더 나아가 이 글을 읽은 누군가 역시 스스로 펜을 들고 어딘가에서 자신의 갈등을 드러낼지도 모른다. 거기에 밝혀진 무언가가 또 다른 누군가에게 외로운 밤을 견디게 해줄지도 모른다. 그렇게 살아남은 사람들이 언젠가 모여 세상을 바꿀 가능성이 있다. 나는 그런 연쇄 작용을 무엇보다 기대하고 싶다. 기대란 희망이다. 희망을 보지 않으면 혁명은 없으며, 혁명은 언제나 약한 힘의 연쇄 작용에 의해 일어난다. 나는 그렇게 믿는다. 그렇기 때문에 최대한 용기를 내어, 그때그때 가장 써야만 하는 것을 쓴다.

덧붙임 앞서 쓴 에세이 〈매 순간 변하는 현상이 되고 싶다〉와 이 글 사이에는 모순이 있다. 늘 변화하는 주체로서 관측되기를 바랐던 〈매 순간 변하는 현상이 되고 싶다〉와 내 섹슈얼리티의 현 위치를 어느 정도 이해한 다음 그에 대해 떳떳하지 못한 심정을 느끼는 것을 '끝내고' 싶어 하는 〈나는 써야만 한다〉는 각각의 입장이 크게 다르다.

하지만 이는 단순한 '시간의 흐름에 따른 태도의 변화'가 아니다. 지금도 나는 이 모순을 품고 있다. 본문에서도 말했듯 나는 〈나는 써야만 한다〉를 충동적으로 썼다(거듭 말하지만 나는 이 충동성을 부정하지 않는다. 그 또한 필요한 필적이라고 믿기 때문이다). 한편 이 문장을 다시 읽고 있는 2022년 3월 31일 현재, 스스로의 섹슈얼리티를 언어로 표현한 것에 대해 나는 새삼 강한 위화감을 분명히 느끼고 있다. 나는 내 모습을 어느 한 점에서 핀으로 고정하는 폭력을 스스로에게 휘둘렀다. 물론 내가 말하는 유동성이 타자에 대한 책임 회피가 되어서는 안 된다. 책임의 주체가 될 때 나는 고정되는 것을 받아들인다. 하지만 유동성 속에 몸을 두고 있다고 생각하는 것은 나에게는 필요한 존엄이다. 역시 나는 팬섹슈얼인 동시에 팬섹슈얼이 아니다.

그렇다면 어째서 이 글을 책에 싣기로 했는가. 그럼에도 나는 '써서' '드러내는' 행위에 커다란 의의를 느끼기 때문이다. 나는 이 글을 쓰며 결론을 내리려고 시도했고 거기서 의의를 찾았다. 그것이 틀렸다고는 생각하지 않는다. 거기에 거짓은 없다 지금도 나는 떳떳하지 못한 기분을 느끼며 위화감의 그러데이션 위에 서 있는 사람과 연대하기를 바라고, "고민해온 시간은 결코 사라지지 않는다"라는 단언에는 다시금 강하게 고개를 끄덕여 두고 싶다.

역설에 역설을 거듭한, 멀리 돌아온 이야기가 되었다. '하지만' 이 역시 의미 있는 방랑이라고 본다. '쓰는' 행위란 생의 한순간 을 모사하는 스케치이며, 그림은 몇 번이든 다시 그릴 수 있다. 그래도 괜찮다고 말하고 싶다.

죽고 싶은, 죽이고 싶은 마음은
사람을 살리는 데 쓰자

2020년 4월 4일, 시부야구 도미가야에 위치한 아베 신조의 사저에 '스물여섯 살 여성'이 무장 침입해 현행범으로 체포되었다. 신분은 '미에현의 회사원'이라고 한다. 밤 11시경 손도끼와 휘발유와 최루 스프레이를 넣은 가방을 들고 사저의 정원에 서 있던 그 사람은 방범 센서의 반응을 본 경찰에게 붙잡혔다. 보도에 따르면 "부모님과의 관계 때문에 괴로워서 인생을 리셋하고 싶었다"라고 한다.

먼저 말해두자면 나는 이 사람에 대해 아무것도 모른다. 이 사람이 했다는 말을 어디까지 믿어도 될지조차 잘 모르겠다(인터넷에서는 경비에 구멍을 뚫은 침입 경로가 화제에 올랐지만, 이 여성은 취조에서 "수상 사저라는 사실을 몰랐다"라고 말한 모양이다). 따라서 이 사람이 본 광경이나 생각을 일방적으로 상상해 서정적으로 말하고자 하는 유혹은 반드시 뿌리쳐야 한다. 물론 이상하게 칭송하며 모종의 아이콘으로 삼아서도 안 된다.

하지만 아무래도 나는 이 사람에 대한 특별한 흥미를 무시할 수 없다. 그것도 다소 방자한 감정 이입에 가까운, 이 사람이 눈앞에 있다면 아무런 맥락도 없이 달려들어 "안녕하세요" 하고 인사하고 싶어지는, 상대방 입장에서는 섬뜩할 수도 있는 흥미다.

'인생을 리셋하고 싶다'라는 동기로 인해 폭력으로 치닫는 사람은 종종 있지만, 그 동기 때문에 내각의 우두머리를 노리는 자세는 흔치 않다. 폭력을 휘둘러 파멸하고 싶을 뿐이라면, (엄청나게 기분 나쁜 상상을 하자면) 자기보다 힘이 약하거나 사회적으로 아래에 있는 상대를 노리는 편이 '인생을 리셋'할 확률은 훨씬 높을 것이다(이는 당연히 절대로 있어서는 안 될 일이며, 동기가 무엇이든 간에 허용해서는 안 된다). 그러나 이 사람은 수상의 집을 노렸다. 아베 신조가 아버지로부터 물려받은 건물을 개축해 쓰고 있는 시부야의 호화 저택에, 손도끼와 휘발유와 최루 스프레이로 무장하고 들어간 것이다. 자신을 파멸시키기 위해 폭력이라는 수단을 채택한 사람이, 그 창끝을 사실상 일본에서 가장 큰 정치적 권한을 가진 인물에게 들이밀었다는 사실에 나는 솔직히 고양되었다. 자신이 사는 동네에서 멀리 떠나와, 어느 정도 위력을 기대할 수 있는 무기를 소지하고, 그것도 나와 두 살밖에 차이가 나지 않는 사람이 혼자서 말이다. 나는 실제로 아베에게 폭력을 휘둘렀는지 말았는지보다, 이 사람이 아베에게 폭력을 휘두르기로 결의했다는 데 훨씬 더 사랑스러운 광휘를 느낀다. 이 사람이 4월 4일 수상 사저에 무장하고 들어가기까지 무슨 일이 있었으며 어떤 생각을 했는지 알고 싶다. 그 살의에 대해 알려줬으면 한다. 혹시 당신을 그 정원까지 가게 만든 것은, 나의 적이기도 하지 않은가?

우리가 병든 게 아니라 세상이 잘못된 것이다

긴 침묵과 위통이 있었다. 정말로 할 말을 찾을 수 없었고 상태가 좋지 않았다. 매일 쓰레기 내각에서 쏟아내는 차별적 우책愚策이 있었고, 그에 대한 비판이 있었으며, 그 비판을 입막음하려는 움직임이 있었다. 의료 관계자나 필수 노동자에 대한 위험수당은 없고, 현금으로 주는 생활 지원금은 액수도 적은 데다 지급이 느리고, 휴업보상은 부족해서 수많은 생활인들이 얼마나 생존의 위협을 받고 있는지 현 정권의 위정자들은 전혀 파악하지 못한 듯했다. 감염증을 구실로 삼은 차별, 특히 중국에 대한 차별 행위가 대량으로 발생했다. 가정 폭력이나 유흥업계 종사자에 대한 차별 등 여성 젠더인 사람이 피해자가 되기 쉬운 구조적 폭력도 만연했다.

어느 쪽이든 코로나19로 인해 새롭게 생겨난 문제라고는 전혀 생각하지 않는다. 전부터 다른 형태로 지적되어온 일들이 비상사태가 되자 단숨에 표면으로 떠오른 것이다. 여태까지도 계속되어온 혼란, 하나하나의 '현상'에 차분히 대응할 여유도 없이 연신 문제가 눈앞에 나타나 결국 무엇을 하면 좋을지 모르는 채로 매일 해가 지는 무력감은, 이제까지보다 더욱 거대한 지옥이 되어 우리를 집어삼키고 있다. …그러고 보면 '여기는 지옥이다'라고 생각할 때, 그 상황은 그저 쓰레기 같기만 한 게 아니다. 쓰레기 같은 상황과 그에 대한 무력감이 동시에 존재하는 것이다. 어떻게 할 방법을 찾지 못해서 벗어날 수 없기 때문에 지옥이다. 거미줄이 눈앞에 내려와 있다 해도 우리는 이미 간다타*의 전말을 뼛속 깊이 학습해놓았다.

이 원고를 완성하기까지 실로 엄청난 시간이 걸렸다. 문장을 쓸 수 없었다기보다 에세이로서의 골자가 정해지지 않아서 아무리 써도 정리가 되지 않았다. 하고 싶은 말은 너무 많았지만, 지금 해야 할 말을 형태로 만들려고 하면 할수록

* 아쿠타가와 류노스케의 단편소설 〈거미줄〉의 주인공. 죄를 짓고 저승의 지옥에 떨어진 간다타는 석가모니가 내려준 거미줄을 타고 극락으로 갈 수 있는 기회를 잡지만, 자기를 따라 올라오는 다른 죄인들에게 내려가라고 소리를 지르다가 다시 지옥으로 떨어진다.

이야기는 산만해졌다. 전부 중요하고 전부 위험하니까. 전부 비판하지 않으면 정말로 큰일이 벌어지니까. 그렇게 생각했던 건 분명하다. 하지만 나는 결국 긴 시간 침묵하고 있었다.

위기 상황이 초래한 지옥은 그러한 혼란 그 자체다. 적대해야 할 수많은 문제들로 사방팔방이 둘러싸여 있다는 사실을 아는데도 목소리를 높일 수 없고, 그 침묵은 종종 동의나 승낙으로 받아들여진다. 목소리를 높인다 해도 그것이 감정적인 행동으로 간주되면 묵살당하고 만다. 나는 최근 몇 달 동안 여당 정치가가 어리석은 술책을 늘어놓는 뉴스 영상을 손가락질하며 "으으, 죽여버릴 거야" 하고 몇 번이나 외쳤지만, 그런 나의 행동을 가족들은 '기행'으로 여겨 "끙끙 앓을 정도라면 산책이라도 다녀오는 게 어때?"라고 반응했다. 아니다. 틀렸다. 내가 '앓는' 게 아니라 이 세상에 쓰레기인 것이다. 누군가의 죽음으로 모든 문제가 해결되는 상황은 대체로 없다는 사실도 알고, 실제로 나한테는 누군가를 그런 식으로 해칠 수 있는 힘도 없다. 이 사람들의 말이 얼마나 잔혹한지를 더 구체적으로 이야기해야 한다. 하지만 지금은 텔레비전을 향해 "죽여버릴 거야"라고 외치며 이부자리 위에서 날뛰는 것 말고는 내 속의 것을 발산할 방도가 없다. 그렇기 때문에 "죽여버릴 거야"라고 외칠 수밖에 없었던 것이다.

하지만 실제로 다른 사람의 눈에는 그것이 나의 '병'으로 비치는 것도 분명했다. 그렇게 생각하면 역시 입을 다무는 수밖에 없어진다. 그리고 침묵의 의미를 바르게 이해받는 경우는 어떤 상황에서나 거의 없다. 선거의 무효표는 개표 때 잘못 센 표의 숫자 맞추기에 사용된다고 들은 적이 있는데, 이는 침묵만큼 내버리기 쉬운 것은 없다는 사실을 단적으로 드러낸다. 얼마나 큰 괴로움을 겪은 끝에 나온 침묵이든 간에, 그것은 나를 괴롭히는 장본인들에게 유리한 태도가 된다.

언어의 전쟁

여기까지 써두고서 이런 이야기를 하기는 좀 그렇지만, "죽여버린다"라는 말을 너무 자주 입 밖에 내는 것은 좋지 않다. 속으로 생각하는 것은 중요하나 지나치게 외쳐대면 살의가 점점 가벼워지고, 갑작스러운 타이밍에 어이없는 상대에게 살의를 쏟을 가능성이 생긴다. 살의는 소중히 여기는 편이 좋다. 몇 번이나 말하지만 누구 하나가 사라져서 만사가 해결되는 상황은 거의 없다(주모자를 때려눕혀서 문제를 해결하는 픽션은 산더미처럼 많지만, 그런 종류의 묘사는 사회의 존재를 은폐한다고 본다). 나는 자기 테러라면 지지해도, 테러리즘은 절대 지지하지 않는다.

역시 언어라고 생각한다. 결국 무언가를 이야기하지 않으면 전해지지도 않는다. 이는 여태까지 말해온 대로 위기의 한복판에서는 어려운 일이지만, 그 사실을 알면서도 행하는 수밖에 없다. 지옥을 지옥이 아니게 하기 위해서는 우선 우리를 둘러싼 것이 무언인지 구체적인 언어로 알아맞혀야 한다.

리베카 솔닛은 저서 《이것은 이름들의 전쟁이다》의 서문에서 다음과 같이 말했다.

무언가에 진짜 이름을 붙이는 것은, 어떤 만행과 부패가 있는지—혹은 무엇이 중요하고 가능한지—를 드러내는 일이다. 스토리와 이름을 바꾸고, 새로운 이름과 언어와 문구를 고안해 보급하는 일은 세상을 바꾸는 작업의 열쇠가 된다.[1]

인생의 의미 탐구는 인생을 어떻게 살아가는가에 달려 있지만, 동시에 그것을 어떻게 언어로 표현할지, 또 자신 외에 무엇이 곁에 존재하는지에도 달려 있다. 이 책에 수록한 어느 에세이에서 나는 이렇게 썼다. "그것을 진짜 이름으로 부름으로써 우리는 비로소 우선해야 할 것과 가치에 대해 참된 대화를 시작할 수 있다. 왜냐하면 만행에 저항하는 혁명은 만행을 숨기는 언어에 저항하는 혁명에서 시작되기 때문이다."[2]

솔닛은 지금 사회가 직면한 위기가 한편으로는 '언어적

인 것'이라고 말하며 '이름 붙이기'의 전략적 이용을 촉구한다. '호모소셜'*이나 '맨스플레인', 또는 '미투' 같은 사회운동도 이에 포함될 테고, 상황에 이름이 붙음으로써 사태의 파악과 공유가 가능해진 사례는 얼마든지 있다. 솔닛은 대상을 통찰하고, 이름을 붙이고, 비판의 대상으로 삼아 백일하에 드러내는 일을 "세상을 바꾸는 작업의 열쇠"로서 중요하게 여긴다. 물론 이름에 구애되어 세세한 조건을 누락시키는 일은 있어서는 안 된다. 그렇기 때문에 정확함, 진중함, 전략성이 요구된다.

만행과 부패를 언어로 폭로하는 한편, 언어를 사용해 상황을 애매하게 흐리고 무슨 일이 일어나고 있는지 인식하지 못하게 만들기도 한다. 그 또한 언어가 가진 힘의 산물이다. 그 틈새에서 많은 것들이 꿈틀거리고, 이권을 탐하고, 구조적 폭력을 휘두른다. "책임은 나한테 있다"라면서도 전혀 행동하지 않는 아베 신조, 무슨 소리를 하는 건지 도무지 알 수 없는 고이즈미 신지로**…. 그뿐만이 아니다. 국회를 보면 금세 알 수 있다. 극단적으로 말을 돌리며 단언을 피하는 관료

---

* 여성과 호모섹슈얼을 배제함으로써 성립하는 남성 간의 긴밀한 연결이나 관계를 뜻하는 사회학 용어.
** 환경성 장관을 지낸 유명 정치인으로, 전 일본 수상 고이즈미 준이치로의 아들이기도 하다. "기후변화와 같은 큰 문제를 다룰 땐 펀(fun)하고 쿨(cool)하고 섹시해야 한다" "반성하고 있지만 반성하는 기색이 보이지 않는 자신에 대해서도 반성하고 있다" 등의 황당한 발언을 많이 해서 자주 조롱당한다.

들의 기묘한 어법은 전부 무언가를 애매하게 만들기 위해 사용된다. 추궁하는 사람이 아무리 "간략하게 대답하세요"라고 해도, 상대는 기이한 언어로 듣는 이를 의뭉스레 현혹시키며 결정적인 사항은 대체로 말하지 않는다.

"세상을 바꾸는 작업"은 마법이나 광명이나 누구 한 사람의 넘치는 재능의 영역에 있지 않다. 그것은 집념과 사회적 협동과 인내의 영역에 있다. 즐겁지 않은, 몹시 괴로운 일이다. 그래도 잠자코 있어서는 안 된다.

"죽여버릴 거야"가 넘쳐난다. 살의는 문을 닫은 방을, 몸과 마음을 가득 채워 목이 메게 만든다. 나는 그것을 필사적으로 토해내야 한다. 삼켰을 때와는 다른 형태로, 먹이를 비축하는 땅벌처럼 그것을 잘게 씹어 언어로 성형해야 한다. 내가 잘게 씹은 미트볼이 언젠가 세상을 바꿀지도 모른다.

동시에 되도록 질문을 할 필요도 있다…. 당신이 침묵하는 의미가 궁금하다고. 그것은 타자가 직면한 것의 정체를 파악하는 일이기도 하다. 4월 4일 수상 사저에 들어간 그 사람은 무엇을 생각하고 있었을까. 당신의 입속에 있던 것, 당신을 그런 행동으로 내몬 것의 정체가 무엇이었는지 어떤 예측도 하고 싶지 않지만(이렇게 말하면서도 묘한 기대를 분명히 품고 있으니 면목 없다), 단순히 알고 싶다. 아마도 같은 생각을 하면서 그저 시부야까지 가지 않았을 뿐, 혹은 시부야가 아니라도 어딘가 자신에게 결정적인 장소로 향하지 않았을 뿐, 어떻게도 할 수 없는 것으로 온몸의 혈관이 막혀버린 사람이 이 세상에는 아주 많을 거라고도 생각한다. 수많은 살의로 가득한 침묵을 향해 묻고 싶다. 지금 당신은 무슨 생각을 하고 있는가?

덧붙임 2022년 7월 8일, 아베 신조는 야마가미 데쓰야라는 인물이 쏜 총에 맞아 사망했다. 야마가미는 구 통일교로 인해 가족이 박살났다고 말했으며, 그렇기 때문에 구 통일교와 깊은 유착 관계에 있는 아베 신조를 암살 대상으로 고른 것이었다.

나는 아베 신조의 죽음을 추도하지 않는다. 또한 야마가미의 내면에 대해서도 고찰하지 않을 것이다. 단지 수많은 살의가 있었고, 그중 하나가 아베 신조의 목숨을 확실하게 빼앗았다. 거기까지 가버린 사람이 있었다. 이 현상에 대해 나는 그저 허무에 가까운 기분을 느낀다. 어떻게도 할 수 없다. 어떻게도 할 수 없었던 것이다.

그래서 내가 여기에 쓸 수 있는 말은 하나다. 만약 지금, 누군가를 죽여서 '모든 것을 끝낼' 작정인 사람이 있다면 나는 그 살의와 다른 형태로 함께 싸우고 싶다. 함께 화를 내자. 나의, 그리고 당신의 살의는 사람을 살리는 데 사용되어야 한다.

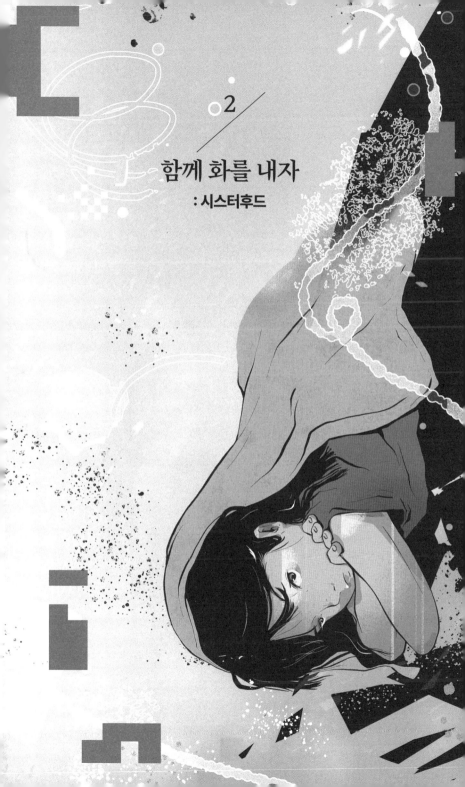

2

함께 화를 내자

: 시스터후드

이야기가 필요하다. 여자와 여자의, 퀴어와 퀴어의. '여기에 길이 있어'라고 이야기할 언어가 이 세상에는 너무도 부족하다.
이 세상에서 가장 격렬한 불길의 소용돌이부터 버스 정류장 벤치에 이르기까지, 모든 풍경을 다시 이야기해야만 한다. 한두 개로는 부족하다. 몇천 개, 몇만 개가 필요하다.

지금 우리에게 필요한 시스터후드

전략적으로 손을 잡아라. 필요에 따라 그 손을 들고, 필요에 따라 손을 놓아라. 중요한 것은 전략이다. 불쾌한 조소로 가득한 애매한 상황을 응시하고, 적확하게 녀석들의 약점을 찌르는 것을 생각하라. 편의점 앞에서 무리를 지어 시답잖은 대화나 나누는 지루한 관계에 젖어 있지 마라. 누구 하나를 대장으로 모시지 마라. 서로에게 등 뒤를 맡기고 일어서서 가부장제를 향해 주먹을 쥐어라. 모든 것은 거기서부터 시작된다.

이 문장은 시스터후드의 개념에 날카로운 정치적 전략성을 되찾기 위한 선동agitation이다. 시스터후드를 구축하는 한 인간으로부터 아직 만나지 못한 동포들에 대한 도발로서, 여성*끼리라는 점만으로 시스터후드라고 부르는 것은 그만둬야 한다고 말하고 싶다. 가부장제를 필두로 한 억압 장치의 존재에 자각이 없는 관계, 혹은 억압 장치의 존재를 자각하면서도 수용하는 관계를 시스터후드라고 부르고 싶지는 않다. 원래 시스터후드란 체념과 가장 멀고 파괴와 가장 가까운 개념이었을 터다.

시스터후드는 모든 의미에서 수단이다. 행동을 함께하기를 목적으로 삼은 시점에서, 또는 어떤 권력이 발생한 시점에서 시스터후드가 가져야 할 아나키즘적인 힘은 돌이킬 수 없이 손상된다. 또한 시스터후드는 완벽한 개념이 아니며, 여러 가지 문제점을 내포하고 있다. 그러한 문제점을 이해하지 못한 채 시스터후드의 언어를 방자하게 사용하면, 관계에 정치적 의미를 부여하려는 시도는 실패로 끝난다. 이러한 이유로 나는 시스터후드를 광범위한 어휘로 사용하지 말고 전략적 의도에 따라 '이용'해야 한다고 생각한다.

모든 차별과 억압의 타파를 지향하고, 등을 맞대고 이념을 공유하며, 평등한 상태로 작은 목표마다 이합집산을 반복하는 독립적이고 공격적인 연대야말로 지금 필요한 시스터후드라고 믿는다. 언어는 신중하게 연마하라. 그 무게를 얕보지 마라. 시스터후드를 읊을 때, 우리는 그 역사를 짊어진다.

---

* 당연한 이야기지만 이 원고에서 말하는 '여성'은 여성 젠더로 살아가는 사람 전체를 가리킨다. 이 원고는 본질적인 성(性)의 존재를 전면적으로 부정하는 입장에서 집필했다.—원주

시스터후드 개념의 형성

먼저 시스터후드의 역사를 되짚어보자. 시스터후드라는 어휘가 처음으로 공적인 자리에서 쓰인 예는 1968년 1월에 열린 '지넷 랭킨Jeannette Rankin 부대'의 집회에서 배포된 팸플릿의 한 구절, "시스터후드는 강력하다Sisterhood is powerful!"였다. 단체명인 지넷 랭킨은 미국 최초의 여성 국회의원이었던 한 평화주의자의 이름이기도 하다.

그 당시, 즉 1968년의 페미니즘은 대체 어떤 상황 속에 있었을까. 현재 페미니즘의 역사는 1~4세대의 시대 구분으로 분석하는 경우가 많다(단, 이러한 이해에는 비판도 있다). 1세대 페미니즘은 19세기 말부터 20세기 초에 걸친 여성 참정권 운동, 2세대 페미니즘은 1960년대 후반부터 1980년대에 걸쳐 전개된 운동(일본에서는 우먼 리브 운동*으로 수용되었다), 3세대는 1990년대부터 2000년대, 그리고 3세대에 연속된 형태가 현재의 4세대 페미니즘이라고 대체로 이해되고 있다. 시스터후드는 이 가운데 2세대 운동의 조류 중 하나인 래디컬 페미니즘의 문맥에서 언급되어 왔다.

래디컬 페미니즘은 베트남전쟁 반대 운동을 비롯한 당시

---

* 1960년대 후반 미국을 비롯한 자본주의 선진국에서 일어난 여성의 자주성 및 해방과 관련된 운동.

신좌익* 운동계의 남성중심주의적 기질을 깨부수기 위해 그 모습을 드러냈다. 래디컬 페미니즘의 '래디컬Radical'은 '과격한'이 아니라 '근원적인' '발본적인'으로 번역한다. 그 이름대로 래디컬 페미니즘에서는 공적 영역과 사적 영역(이 구분 자체가 차별에 가담하고 있다) 전체, 그리고 성性, 사랑, 가족, 자식과 같은 개념의 정의 하나하나에 이르기까지 남성의 여성 지배가 역사에 보편적으로 삽입되어 있다고 보았다. 애초에 남성 지배가 뿌리에 포함되어 있으니 모든 것을 '발본적'으로 다시 살펴봐야 한다는 것이다. '개인적인 것이 정치적인 것'이라는 페미니즘의 저명한 슬로건 역시, 사적 영역에서 발생하는 개인적 경험 속에 존재하는 차별을 중시하기에 성립하는 래디컬 페미니즘적인 메시지다.

이 토양을 전제로 삼으면 시스터후드가 중시된 이유는 명백하다. 래디컬 페미니즘에서 말하는 남성 지배 속에서, 여성은 남성과의 관계를 통해 종속적으로 위치 지어질 뿐 여성끼리의 관계는 철저하게 경시되어 단절을 강요받아왔다. 이 구조에 맞서기 위해 여성끼리의 연대가 필요했던 것이다.

"신이 남자라면 남자는 신이다If God is male, then the male is God"라는 펀치라인punch-line으로 유명하며 기독교의 남성중심주의를 줄기차게 갈파한 페미니즘 신학자 메리 데일리, 1960년

* 1960년대에 등장한 사회주의 사상의 한 갈래로, 기존의 좌익 조직이나 마르크시즘의 원류에 반대하는 신사회주의 이론 및 운동을 말한다.

대의 운동사를 갖가지 문서로 모아 정리한 《시스터후드는 강력하다Sisterhood is Powerful》와 세계 각지의 여성이 놓인 상황을 보고하는 《시스터후드는 글로벌하다Sisterhood is Global》의 편저자로 알려진 로빈 모건 등 2세대 페미니즘에서는 많은 페미니스트들이 시스터후드의 중요성을 강조했다.

이렇게 운동 현장에서 생겨난 시스터후드 개념은 이윽고 미국 여성사 연구의 영역론領域論에 중요한 키워드로 도입되었다. 가부장제 속에서 '여성의 영역'에 갇힌 여성들의 유대는 페미니즘의 연속선상에 있다고 보는 연구가 2세대 페미니즘 시대에 활발히 이루어졌던 것이다.

시스터후드의 참된 의미와 가치

한편 당시의 시스터후드에는 치명적인 문제가 있었다. 페미니즘 운동 내부에 존재하는 차별과 격차를, 다름 아닌 시스터후드 개념이 은폐하고 있었던 것이다. 가령 앞서 말한 로빈 모건은 트랜스젠더 여성에 대해 배타적인 태도를 취했다. 래디컬 페미니스트 중에는 트랜스젠더 배제에 적잖이 가담했던 인물이 있었고, 지금도 있다는 사실을 잊어서는 안 된다(래디컬 페미니스트에만 해당되는 이야기는 아니지만). 트랜스젠더를 배제하는 '시스터후드'는 당연히 시스터후드가 아니다.

또한 벨 훅스의 비판을 참조해보자. 훅스는 백인 여성이 페미니즘을 주도했기 때문에 시스터후드라는 이름 아래 운동 내부에 존재하는 인종차별과 계급 간 격차가 드러나지 않았다고 고발했다. 집 밖으로 나와 커리어를 가질 자유를 호소하는 백인 여성 페미니스트가, 다른 한편으로는 빈곤에 허덕이는 흑인 여성을 최저임금으로 부려먹으며 동질성 높은 집단을 조직해 "여성은 모두 마찬가지로 남성에게 억압받고 있다"라고 선언한다…. 이런 식으로 흑인 여성은 페미니즘의 대상에서 제외되고, 그들이 당한 폭력은 없던 일이 된다. 훅스는 이런 상황을 분명하게 규탄했다.

당시의 페미니즘은 명백히 백인 여성 중심이었고, 흑인 여성을 비롯한 다른 민족성을 가진 여성들은 주변화되었다. 노예제 시대에 흑인 여성은 흑인 남성 이상으로 노동력 및 성적 대상으로서 가치를 부여받았는데, 이러한 차별적 노동 환경이 '흑인 가정은 모권제다'라는 허상을 만들어냈다. 이 모권제 신화는 흑인 여성을 이미 해방된 사람들로 취급하는 말을 퍼트려 페미니즘에서 흑인 여성을 배제하는 결과로 이어졌다.

훅스는 다음과 같이 말한다.

자신들의 집단 바깥에 있는 여성을 배제하거나 멸시함으로써 결속을 강화하는 선택된 입장의 여성 사이에서 생기는 유대는, 가부장제 사회에서 늘 발생해온 여성 사이의 사적인 유대와 유형이 매우 비슷하다. 두 유대 관계의 차이점은 페미니즘에 관심이 있는가 없는가뿐이다.[1]

요컨대 민족성이나 '희생자'로서의 경험으로 결속되는 동질성 높은 배타적 연대도, 가부장제에 무비판적인 채 사적으로 폐쇄된 여성끼리의 유대도, 시스터후드의 '참된 의미와 가치'와는 동떨어져 있는 것이다.

그렇다면 시스터후드의 '참된 의미와 가치'란 무엇인가?

연대감을 느끼기 위해 여성이 차이를 없앨 필요는 없다. 또한 억압을 없애려는 목적으로 대등하게 싸우기 위해 우리 여성이 같은 억압을 공유할 필요도 없다. 우리가 결속하는 데 있어서 반反 남성적인 감정은 필요 없다. 경험이나 문화가 많으면 많을수록, 그리고 이념이 강하면 강할수록 우리는 그것을 서로 공유해야 한다. 우리 여성은 이해利害와 신념을 공유해 시스터로 결속할 수 있다. 또 다양성을 존중하고 성차별주의적인 억압을 없애기 위해 사회운동으로 연대함으로써 시스터로 결속할 수 있다.[2]

훅스가 그린 시스터후드란 경험이 아닌 이해와 신념을 공유하고, 온갖 차별과 억압의 근절을 지향하며 연대하는 모습이었다. 훅스 역시 '전략적'이라는 단어를 거듭 사용하고 있다. 이 비전에 나는 진심으로 찬동하고 싶다.

혈연으로부터 멀리 떨어져서

앞서 언급한 대로 시스터후드는 항구적으로 이용할 수 있는 개념이 아니다. 시스터후드라는 개념의 치명적인 결함이 이미 지적되었기 때문이다. 바로 여성끼리의 유대를 가정과 혈연에서 가져온 '시스터'라는 단어로 표현하는 것에 대한 비판이다.

앞에서 확인한 대로 시스터후드는 원래 여성이 남성과의 관계로만 이야기되고, 언제나 단절을 강요받아온 것에 대한 저항이었다. 하지만 시스터라는 단어는 그야말로 여성을 억압해온 가족제도 안에 있는 여성끼리의 관계를 가리키는 어휘가 아닌가. 그런 표현을 페미니즘의 문맥에서 높이 평가하는 것은, 가부장제의 현 상태를 소급해 인정하는 일이 될 수도 있다.

조금 더 덧붙이자면 설령 가족제도가 해체된다 해도 혈연관계에 기반한 비유는 퀴어적이지 않다. 미국의 철학자이자 문학 평론가 리 에델만은 페미니즘 등 좌파의 말이 '밝은 미래'를 지향하는 것에 대해 결국 미래는 어린이이며, 그것은 지극히 보수적인 재생산을 긍정하는 일이라고 도발적으로 비판했다.[3] 시스터후드도 이 비판을 온몸으로 받아들여야 한다. 재생산의 장에 구속되어 억압받아온 여성이 운동의 장에서 주먹을 쥐는데, 그 연대를 혈연으로 설명하는 것은 확실히 분하지 않은가. 우리는 더욱 후련하게 모든 것을 뜯어낸 장소에서 만나지 않았는가. 그렇게 생각하면 분명 '시스터'라는 패러다임은 타파해야 할 새장의 안쪽에 있으며, 무비판적으로 흘려보낼 수가 없다.

이 취지에 기반해 1995년에는 마리아 루고네스가 시스터후드를 대체할 단어로 보다 평등한 연대를 가리키는 '콤파녜라companera' 개념의 유용성을 설명했다.[4] 콤파녜라는 주로 라틴아메리카계 사람들 사이에서 쓰여온 어휘다. 콤파녜라는 지극히 정치적인 관계이며, 여기서 감정적 관계는 정치적 관계의 파생물에 지나지 않는다고 한다. 과연, 확실히 콤파녜라는 근사한 어감을 가지고 있다.

그렇다면 우리는 시스터후드의 간판을 내리고 새로운 이름으로 연대를 표명해야 하는 걸까? 그것도 하나의 방법이라고 생각한다. 실제로 나는 내 졸문에서 시스터라는 호칭을 여러 차례 사용하면서도[5] 망설임을 떨쳐내지 못했다. 시스터라고 부르는 행위가 자기 자신을 시스터로 여기지 못하는 누군가를 배제하지 않을까 우려되었기 때문이며, 동시에 나 스스로가 시스터에 동기화하는 데 대해 상당한 아픔을 느꼈기 때문이다. 여성성과 집단에 대해 나는 늘 위화감을 느낀다.

그럼에도 나는 역시 시스터후드 개념에는 여전히 이용 가치가 있다고 말하고 싶다. 이미 사회 여기저기에 존재하는 시스터를 내가 호명하는 게 아니라, 나의 호명이 독자를 시스터로 만든다고 말하고 싶다.

지금까지 나는 전략적 시스터후드를 제안해왔다. 그러나 이 대목에서는 오히려 시스터후드 자체가 '근본적인' 전략이라고 뒤집어 말하겠다. 전략으로서 시스터후드라는 현상을 다룰 때, 그 행위는 같은 표상으로 전략을 생각해온 전 세대들의 발걸음과 이어져 있다. 나는 결코 래디컬 페미니즘에서 말하는 남성 지배의 역사적 보편성을 믿지 않고, 마르크스주의 페미니즘*의 베이스가 되는 발전 단계론도 전혀 지지하지 않는다. 그러나 마크 피셔**가 "비역사적으로 반기억적"[6]이라고 평가한 현대에 저항할 때, 최대한 성실하게 역사를 바라보며 기억을 적극적으로 계승해나가는 자세는 지극

---

*　자본주의와 사유재산제도에서 여성이 얼마나 억압받는지 연구하고 설명하는 것을 목표로 삼는 페미니즘의 한 분파. '마르크스주의자의 시점에서 본 페미니즘'이 아니라 '마르크스주의를 페미니즘으로 수정한 페미니즘'이며,《자본론》등 마르크스의 저서에 노동자계급 속의 여성 노동자에 대한 생각이 결여되어 있는 점 등을 비판한다.

**　영국의 비평가이자 좌파가속주의를 대표하는 인물. 가속주의란 근본적인 사회적 변혁을 이루려면 현행 자본주의 시스템을 확대시켜야 한다고 보는 입장이다.

히 비판적인 행위가 될 것이다. 실제로 인터넷에서 전개되는 안티 페미니즘 언설의 대부분은 역사성과 기억의 가치를 깡그리 무시하고 있지 않은가.

앞서 인용한 훅스의 문장이 말하듯이, 시스터후드는 이해와 신념으로 결속되어 있다. 성차별이 근절될 때까지는 이해관계와 신념이 일치하는 상대를 '시스터'의 표상으로 끌어들이는 전략을 시도할 의의가 있다. 이곳에 명백히 존재하는 수많은 고통을 무시할 수는 없다. 그럼에도 의의는 분명히 있다. 이기고 싶기 때문에 시스터후드를 선택한다.

현대의 시스터후드를 위해

여기까지의 서술과 현재 상황을 근거로, 우리는 지금 어떻게 시스터후드를 이야기하고 구축할 수 있을까. 어떻게 이해와 신념을 공유하고 타자를 시스터로서 운동에 끌어들일 수 있을까.

지금 확고하게 생각하는 바는 긴장감과 고통, 책임감을 어떻게든 되찾아야 한다는 것이다.

3세대 이후 페미니즘의 대중화는 거침없이 진행되었고 시스터후드 역시 대중화를 이루었다. 반역성과 강한 분노, 비평은 기피당하고, 부드럽고 밝고 행복해서 '기분 좋은' 페미니즘만 환영받는다. 최첨단 페미니즘은 미디어 문화 속에서 나타나게 되었다. 여성끼리의 끈끈한 관계 자체는 여전히 부족하지만 화면이나 지면 너머에서 몇몇 개를 발견할 수 있다.

그것은 그것대로 의의가 크다. 성차별이라는 풀장을 터트리기 위해 움직이고 있는 거니까, 거기에 물을 채울 도구를 망가트리는 행위는, 설사 그 도구가 조그만 컵이라 해도 전략적으로 말이 안 된다. 시대에 적합한 페미니즘으로 끌어들일 수 있는 상대가 늘어난다면 그것은 좋은 일이다.

하지만 불안하기도 하다. 부드럽고 밝고 행복한 페미니즘에 사회를 변혁시킬 힘이 대체 얼마나 남아 있을까? 과거를 회고하는 것이 아니라 현재의 문제로서, 현란한 미사여구가 아니라 진심을 담은 선언으로서, 정말로 혁명을 일으키고 싶다고 말할 힘은 남아 있을까? 혁명을 구시대적 공상으로 치부해버리는 경박함이 거기에 있다면 전략을 실행한다 해도 효과는 좋지 않을 것이다.

그렇기 때문에 나는 시스터후드를 무겁게 연마하고 싶다. 시스터후드 표상이 현재의 사회 상황에서 어떤 의의를 가질 수 있는지, 그리고 표상 속으로 들어온 사람이 짊어져야 할 고통과 책임을 실제로 짊어지고 있는지 끊임없이 물어야 한다. 나는 시스터후드를 농담거리로 만들고 싶지 않다.

지금 여기서 시스터후드를 읊는 것은 내가 다름 아닌 당신과 신념을 공유할 수 있을지, 멱살을 쥐고 선동하기 위해서다. 함께 일어서지 않겠는가. 미약한 저항이라 해도, 당신이 이 전략을 믿어준다면 당신은 시스터다.

덧붙임 이 글을 썼을 때 나는 '시스터'라는 이름 아래 모든 젠더의 사람과 연대할 수 있다고 생각했지만, 2023년인 현재는 그렇지 않다. 시스터라는 '여성적인' 표상에 의해 배제되는 젠더 정체성을 가진 사람들이 분명히 존재하며, 그 존재를 무시할 수 없기 때문이다. 따라서 시스터후드는 나에게 이미 낡은 개념이다. 지금의 나는 새로운 연대의 이름을 찾고 있는 중이다. 어쩌면 이름을 찾는 것 자체가 낡은 행동일 수 있다고도 생각한다.

케이크는 던지지 말고 전부 먹는다

한여름에도 어두운 고가도로 아래 공원에서 케이크 한 판에 포크를 꽂고 있다. 잘라 나눌 도구가 없기 때문에, 완벽한 모양의 케이크를 곧바로 굴착기처럼 떠서 입으로 가져간다. 하얀 무스와 크림이 입안 가득 퍼진다. 달콤하다. 케이크 위쪽에 얹혀 있는 것은 키위와 오렌지와 딸기, 그리고 뭔지 잘 모르겠지만 여하튼 어떤 과일이 두툼한 생크림 주위로 빙 둘러 장식되어 있었다. 화이트초콜릿으로 만든 조그만 판에는 "해피 버스데이, 린"이라고 적혀 있다…. 지금 우리를 둘러싸고 있는 "불법 투기는 법률로 금지되어 있습니다" "주위에 민폐를 끼치는 공놀이는 삼갑시다" 등의 글귀 중에서는 틀림없이 가장 들뜨는 문자열이겠지…. 그런데 '주위에 민폐를 끼치는 공놀이는 삼갑시다'는 모든 '공놀이'가 주위에 민폐를 끼치기 때문에 금지한다는 걸까, 아니면 '공놀이' 중에서도 '주위에 민폐를 끼치는 것'만 금지하는 걸까, 대체 어느 쪽일까? 세상의 문장은 기대보다 엉성한 경우가 종종 있다. 아니, 그보다 세상 자체가 기대보다 엉성하다.

"봐, 저렇게 그네가 흔들리고 있어."

경솔한 피크닉 발안자, 즉 나와 마찬가지로 케이크를 우적우적 먹고 있는 나의 '절친'이 말한다. 벤치는 그네 바로 앞에 있었다. 방금 전까지 초등학생들이 교대로 서서 타기를 즐긴 잔재로, 사람 없는 좌판이 아직까지 흔들리고 있다. 그네를 흔들어놓은 아이들은 이미 다른 놀이 기구에 올라가 무언가를 외치고 있었다. 목소리가 카랑카랑하다.

"옛날에는 저렇게 놀았던 시기가 있었던 것 같아."

나는 그렇게 말한다. 주황색, 파란색 등의 조그만 자전거가 네 대 세워져 있었다. 앞 바구니에는 속에 든 것이 없어 보이는 푹 꺼진 가방이 처박혀 있다.

"저걸 타는 수밖에 없네."

"마침 두 개 있기도 하고"라고 말한다. 눈앞의 그네가 조용히 진동을 멈춘다.

절친은 이벤트나 시시한 놀이를 생각보다 좋아한다. 이 피크닉도 절친의 "케이크를 사야 할 것만 같은 기분이 들어" "사도 돼?"라는 말이 발단이었고, 백화점 지하에서 적당한

케이크를 고를 때도 절친은 처음부터 '딸기 쇼트케이크를 한 판 통째로 사는 것' 말고는 다른 선택지를 생각하고 있지 않았다. 딱히 딸기 쇼트케이크를 좋아한다는 식의 집착이 있었던 것은 아니다. 절친의 의도는 딸기 케이크 한 판이라는 '가장 생일스러운 기호'를 우리 사이에 놓는 데 집중되어 있었다. 결국 쇼트케이크를 좋아하지 않는 나와 의견을 절충해 하얀 과일 케이크로 결정했다.

'고가도로 아래에서 케이크 한 판을 먹는' 이벤트는 어쩐지 항례가 되어가고 있다. 우리는 둘 다 가을에 태어나서 대체로 1년에 한 번, 어느 한쪽의 생일에 맞춰 이벤트를 집행한다. 나는 반反생일 파티주의를 표방할 정도로 의례를 싫어하지만, 절친이 그러기를 바라는 이상 나에게 이 이벤트는 개별적이고도 구체적인 축복이며 중요한 시간이다. 나는 절친을 축하해주고 싶고, 절친도 나를 축하해주고 싶어 한다. 그 점이 가장 기쁘다.

'의식 있는 페미니스트'에 대한 편견

갑자기 절친과 나의 수수한 이벤트를 떠올린 이유는 영화 〈북스마트〉(2019)를 봤기 때문이다.

이 작품은 논리적이고 고집 센 컨트롤광인 학생회장 몰

리와, 졸업 후에는 보츠와나에서 생리용품을 만들기로 결심한 사회운동가 에이미가 귀중한 고등학교 생활을 '따분한 범생이' 상태로 끝내고 싶지 않아서 졸업 파티장으로 돌격하는 청춘 영화다.

이야기는 졸업을 앞둔 고등학교의 시끌벅적한 복도에서 시작한다. 몰리도 에이미도 명백하게 그 속에 섞여 들지 못한다. 두 사람은 선생님에게는 사랑받는 모범생이지만, 이제까지의 학창 시절을 모조리 공부만 하며 보내온 탓에 졸업 직전의 들뜬 분위기에 잘 스며들지 못하는 것이다. 몰리는 그래도 괜찮다고 생각한다. 왜냐하면 자신은 예일대에 합격했으니….

하지만 몰리는 우연히 같은 반의 불량한 친구들이 자신과 같거나 동급의 명문대에 진학한다는 사실을 알게 된다. 진짜야? 실컷 놀러 다니면서 모든 열정을 연애에 퍼붓고 SNS만 해대던 아이들이, 여태까지 노력해온 자신과 같은 대학에…? 갑자기 모든 것이 분해진 몰리는 친구 에이미와 공원에서 졸업 축하 케이크를 앞에 두고, 둘이 함께 오늘 밤 파티에 출격하자고 제안한다. 자신들이 똑똑하고 재미있으며 매력적이라는 사실을 반 아이들에게 알리기 위해, 파티장을 습격해 자신들의 껍데기를 깨부수자는 것이다. 에이미는 주춤거렸지만 몰리의 결사적인 제안은 끝없이 이어졌다. 몰리는 졸업 축하 케이크를 접시째 내던지고, 두 사람은 반 최고의 날라리인 닉의 파티에 참가하기로 결의한다.

이제까지 반 아이들과 접점이 없었던, 혹은 미움받았던 몰리와 에이미는 익숙지 않은 파티에서 몇 번이나 실수를 거듭하며 친구들을 인간적으로 마주하고, 상대를 새롭게 알아간다. 그전까지 혐오했던 상대가 지닌 의외의 면모를 보거나, 지금껏 해본 적 없었던 도전을 통해 새로운 자신을 발견하기도 한다. 십대의 우정과 성장을 그린 코미디로서, 그리고 레즈비언(에이미)을 주연으로 내세운 청춘 영화로서 〈북스마트〉는 확실히 매력적이었다. 하지만 아무래도… 나 개인적으로는 위가 따끔거릴 정도로 위화감을 느꼈던 것도 사실이다.

몰리와 에이미는 사회문제에 조예가 깊은 활동가로 그려진다. 그러한 면모는 예컨대 에이미의 방문에 '자기만의 방(버지니아 울프의 대표작)'이라고 쓰여 있고, 몰리의 방에 여성으로서 두 번째로 미국 연방대법원 대법관이 된 루스 베이더 긴즈버그의 초상화가 걸려 있으며, 두 사람 사이에서 '평생의 부탁'을 뜻하는 암호가 '말랄라(유사프자이)'*인 등 세밀

---

* 파키스탄의 인권운동가. 열한 살 때 탈레반 점령지의 억압적 일상과 여성에게 교육을 금지하는 현실을 묘사한 글을 인터넷에 올려 세계 언론의 관심을 끌었다. 그 후 탈레반 무장대원이 쏜 총알에 맞아 중태에 빠졌으나 목숨을 건졌고, 건강을 회복한 후 여성과 어린이의 교육권을 옹호하는 인권운동을 펼쳐 역대 최연소 노벨 평화상 수상자가 되었다.

한 묘사로도 드러난다. 또 파티에 간 두 사람은 각각 반 아이들로부터 악의 없는 야유의 뉘앙스와 거리감이 담긴 '학생회장' '사회운동가'라는 별명으로 불린다. 몰리와 에이미는 척 보기에도 '의식 있는 페미니스트'인 것이다.

그런 몰리와 에이미가 경박한 졸업 파티에 참석함으로써 "하룻밤 만에 청춘을 되찾을 거야"라고 선언하고, 다음 날 아침에는 실제로 환골탈태해 반 아이들 사이에서 영웅이 된다는 것이 이 영화의 줄거리다. 이 흐름에 의해 '의식 있는 페미니스트'로서 노력해온 고등학교 생활이 두 사람에게는 빠져나와야 할 상태, 혹은 타자와 마주할 기회를 빼앗아온 것으로 대치되고 만다. 그 점이 너무나 분하다. 성실하고, 사회 문제에 대해 고민하고, 공부에 집중하는 것이 정말로 십대에게서 그렇게 많은 것을 빼앗는 일일까?

게다가 몰리와 에이미의 묘사에서 강조되는 부분은 연애에 소극적이라는 점이다. 몰리는 불량한 부학생회장 닉을 좋아한다는 사실을 혼자서는 받아들이지 못했고(몰리는 에이미의 말을 듣고서야 자신의 마음을 긍정했다), 에이미는 혼자 아프리카로 간다는 결단은 할 수 있어도 마음에 둔 여학생 라이언에게 말을 걸지는 못한다. 특히 몰리는 닉에 대한 자신의 감정을 "약한 인간이라면 사랑이라 부를지도 모르지"라고 묘사하며, 닉을 향한 이성적 호감을 거부함으로써 '강해지려고' 하는 자세를 보인다.

이는 엄청나게 전형적인 이야기가 아닌가? '의식 있는 페미니스트'가 연애나 섹스로부터 멀리 떨어져 있고, 몰리의 경우 다소 혐오하는 면모마저 보이는 것은 페미니스트를 자칭해본 사람이라면 한 번쯤 들어본 편견—"페미니스트는 인기 없는 여자의 비뚤어진 모습" "페미니스트는 성性을 일률적으로 부정한다" 등등—을 어쩔 수 없이 상기시킨다. 라이언과의 섹스를 꿈꾸긴 하지만 에로 비디오조차 본 적 없는 에이미에게 몰리가 "성性을 긍정하는 페미니스트잖아?" 하며 비디오 시청을 재촉하는 장면은 유머러스하긴 하지만 동시에 심술 비슷한 것도 느꼈다. 논리적이고 성실한 것이 그렇게 우스워 보이는가?

위화감은 여전히 이어진다. 몰리는 졸업생 전체 대표로서 여성의 지위 향상을 호소하는 내용의 연설문을 준비했었다. 그러나 파티를 경험하고 나서는 졸업식에 지각한 데다, 단상에서 연설문을 대신 읽고 있던 반 친구 제러드와 열렬한 키스를 나눈 뒤 "이 시절이 끝나서 서운하긴 하지만 정말 좋았어" "모두 정말 멋져. 대학에서 망가지지 마"라는 즉석 연설을 시작한다. 이 장면은 몰리가 '따분한 범생이', 즉 '의식 있는 페미니스트'에서 벗어나 자신의 언어로 이야기하기 시작했음을 매우 명확하게 드러낸다고 할 수 있을 것이다. … 그 둘은 결코 상반되지 않을 테지만.

나라고 몰리와 에이미의 페미니즘을 전면적으로 옹호

하는 것은 아니다. 특히 몰리는 상승 욕구가 강한 인물이며, 《린 인》*으로 대표되는 신자유주의적 페미니즘—다시 말해 여성으로서 체제 측에 다가서는(lean in) 것이 여성의 지위 향상으로 이어진다고 보는, 1퍼센트의 엘리트를 위한 페미니즘—에 가까운 자세를 취하고 있는 듯하다.《린 인》의 페미니즘은 국가와 자본주의의 눈속임이며, 나는 그 방법을 부정한다.

또한 〈북스마트〉에서 에이미와 몰리가 반 아이들과의 사이에 있는 마음의 벽을 직접적으로 허물 수 있었던 이유는 어디까지나 두 사람이 규범적 행동에서 벗어났기 때문이지 정치의식에서 벗어났기 때문은 아니다. 하지만 지금까지 여러 차례 말했듯이 이 영화에서 벗어나야 할 규범으로 간주되는 것은 두 사람의 성실하고 견고한 '페미니스트로서의' 의식에서 유래한 태도이며, 이 태도는 아무래도 놀림당하는 것처럼만 보인다. 논리적이며 '의식 있는 페미니스트'의 교과서를 찢어버리고 날티 나는 반 친구들 속으로 다이빙했더니, 얄미운 '학생회장'과 '사회운동가'는 비로소 모두에게 환영받았다. 나는 도무지 이것을 해피엔딩으로 여길 수 없다.

---

* 메타(구 페이스북)의 최고운영책임자(COO) 셰릴 샌드버그의 저서로, 여성의 커리어와 리더십에 대한 조언이 담겨 있다.

있는 그대로 살아가도 충분한

그렇기 때문에 나는 아무래도 〈북스마트〉를 완전히 긍정할 수 없다. 어째서 페미니스트라는 점이 타인과의 심리적 거리를 만드는 경향으로 묘사되는가. 어째서 변해야 했던 쪽이 몰리와 에이미였나. '사람은 하룻밤 사이에 변할 수 있다'라는 메시지보다 고삐 풀린 듯이 놀지 않아도, 커뮤니케이션에 능숙하지 못해도, 논리를 앞세우는 성격이라도 얼마든지 그대로 살아갈 수 있다는 말을 듣는 편이 나는 훨씬 기쁠 것이다.

그리고 무엇보다 몰리와 에이미는 유일무이한 친구 사이다. 극단적으로 말해 그것만으로 충분하지 않은가 싶기도 하다. 실제로 몰리와 에이미의 우정이 드러나는 장면은 전부 무척 사랑스럽다. 만난 순간 기묘한 댄스 배틀을 벌이고, 택시를 기다리면서 손장난을 하고, 여행을 떠나기 직전까지 작별 인사를 몇 번이나 반복한다. 이런 좋은 우정이 있다면 '따분한 범생이'인 채로 여행을 떠나도 괜찮지 않은가? 딱히 뻔한 '날라리 파티'에 참석하지 않아도, 그런 건 아무래도 좋지 않은가?

몰리가 파티에 가자고 제안하기 직전, 에이미는 낌새가 이상한 몰리의 곁으로 다가가 악기 연주에 노랫말을 얹어 몰리가 걱정된다는 뜻을 전한다. 그리고 졸업 축하 케이크를 먹고 '추억 상자'를 열자고 제안한다. '추억 상자'가 무엇인지는 밝혀지지 않지만, 적어도 두 사람이 함께 보낸 고등학교 시절의 추억이 담긴 물건이 들어 있을 것은 틀림없다. 그런 멋진 상자는 이 세상에 둘도 없을 것이다.

그 장면에서 그대로 추억 상자를 열어 이야기를 나누고, 작은 케이크를 던지지 말고 먹으며 서로의 졸업을 축하했다면 몰리와 에이미는 어떻게 되었을까. 주위 친구들은 이해해 주지 않을 수도 있지만, 그래도 분명 즐거웠을 것이다. 케이크 한 판은 두 사람이 먹기에 벅차 보일지라도 의외로 전부 먹을 수 있다.

얻어맞으면 되받아치겠다

처음으로 사람을 때린 날을 지금도 선명하게 기억한다. 나는 중학교 1학년이었고 상대도 중학교 1학년이었다. 맑게 갠 날이었다. 갓 입학한 중학교, 이제 막 친구가 된 상대에게 '다리가 짧다'고 놀림당한 나는 뚜껑이 열려서 상대의 얼굴을 걷어찼다. 상대의 눈에서 콘택트렌즈가 날아갔다.

그때는 상대가 받아치지 않았다. 하지만 그날 하굣길에서 나는 같은 상대와 다시 한번 말다툼을 했고, 상대는 나를 때렸다(기억에 없지만 내가 그때 "넌 꼬리 내린 개야"라고 말한 모양이다. 최악이다). 나는 그에 응해 맞받아쳤다. 그 자리에 함께 있던 친구가 "그만해!" 하며 뜯어말렸다. 싸움은 거기서 끝났다.

그것이 마지막이었다.

"다카시마 씨는 폭력을 부정하지 않으시죠?"

"아, 네."

그로부터 12년 뒤, 갑작스러운 대화 도중 무심결에 대답이 입 밖으로 툭 튀어나왔다. 조금 더 주저해도 좋았을지 모른다. 하지만 진심이었다. 나는 폭력을 부정하지 않는다.

폭력이라는 것에 대해 어떻게 생각을 드러내야 할지 나는 언제나 망설인다. 나의 입장은 하나가 아니고, 나는 입장만으로 살아가고 있지도 않다. 그것은 그 자체로 폭력에 대한 잊지 못할 여러 가지 경험이 있고, 강한 혐오가 있으며, 이성적으로 물러날 방법을 모색하는 손짓이 있다는 뜻이다. 그리고 동시에 폭력에 대한 동경과 페티시즘, 원망 섞인 집착이 있다는 뜻이기도 하다.

구체적으로 말하자면, 나는 일단 대전제로서 약한 자에게 휘두르는 폭력을 절대로 용인하지 않는다. 저항하지 못하는 상대에게 부조리하게 휘두르는 폭력, 양자의 입장이 대등하지 않은 상태로 전개되는 폭력은 물리적이든 그렇지 않든 간에 허용해서는 안 된다.

한편 사회운동에 관여하는 축에 끼는 사람으로서 폭력을 용인하는지, 용인하지 않는지 질문을 받는다면 "폭력과 비폭력 양자택일에 무슨 의미가 있는가"라고 되받아칠 것이다. 그런 질문을 할 여유 따위는 없을 만큼 절박한 사태가 세상에는 존재하며, 애초에 국가와의 대립 속에서는 무엇이 폭력인가 하는 판정 기준 자체를 권력자 측이 자의적으로 바꿔버린다. 들고 있던 물을 경찰에게 실수로 쏟은 사람이 공무집행방해로 체포되는 모습을 시위 현장에서 봤을 때 특히 그 점을 통감했다. 그러므로 나는 일률적으로 폭력을 부정하지 않는다.

더 말하자면 내게는 개인적인 원한이 담긴 꿈이 있다. 폭력성을 남성성으로부터 빼앗아 여성성, 퀴어성에 접합시키는 꿈이다. 남성성이 점유한 폭력을 남성성의 주변으로 밀려난 쪽에 돌려준다. 어째서 너희들이 오랜 세월 휘둘러온 그것을 내가 쥐면 안 되는가? 분명히 말해 나는 폭력을 좋아한다. 너무나 좋아한다고 말할 수도 있다. 폭력을 원한다. 악惡이라도 좋다. 악이라도 좋으니 너희들이 쌓아온 모든 것을 전부 걷어차고 때려 부수고 싶다.

그렇게 생각하며 내 두 팔을 만지면 엄청나게 한심한 기분에 사로잡힌다. **너무 부드럽기** 때문이다. 내 팔에는 근육이 없다. 키도 작다. 체력도 없다. 운동신경으로 말하자면 눈 뜨고 못 볼 정도다. 벌써 몇 년이나 기록을 재어보지 않았지만, 아마도 지금 50미터 달리기를 한다면 적어도 10초는 넘을 것이다. 도무지 무언가를 때려눕힐 만한 몸이 아니다. 그 사실이 너무나 슬프고도 분해 죽겠다. 정말 분하다. 진짜 분하다 (만약 여기까지 읽은 당신이 "그럼 체력을 단련하면 되잖아?"라고 되묻고 싶어졌다면, 나는 그 빈약한 상상력을 원망하겠다).

폭력을 둘러싼 위화감, 자의적 선 긋기

영화 〈버즈 오브 프레이―할리 퀸의 황홀한 해방〉(2020)을 보면서 생각한 것도 역시 폭력이었다.

이 작품은 DC 시리즈의 악역, 할리 퀸을 주인공으로 내세운 페미니즘 영화다. 남자에게 의존하고, 실연으로 엉망진창이 되고, 주위에서도 '조커가 없으면 금방 죽일 수 있는 상대' '조커의 애완견'이라며 얕잡아 보이던 할리 퀸이 그 자리에서 일어나 해방되고 각성한다. 이 작품은 여성의 자립을 매우 명쾌하게 칭찬하는 메시지를 감상자에게 연신 보낸다.

줄거리는 다음과 같다. 조커라는 방패막 덕분에 무슨 짓을 하건 누구에게도 비난받지 않는 자유분방한 생활을 하던 할리 퀸은, 어느 시점에서 조커와 파국을 맞이해 자유를 잃는다. 그때까지의 업보로 할리 퀸에게 원한을 품은 모든 세력이 쏜살같이 그를 덮친다.

고담 시티의 패권을 쥔 빌런, 블랙 마스크―마음에 들지 않는 상대는 산 채로 얼굴 가죽을 벗겨 죽이는, 여성을 싫어하는 사디스트―는 그 선두에 서 있다. 여태껏 할리 퀸은 블랙 마스크가 운영하는 클럽에서 셀 수 없이 난동을 피워왔다…. 블랙 마스크 전속 운전기사의 다리를 반쯤 재미로 부러트리는 것부터 시작해 아직 안 본 영화의 스포일러를 흘리는 것까지. 블랙 마스크의 분노를 막아온 조커라는 방파제가 사라진 지금, '눈엣가시'에서 '죽여버려'까지의 한 호흡은 매끄럽게 뿜어져 나왔다. 이리하여 터무니없는 악당의 터무니없는 살의가 할리 퀸에게로 향해 벼랑 끝으로 내몰린 것이다.

하지만 할리 퀸은 아슬아슬한 제안을 한다. 블랙 마스크가 혈안이 되어 수색 중인 30캐럿짜리 다이아몬드—거기에는 일찍이 고담 시티에서 가장 유복했던 마피아, 버티넬리 가문의 막대한 재산이 든 은행의 계좌 정보가 새겨져 있다—를 찾아주겠다고 말한 것이다. 다이아몬드는 마침 소매치기 소녀 카산드라가 훔친 뒤 그 위장 속에 쏙 들어가 있는 참이었다.

블랙 마스크는 이 요청을 받아들여 자정까지 다이아몬드를 손에 넣으라고 명령하고, 카산드라의 목에 50만 달러의 현상금을 건다. 이리하여 할리 퀸과 악당들의 다이아몬드를 둘러싼 쟁탈전이 시작된다. 거기에 빌런 단속에 열정을 불태우는 중년의 여성 경찰 르네 몬토야와 블랙 마스크의 '작은 새'로서 마구 이용당해온 가수 블랙 카나리, 암살자이자 복수자인 버티넬리 가문의 생존자 헌트리스가 가담해 싸움은 엉망진창으로 뒤얽힌다.

하지만 혼란은 차츰 정리된다. 앞에서 말한 여성들이 '블랙 마스크와 적대 관계'라는 입장이 일치함을 확인해 함께 싸우기로 한 것이다. 처음에는 적대했던 할리 퀸과 동료들은 훌륭한 연대를 보여주며 블랙 마스크를 쳐부순다. 이야기는 할리 퀸이 자유분방하고도 자립적인 새 생활로 발걸음을 내딛는 장면으로 막을 내린다.

영화를 다 본 다음 무엇이 마음이 걸리는지 이해하기까지 제법 시간이 걸렸다. 〈버즈 오브 프레이〉는 영화로서 재미있다. 너무나도 눈이 즐거운 연출, 전대미문의 전개, 그리고 등을 맞대고 주먹을 쥐며 물리적 사면초가를 화려하게 돌파해나가는 할리 퀸 일당의 활약은 보고 있으면 가슴이 뛰었다. 그 마음에 거짓은 없다.

그러나 한편으로 커다란 위화감도 느꼈다. 할리 퀸은 총을 가진 남자들을 야구방망이로 상대하고, 경찰서에 몰려갈 때 컬러풀한 잉크 총알이 든 라이플을 들기도 한다. 이 발랄한 설정은 대체 뭐란 말인가?

영화 속 여성들이 남성에게 휘두르는 폭력은 지극히 일부의 위기 장면을 제외하면 총을 사용하지 않는다. 할리 퀸의 야구방망이와 잉크 총알, 르네의 주먹, 블랙 카나리의 초능력인 초음파 노랫소리와 헌트리스의 석궁 등 여성들이 드는 주요 무기는 모두 진짜 총을 의도적으로 피하는 것처럼 보인다. 블랙 마스크가 휘두르는 폭력이 살아 있는 인간의 얼굴 가죽을 벗겨내는 직접적이고도 처참한 형태로 드러나는 반면, 어째서 여성들이 휘두르는 폭력은 신체 혹은 그 상황에 어울리지 않는 '귀여운' 무기 중 하나가 되고 마는가?

이러한 묘사는 한편으로는 그 상황에 분명 적절하지 않을 도구를 일부러 무기로 골라 쓰는 할리 퀸의 엉뚱함을 나타낼 의도가 있었을 것이다. 혹은 자신의 신체나 살인에 어울리지 않는 싸구려 도구로 총 사용자를 이기는 것은, 여성들이 총을 든 남자들보다 강하다는 증거로 삼을 수 있을지도 모른다.

하지만 그건 슬플 정도로 비현실적인 일이다. 물론 내가 전면적으로 '여성은 남성을 폭력으로는 이길 수 없다'라고 생각한다는 뜻은 전혀 아니다. 성별에 관계없이 힘센 사람과 힘이 약한 사람은 존재하며, 폭력이 언제나 신체 능력에 의거하는 것도 아니다. 그러나 아무리 생각해도 야구방망이는 운동 도구지 살상용 무기가 아니고, 주먹으로 총에 맞서는 것은 무모한 행동이며, 노랫소리로 광범위하게 퍼져 있는 적을 제압하는 능력은 판타지에 불과하다.

〈버즈 오브 프레이〉는 무엇보다 남성으로부터의 자립, 즉 '새장 속 새'가 해방되는 과정을 철저하게 그리려고 한 픽션이다. 그런 의도를 가진 이야기에서 여성들이 휘두르는 폭력조차 이다지도 비현실적이라면, 현실에서 여성이 가질 수 있는 폭력성이 저항으로서 기능할 가능성을 거의 포기해버린 것이나 마찬가지 아닌가?

블랙 마스크는 총을 짊어진 수많은 갱들을 "형제여!" 하고 친밀하게 부르며 할리 퀸이 숨어 있는 폐유원지의 놀이

기구를 포위한다. 할리 퀸 일당은 놀이 기구 속에서 싸우면서도 서로의 이해관계가 일치함을 확인하고, 장난감 같은 무기를 들고 적의 소탕을 꾀한다. 이 명확한 대비를 품은 구도는 영화를 명쾌한 페미니즘 작품으로 분류하는 데 한몫한다. 하지만 이는 동시에 폭력과 젠더 문제까지 단순한 이항 대립으로 만든다.

나는 그 점이 거듭 분했다. 남자의 현실적이고도 잔인한 폭력, 여자의 귀엽고 판타지 같은 폭력. 그것은 계속되는 박탈이다. 나는 여자의 현실적이고도 잔인한 폭력을 보고 싶었다. 폭력을 둘러싼 괴로운 불균형이, 자의적인 선 긋기가 전부 정면 돌파되는 광경을 보고 싶었다. 어째서 그것은 내 것이 아닌가? 이것이 '올바른' 요구가 아니라는 점도 안다. 알고 말고. 그럼에도 '유해한 남성성'과 같은 땅에 서는 '유해한 여성성'에만 걸 수 있는 희망이, 내 안에 확실히 '존재한다'.

죽여버릴 거야! 죽여버릴 거야! 죽여버릴 거야!

으하하하하!

….

우리를 속박하는 몸과 규범을 넘어서

옛날이야기를 해보자. 지금으로부터 14년 전, 어느 초등학교 C동의 여자 화장실에서 일어난 일이다. 거기에는 등껍질이 벗겨진 고통을 참으며 "이 자식, 나와!" 하고 외치는 반 아이의 목소리에 귀를 틀어막은 내가 있었다. 다카시마 린, 열한 살. 매일 외모와 취미에 대한 모욕을 당하면서도, 매도하는 상대를 때리고 걷어차 보복함으로써 겨우 자신감을 잃지 않고 살아가던 시기다. 지금 돌이켜보니 그건 집단 따돌림이었구나 싶지만, 당시의 나는 상대와 대등하게 싸우고 있다고 생각했다. 맞으면 받아쳤으니까. '못난이' '털복숭이' '음침한 오타쿠'라고 불리는 것보다 '폭력녀'가 훨씬 나았기 때문에 나는 폭력을 정체성으로 삼았다. 매일 내 나름대로 발차기를 연습했던 기억도 있다. 열심히 연습하면 이길 수 있다고 생각했다. 이렇게 표현해도 될지 모르겠지만, 씩씩했다.

모욕당하면 때린다. 먼저 손이 나간 것이 나였기에 혼나는 것도 나였지만, 그래도 도중까지는 분명 만족할 만큼 상대에게 보복할 수 있었다. 일이 그렇게 흘러가지 않게 된 것은 초등학교 고학년으로 접어든 어느 시기부터였다. 나의 폭력은 완전히 효력을 상실했다. 내 키는 더 이상 자라지 않는데 나를 모욕하는 '남자'라는 것들은 쑥쑥 몸집을 키우기 시작했다. 그날도 나는 나를 모욕해온 상대를 걷어찬 뒤 얼른 도망치려 했지만 상대는 전혀 타격을 입지 않았고, 곧바로 들고 있던 T자 빗자루로 내 등을 때렸다.

그날 밤, 부모님들끼리 전화로 대화를 나누었던 것을 똑똑히 기억한다. 엄마는 전화 통화였는데도 몇 번이나 머리를 숙이며 사죄의 말을 반복했다. 나는 그 말에 귀를 세우며 "먼저 욕한 건 그 녀석이니까 나는 잘못하지 않았어!" 하고, 필사적으로 엉성한 자기변호를 계속했다. 전화를 끊은 뒤 엄마는 상대 부모가 했다는 말을 나에게도 전했다. "우리 아들은 몸집도 큰데 린이 때렸다고 맞받아친 모양입니다. 정말 죄송해요"라고 한 모양이다.

'뭐야, 그 변명은?' 하고 생각했다. 사과할 대목은 그 부분이 아니다. 내가 먼저 사과받고 싶었던 것은 처음에 했던 욕이었다. '덩치가 큰데도' 보복한 것이 사죄의 이유라면, 이제 나는 그 녀석들과 대등한 폭력의 땅에 서지 못한다는 뜻 아닌가. 나한테는 더 이상 적대자와 싸울 수 있는 '몸'이 없다는 사실을 깨달았다. 몸. 몸. 몸. 작고 아둔하고 약한 나의 몸이여! 죽순처럼 쑥쑥 자라는 적대자를 곁눈질하며, 나는 잠자코 겨드랑이와 팔의 털을 밀기 시작했다. 내 겉모습이 '못생겼다'고 의식하기 시작한 시기와 싸움을 할 수 없어진 시기는 거의 일치한다. 타자에게 거절당하면서 타자를 거절했던 몸은, 자신과 타인 양쪽으로부터 거절당하는 몸으로 일원화되어갔다.

지금 이렇게 폭력에 대한 복잡한 심정을 이야기하는 이유는, 내가 나 자신을 다시 한번 거절당하면서 거절하는 존재로 발견하고 싶기 때문일 것이다. 이 세상에게 얻어맞으면 나도 이 세상을 되받아치고 싶다. 얕잡혀 보이고 싶지 않고, 벌벌 떨고 싶지도 않다. 처음부터 내 손 안에 없었던 폭력을 내 손으로 탈환하고 싶다. 이 세상과 나의 불균형이 간단히 해소되지 않는다는 것도 알고, '때린다'는 표현과 폭력 자체에 거대한 문맥이 따라붙는다는 것도 알며, 여러 가지로 잘못된 것에 이끌리고 있다는 점도 안다. 그래도 역시 분한 마음이 더 크다. 나는 나를 속박하는 몸과 규범을 전부 갈가리 찢고, 온 힘을 다해 모든 것을 파괴하고 싶다. 미안, 이런 생각을 해서 미안해, 하고 아무것도 없는 허공을 향해 머리를 숙이며, 그럼에도 나는 폭력에 대한 거대한 동경을 품고 있다. 구라라아가아!* 어째서 나는 거대한 코끼리가 아닐까? 정말 분하다. 진짜 분하다.

결론을 낼 수 없다. 내고 싶지 않고, 내지 않아도 된다고 생각한다. 부정과 긍정, 그런 이원론으로는 분류되지 않는 장소에서 일어나는 끝없는 갈등을, 나는 나의 역사 속에 확실히 품고 있다. 그것을 써서 공개하는 행위가 어쩌면 나와 이 세상의 불균형한 관계를 바꿀지도 모른다. 지금 내가 가질 수 있는 기대는 그 정도밖에 안 된다고도 말할 수 있고, 그 정도는 된다고도 말할 수 있다.

* 미야자와 겐지의 동화 《오츠벨과 코끼리》에서 성난 코끼리들이 내는 울음소리.

세상에는 더, 더, 더 많은 길이 필요하다

불길 앞의 두 여자

"죽어."

"네가 죽어."

후지노 가오리의 소설 《피에타와 트랑지ピエタとトランジ》에서 가장 사랑스러운 대목은 틀림없이 여기다. 다른 의견은 받지 않겠다. 이 대목이 있기 때문에 나는 《피에타와 트랑지》에 찬사를 보낸다.

어째서인지 주변에 사건이 끊이지 않는 특수 체질의 천재 탐정 트랑지와, 그런 트랑지를 무서워하지 않고 호기심 하나로 다가온 거리낌 없는 반 친구 피에타. 《피에타와 트랑지》는 이 두 여성이 걸어가는 십대부터 팔십대까지의 여로를 그린 미스터리물이다. 아니, 솔직히 미스터리물이라고 부를 수 있을지 잘 모르겠다. 수수께끼는 큰 문제가 아니기 때문이다. 중요한 것은 피에타가 "죽어"라고 말하면 트랑지가 "네가 죽어"라고 받아치는 그 부분이다. 같은 고등학교를 다니던 두 사람이 다른 대학에 들어가도, 트랑지가 자취를 감춰도, 피에타가 결혼해도, 혹은 세계가 멸망에 가까워지고 두 사람이 기묘한 집단에 뒤쫓기는 처지가 되어도, 결국 피에타와 트랑지는 함께 살아갈 것을 몇 번이나 거듭 선택한다. 그러는 동안 두 사람의 주위에서는 트랑지의 체질 때문에 정말 많은 사람들이 계속해서 죽고 기묘한 사건이 연신 일어나지만, 피에타만은 죽지 않는다. 두 사람에게는 수수께끼 따위 어느새 아무래도 상관없어진다. 중요한 건 피에타가 트랑지에게 피에타이고, 트랑지는 피에타에게 트랑지라는 것, 그뿐이다. 이는 너무나도 옳은 일이다.

작품 속에서 두 사람 사이를 멀어지게 만드는 가장 큰 위협은 사람이 마구 죽어 나가는 것도, 모리아티를 따라서 두 사람을 적대하는 피에타의 옛 친구 모리도 아닌 피에타의 결혼일 것이다. 피에타의 남편은 머리가 불타는 상태로 나타난다. "나는 (피에타의 이름)을 위해 산다. (피에타의 이름)은 나를 위해 산다"라는 제안을 한 순간부터 남편은 피에타의 눈에 그렇게 보이게 되었다. 남편이 피에타를 어떻게 불렀는지는 시커멓게 칠해져 있어서 읽을 수 없다. 당연하다. 트랑지가 부른 이름이 아니라면 그런 건 아무 가치도 없다. 이 활활 타오르는 불길 앞에서 피에타는 '피에타'라는 이름을 잊어버린다. 피에타는 불타는 남자를 보며 자기 인생의 가장 좋은 시절이 지나갔다는 사실을 깨닫는다.

트랑지transi란 '부패한 사체의 상像을 설치한 묘비'라고 한다. 숨 막힐 정도로 죽음의 냄새를 짙게 풍기는 트랑지를, 피에타는 진심으로 사랑한다. 피에타는 남편으로부터 피임을 그만하자는 말을 듣고 반사적으로 남편을 죽이려 했다. 그것을 가로막은 사람은 당연히도 실종되었던 트랑지였다. 트랑지가 가로막은 것은 불타는 남자의 죽음이 아니라 피에타의 살인이다. 어째서 트랑지가 피에타가 섹스를 하는 침실에 있는지는 전혀 문제되지 않는다.

태어났을지도 모를, 더 정확히 말하자면 피에타도 멍하니 그쪽으로 발을 들여놓기 시작했던 새로운 생명의 길에서 되돌아와 더욱 풍요로운 죽음 속으로 헤쳐 들어가는 것. 두 사람은 그 각오를 살해당할 뻔한 남편 앞에서 확인한다. 봐, 세상 같은 건 아무래도 상관없잖아. 알고 있어 알고 있었어. 피에타도 트랑지도 그 사실을 처음부터 분명 알고 있었다. 알고 있었는데도 그 길을 선택하기가 너무나 어려웠다. 불은 타오르면서 그 자리에 있었다. 그런 법이다. 여자들은 그런 것으로 인해 쉽사리 멀어지고 만다. 히라코 와카의 만화《마이 브로큰 마리코》에서 두 사람 사이를 벌려놓은 것도 어떤 면에서는 불길이었을지도 모른다. 마리코를 새하얗게 태운 불. 시이노는 볼 수조차 없었던 불.

둘이서 나눌 수 없었던 이야기

《마이 브로큰 마리코》는 영업직 회사원 시이노가 중국 집에서 텔레비전을 보다가 우연히 친구의 자살 소식을 접하는 장면에서 시작한다. 어린 시절부터 함께했던 유일무이한 '절친' 마리코가 나카노의 아파트 4층에서 몸을 던져 죽었다. 시이노에게는 아무런 말도 없이.

시이노는 마리코의 인생을 안다. 낡아빠진 연립주택에는 고함을 지르며 폭력을 휘두르는 아버지가 있었고, 어머니는 마리코를 두고 집을 나갔다. 마리코는 흠씬 두들겨 맞으면서도 필사적으로 어머니와의 관계를 붙잡으려 했지만, 그 노력도 마리코가 아버지에게 강간당함으로써 전부 물거품이 된다. 어머니가 떠나며 마리코에게 남긴 것은 새로운 생활이 아니라 "유혹한 네가 나빠"라는 막말이었다. 아버지는 또다시 술을 마시고 날뛴다. 마리코는 계속 망가져간다.

어른이 되면 달아날 수 있을까? 상처는 그리 간단히 아물지 않는다. 자해를 멈출 수 없다. 마리코는 폭력을 휘두르는 남자에게서 구원을 바라다가 다시 몇 번이나 너덜너덜하게 얻어맞는다. 시이노는 문제가 생길 때마다 마리코를 구하지만, 마리코는 자신이 망가진다는 것을 알면서도 폭력의 자장 속으로 끌려들어간다. 구한다, 되돌아간다, 구한다, 되돌아간다. 끝이 없다. 마리코를 내놓으라고 고함치는 남자를 문 하나 너머에 두고 돌아본 시이노의 눈에는, 기쁜 듯이 시이노만 바라보는 마리코의 얼굴이 비친다.

"시이노가 있다는 것 말고는, 나한텐 실감할 수 있는 게 없어."

그렇게 말하던 마리코는 죽었다.

가만히 있을 수 없어진 시이노는 결사적인 각오로 마리코의 아버지로부터 마리코의 유골을 빼앗아 혼자서 야간 버스를 탄다. 목적지는 머나먼 곳에 있는 '마리가오카곶'. 예전에 마리코가 말장난의 연장선상에서 가고 싶다고 말했던 장소이며, 둘이서 함께 가자고 약속했지만 가지 못했던 바다였다. 시이노와 마리코, 두 사람만의 처음이자 마지막 여행이 시작된다. 시이노는 필사적으로 마리코의 들리지 않는 목소리에 귀를 기울이고, 기억 속 마리코는 희미하게 응답한다. 무릎 위에서 유골함이 덜그럭거린다.

시이노는 마리코가 혼자서 죽을 정도라면 함께 죽고 싶었을 것이다. 하지만 마리코는 함께 죽자고는 하지 않고, "시이노의 아이로 태어나고 싶었어"라고 말한다. 대등한 관계를 소망해주지 않는 것이다. 서로 평등하게 책임을 짊어지고 살거나 또는 죽는 것을, 마리코는 결심해주지 않았다. 결심할 수 없었다.

시이노는 마리코를 구하고 싶었으니 자신의 손을 잡아주지 않는 마리코가 진심으로 답답했을 것이다. 아무리 원해도 마리코는 빠져나간다. 도무지 견딜 수 없는 아픔만은 알려주지만, 그 아픔 쪽으로 손을 내밀어도 손가락만 만질 뿐 끝내 쥐지는 않는다. 눈앞에 있는데. 눈앞에 있는데.

마리코는 시이노가 구해주기 전에, 전부 떨쳐버리고 둘이서 달아날 상상을 할 여지를 발견하기 전에, 기대를 품지 않는 훈련을 너무 많이 해버린 것이다. 그런 건 이제 두 사람 사이에서 나눌 수 있는 이야기가 아니었다. 나머지는 마리코의 마음속 문제였고, 그것이 '브로큰 마리코'였기 때문에 아무리 앞에 '마이ₘy'를 붙여도 마리코가 망가지는 것을 막을 수 없었다. 살아 있는 동안 아무것도 받으려 하지 않았던 마리코. 마리코의 문제라는 것은 알았지만, 시이노는 눈앞에 있었는데도 마음을 다 전하지 못한 자신이 죽도록 밉다. 자신의 손을 잡아주지 않은 마리코도 밉다. 그것은 그것대로 방만하고 제멋대로인 마음이겠지. 하지만 생각하지 않을 수 없다. 나는 너에게 무엇을 해줄 수 있었을까.

후회를 헤치며, 그럼에도 시이노가 필사적으로 마리코의

목소리에 귀를 기울이고 세상에 없는 마리코를 위한 행동이 무엇인지 사력을 다해 생각하는 것을 어느 누구라도 무의미하다고 말해서는 안 된다. 생각해보라. 아무런 공인도 받지 못한 관계에서 유일하게 어떤 '사실'을 남길 수 있다면, 그건 이제 장례식밖에 없다. 결혼도 할 수 없지, 사는 집도 다르지, 같은 일을 하거나 업무상 접점이 있는 것도 아닌 두 사람 중 어느 한쪽이 재로 변했다면, 남겨진 쪽이 좌우할 수 있는 것은 유골뿐이다. '함께 살아가고 싶어'는커녕 '함께 죽고 싶어'라는 말조차 못 했던 두 사람이 할 수 있는 일은 이제 그뿐이었다.

이야기가 필요하다. 여자와 여자의, 퀴어와 퀴어의

피에타와 트랑지는 죽어서 둘만의 길을 만들고, 마리코는 시이노를 남겨두고 죽어버린다. 불길은, 세상은 죽음에 의해 비로소 뒤로 물러난다. 이렇게 심장이 아픈 동시에 사랑스러운 일은 없지만, 이렇게까지 해야만 한다는 슬픔도 틀림없이 존재한다. 물론 이 세상에 존재하는 '두 여자'의 이야기가 전부 그런 내용은 절대 아니라는 사실은 알고, 이 두 작품이 전혀 다른 장소에서 태어난 다른 이야기라는 점도 충분히 이해하지만, 내 눈앞에 떠오른 불길, 죽음, 여자가 언제나 무관하다고는 생각하지 않는다.

　나는 극단적인 것도, 극단에 있는 것도 죽을 만큼 좋아한다. 그러나 역시 전부 불태우거나 자신이 불타는 양자택일을 강요당하는 길밖에 없다는 것은, 분명 이 세상이 뒤처진 것이다. 아니, 그것은 길조차 아닐지도 모른다. 활활 타오르는 불길 한가운데에, 둘이서 옆으로 나란히 서기조차 힘든 좁디좁은 길이 위태롭게 기다리고 있다. 용기와 결단의 문제가 아니라 애초에 입구조차 눈에 띄지 않는 것이다.

　시스터여, 나는 언제나 당신들에게 미치자고, 돌아버리자고, 폭동을 일으키자고 호소하지만 그것이 역시 힘들고 괴롭다는 점도 안다. 실은 미치지 않아도, 돌지 않아도, 날뛰지 않아도 마음 가는 대로 길을 선택해 죽음의 그림자나 뼈를 밟는 소리를 겁내지 않고 걸어갈 수 있다면 그것이 틀림없이 좋은 일이다. 그런 일이 가능해져야 비로소 그 길을 함께 걷는 타자가 몰라보게 늘어날 것이다. 그것이 나의 길이 아니라 해도 수많은 여성, 수많은 퀴어 들이 마음 편히 나란히 서서 걸어갈 수 있는 길이 이 세상에는 훨씬 많이 필요하다. 현재로서는 도무지 충분하지 않은 것이다. 나는 언제나 그 점이 분해서 견딜 수 없다. 세상이 물러가는 건 무척 사랑스러운 일이지만, 나는 세상을 우리 쪽으로 끌어당길 완력을 원한다. 그러지 못하는 무력함은 말도 못하게 굴욕적이다.

　이야기가 필요하다. 여자와 여자의, 퀴어와 퀴어의. ‘여기에 길이 있어'라고 이야기할 언어가 이 세상에는 너무도 부족하다. 이 세상에서 가장 격렬한 불길의 소용돌이부터 버스 정류장 벤치에 이르기까지, 모든 풍경을 다시 이야기해야만 한다. 한두 개로는 부족하다. 몇천 개, 몇만 개가 필요하다. 분명 이 욕망에 대해서는 아무리 탐욕을 부린다 해도 허용되지 않는다면 그것이 이상하다.

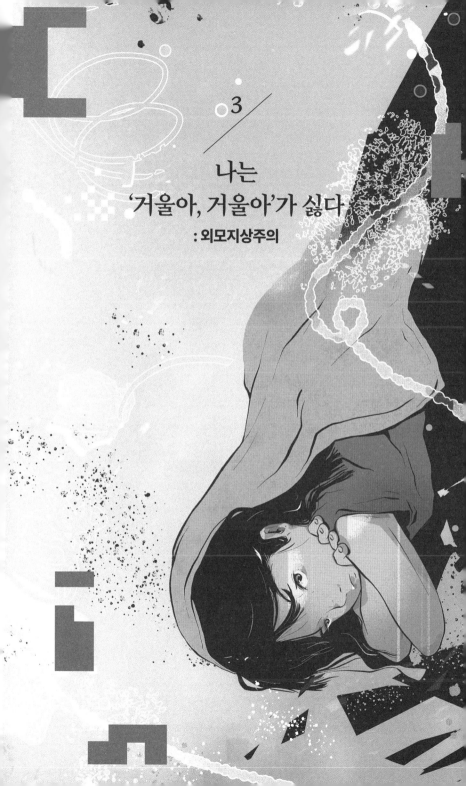

3

나는
'거울아, 거울아'가 싫다

: 외모지상주의

요컨대 내가 상상하는 것은 자신의 외모를 싫어하는 채로도
쉽게 살아갈 수 있는 사회다. 외모의 사회적 의의가 한없이 가벼워질
때야말로 우리—굳이 우리라고 말하련다—의 호흡은 비로소
편해질 게 아닌가!

웃는 유랑자, 저항하기 위한 파괴

'어린 여자女の子'의 손으로 '어린 여자'를 재정의·재긍정하는 운동이 땅을 기며 시작되었다. 지금까지 가부장제 사회에 의해 판단당하고 찢기고 들볶여온 '예쁘고' '어린 여자'가 애니메이션 〈모노노케 히메〉(1997) 속 사슴신의 머리처럼 드디어 하나의 몸으로 합쳐진다. 수많은 '나'들이 주체적으로 '예쁜'을 움켜쥐고 "어린 여자 최고"라고 외친다. 한여름 해변에서 누군가가 입혀놓은 새하얀 원피스에 스며든 피가 말라 핑크색 깃발이 되다. 좋은 주류다. 멋지다. 더 격렬해져라. 더 불타올라라. 전부 다 칠해버려라.

…이 페미니즘의 한 흐름을 진심으로 응원하는 한편, 나(와타시/오레/와시/지분/?)는 언제나 원 밖에 있었다. 딱히 '저 애들이 친구로 받아주지 않아' 하며 토라진 모습을 보이고

싶은 것은 아니다. 나(와타시/오레/와시/지분/?)한테는 '예쁜'
도 '어린 여자'도 확 와닿지 않았기 때문이다.

처음부터 '어린 여자'라는 단 네 글자의 뒤에 거대한 위화
감이 똬리를 틀고 있었다. '여자'라면 따옴표를 붙여서 어떻
게든 받아들일 수는 있지만 고정되는 느낌이 불쾌하다. 그리
고 그보다 더 싫은 것이 '어린'이다. '남자' '여자' 이외의 벡터
를 무한히 품은 우주에서 너울거리고 싶다. 성숙한 인간이
고 싶고, 그렇게 보이고 싶다. '예쁘고 어린 여자'가 누군가의
구원이라는 것은 알지만 나(와타시/오레/와시/지분/?)는 아무
래도 그렇지 않다.

"원하지 않으면 전부 내버려두면 돼"라고 말할 수는 있다.
그렇지만 나(와타시/오레/와시/지분/?)의 행정상 분류는 '여
자'다. 나 자신을 '어린 여자'라고 생각하지 않는다 해도 '예
쁘고' '어린 여자'를 내면화하지 않고 살아갈 수 있을 리 없
었다. 그냥 살아가기만 해도 '예쁘고' '어린 여자'를 좋게 보는
사상과 사방에서 계속 충돌한다. 반 친구가 갑자기 금발로
부분 염색을 하고 왔는데 전혀 알아차리지 못했을 만큼 사
람의 얼굴을 신경 쓰지 않는다 해도, 눈이 크고 얼굴이 작으
며 피부에 털이 없는 편이 '좋다'는 것은 안다. "예쁨은 만들
수 있어!"* …으음, 네에, 으음.

* 일본의 헤어 케어 브랜드 '에센셜'의 유명한 광고 문구.

'예쁨'을 둘러싼 게임

"예쁨은 만들 수 있어." 그 완성형의 일종으로서 미국 리얼리티 쇼 〈루폴의 드래그 레이스〉는 재미있다. 넷플릭스에 올라와 있는 이 방송은 차세대 드래그drag* 슈퍼스타의 자리를 건 가혹한 레이스의 과정을 담은 인기 버라이어티 쇼다. 드래그 퀸계의 대모大母인 루폴의 후계자 자리를 노리며 출연자들이 매회 어려운 과제에 도전한다. '화장 경험이 없는 여성 격투기 선수를 드래그 퀸으로 만들어라' '화장품 브랜드의 프로모션 광고를 촬영하라' 등의 주요 도전 과제가 설정되고, 그 성과를 런웨이에서 보여주는 것이다. 의상 제작, 메이크업, 퍼포먼스 등 모든 것을 스스로 생각해 실천해야 한다. 최하위로 평가받은 출연자는 탈락한다. 루폴에게 "당당하게 퇴장하세요"라는 말을 들으면 그것이 신호다. 당신은 아름답지만, 그 아름다움은 여기가 아닌 다른 곳에서 발휘되어야 한다고 명확하게 선고받는 것이다.

〈루폴의 드래그 레이스〉에서 말하는 아름다움은 자신과 자신이 놓인 환경에 대한 해석이자 그것을 실현시키는 기술이다. 레이스에서 평가의 기준은 늘 타고난 생김새가 아니라 주어지는 과제에 대한 응답의 내실이다. 이겨서 살아남으

---

* 젠더 특성을 공연 형식으로 풀어내는 예술 행위. 드래그 퀸(drag queen)은 옷차림, 행동 등을 통해 과장된 여성성을 연기하는 남성을 지칭한다.

려면 뛰어난 능력과 정신력이 반드시 필요하다. 과제에 담긴 의도를 간파하고, 무엇을 요구하는지 생각하고, 자신만이 내놓을 수 있는 해답을 제시해야 한다.

〈루폴의 드래그 레이스〉 첫 시즌 중 루폴이 출연자들을 날카롭게 질책하는 장면이 있다. 촬영 종료 후 출연자들이 다시 모여 레이스를 회상하는 토크를 나누는 회차의 중간쯤, 한 명이 "심사위원의 비판에 상처받았어" "나에 대한 평가는 부당했어"라고 말한 것이 계기였다. 그의 이름은 샤넬. 라스베이거스의 일류 쇼걸이다.

샤넬은 레이스 내내 "이번에는 질 요소가 없어" "내가 일등이 안 되는 일은 있을 수 없어"라며 승부욕에 불타는 태도를 보였지만, 결국은 자신이 생각하는 것만큼 평가받지 못하는 상황이 거듭되었다. 그때마다 샤넬의 스트레스는 쌓여갔고, 끝내 스스로 "이 게임에서 하차하고 싶어"라는 말까지 꺼낸다. 샤넬로서는 자신감을 잃는 것이 당연한 상황이었다. 눈물이 그렁그렁한 눈으로 비평받는 고통을 이야기하는 샤넬을 향해 루폴은 말한다. "당신(들)은 스타야. 아니라고 말하게 하지 마." 루폴은 처음부터 모두가 스타라는 것은 전제되어 있으며, 비평은 더 높은 곳에 이르기 위한 도구라고 말하려 했다.

영상을 보며 멋대로 내가 혼나는 듯한 기분이 들어서 벌벌 떨었다. 〈루폴의 드래그 레이스〉가 만약 타고난 외모를 평가하는 경연이었다면, 심사위원들이 그렇게까지 엄한 말을 하지는 않을 것이다(심사위원들이 이 방송 밖에서 어떤 발언을 하는지는 모르겠지만, 그만한 윤리관은 기대해도 될 것이다…. 일본도 아니고!). 오히려 순수하게 기술력과 주제 해석 능력이 관건이기에, 장인이 세운 집 한 채를 살피듯이 심사위원은 그 아름다움에 참견한다. "예쁨은 만들 수 있어!"가 다다른 곳, 거기에 구원이 있을까? 그러나 샤넬의 눈가는 눈물로 젖었다. 설령 타고난 것에 대해 이러쿵저러쿵 듣지 않는다 해도, 아름답다는 것과 스타라는 것이 전제라 해도, 그럼에도 '아름다움 판정'을 견디기란 괴로웠을 터다. 스스로 그 가혹함을 직업으로 삼기로 결심한 일류 드래그 퀸이라도 괴로운 일이다. 그것을 어떻게, 그저 평범하게 살아가는 한 인간이 견딜 수 있단 말인가?

'예쁨' 게임에서 이기지 못해 우는 사람은 두 종류로 나뉜다. 게임에서 이기고 싶어서 우는 사람과 게임을 그만두고 싶어도 그럴 수 없어서 우는 사람이다. "예쁨은 만들 수 있어요"라고 속삭이는 행위가 구원하는 것은 '예쁨' 게임에서 이기고픈 사람뿐이다. 게임을 그만둘 방법은 거기에 없다. 그리고 '예쁨은 만들 수 있어'는 '예쁨은 만들 수 있는데 어째서 만들려고 하지 않아요?'로 쉽사리 바뀔 것이다. 아무 생각 없이 살아가다 보니 발치에 게임판이 펼쳐져 있었던 사람에게는, 저지르지 않은 죄로 추궁당하는 듯한 상황이다.

만약 '예쁨'이 사람의 수만큼 존재한다고 말한다 해도, 그것은 '승리' 판정의 대안을 늘린다는 뜻일 뿐 게임 자체는 계속된다. 나(와타시/오레/와시/지분/?)도 물론 '예쁨'은 후천적으로 만들어낼 수 있다고 생각한다. '예쁨'의 '정답'이 모든 요소를 포함해 사람의 수만큼 존재하는 상태는 일종의 희망이며, 그 또한 매우 중요한 주장일 것이다. 하지만 그것만으로는 부족하다. 길은 하나 더 있다. 요컨대 "처음부터 '외모를 단장한다'는 방향을 선택하지 않는 것"을 전면적으로 허용하는 길이!

겉모습이 지저분해도 그것은 그저 선택지 중 하나다. 당신이 존재하는 것에 아무도 트집 잡지 않으며, 그 누구도 '좋다/나쁘다'라는 벡터에 스스로 올라타야 할 이유는 없다. '여자'라는 기호에 부과되는 중압감—모두가 매끈하게 털을 밀고, 예쁘게 화장을 하고, 머리를 말끔하게 손질해야 한다—을 홀가분히 털어버리려면, 내가 놓여 있는 게임판 자체를 때려 부숴서 밖으로 나가야 한다. 이는 모두가 외모를 그만 단장하자거나 지저분한 모습으로 다니자는 뜻이 전혀 아니다. 강하고 절실한 각오로 미의 세계에 들어간 사람을 부정하는 것도 아니다. 이 사회에서 살아가는 한 몸속에 쌓일 수밖에 없는, 외모에 대한 규범과 비평과 벡터를 깨끗하게 내버리고 싶다는 뜻이다. 그리고 내버린 '다음의 세계'가 위협당하지 않고 굳건히 존재할 필요가 있다는 뜻이다. 쉬운 일은 아니다. 나(와타시/오레/와시/지분/?) 역시 말은 이렇게 해도 내면화한 외모지상주의를 전혀 몰아내지 못했다. 이 선택지는 아직까지 길로서 존재하지 않는다. 그것은 캄캄하고 숲이 빼곡한 산이다.

마치 오사카산逢坂山처럼.

헤이안 시대의 웃는 유랑자

오사카산을 걷는 사람이 있었다. 헤이안 시대의 전설적인 시인 세미마루다. 그 눈은 빛을 비추지 않으며, 고향의 풍경을 다시 한번 담기 위해 뒤를 돌아보지도 않는다. 그저 녹음 냄새, 땀 냄새, 자신의 숨소리, 지팡이 끝으로 느껴지는 흙의 감촉, 짊어진 비파의 무게가 자신이 아버지인 천황으로부터 추방되었다는 사실을 실감시킬 뿐이다. 천황이 원했던 것은 눈이 보이는 황자였다. 도읍에서 쫓겨난 세미마루에게는 이제 말을 거는 사람이 없을 것만 같았다. 그러니 한 귀족이 산속에 암자를 마련해주었다. 세미마루는 암자에 머물며 비파를 연주하는 생활을 시작한다.

어느 날 생각지 못한 손님이 암자를 찾아왔다. 세미마루의 누나 사카가미逆髪다. 사카가미는 그 이름처럼 하늘을 이

듯이 머리카락이 거꾸로 서 있어서 빗으로 빗어도 가지런해지지 않았다. 사카가미는 '미쳤기' 때문에 홀로 궁궐에서 나와 들판을 떠돌고 있었는데, 유랑 도중 남동생이 연주하는 듯한 비파 소리를 듣고 암자로 이끌려온 것이다. 사카가미와 세미마루는 한동안 이야기를 나눈다. 이윽고 사카가미는 또 다른 땅으로 유랑을 떠나고, 세미마루는 누나를 배웅한다.

노能*〈세미마루〉에서 세미마루보다 눈길을 끄는 것은 누나 사카가미다. 중력을 거스른 헤이안 시대의 '미친 여자'가, 원숭이 소리와 나무의 술렁임만이 울려 퍼지는 산속을 망령처럼 지나간다. 그 광경을 상상하기만 해도 괜히 가슴이 후련해진다. 그 모습을 본 사람들은 사카가미가 미쳤다고 판단했겠지만, 사카가미는 자신의 위치를 냉정하게 파악하고 있었다. 또한 물에 비친 자신의 모습을 보고 그 한심함에 진절머리를 내는 등 도읍의 논리를 내면화한 면모도 있었다. 사카가미는 도읍의 논리를 이해하긴 했지만 그냥 거기에 영합하는 게 아니라 유랑을 택한 것이다.

두 사람이 만나는 세미마루의 암자가 위치한 곳은 관문이 있었던 것으로 유명한 오사카산이다. 도읍과 외부 세계를 잇는 장소, 도시의 외곽. 말하자면 두 사람은 도읍의 질서와 외부 세계의 무질서가 맞붙는 장소에서 다시 만난 것이

* 일본의 전통 가면극.

다. 도읍 쪽에서 보면 그곳으로부터 쫓겨난 비슷한 처지라고 말할 수도 있다. 그러나 외곽 쪽에서 보면 '중앙'에서 쫓겨났어도 여전히 천황가의 취미로 계승되어온 비파를 가지고 있으며 누군가가 방문할 수 있는 고정된 주소를 가진 세미마루와, 스스로 '중앙'의 바깥으로 나와 지저분한 모습으로 홀로 떠돌며 세미마루와 재회한 후에도 방랑을 계속하는 사카가미는 역시 상황이 다르다. 어느 쪽이 좋고 나쁘다는 이야기가 아니다. 그저 질서를 흐트러트리는 것과 질서 바깥으로 완전히 나가는 것은, '중앙'에 대한 비평성은 동일해도 행동의 성질은 전혀 다르리라고 본다.

사카가미는 웃고 있다. 이 웃음은 자조일까? 머리카락이 하늘을 향해 서 있는 것도 거꾸로지만, 천황의 딸인 자신을 저잣거리의 아이들이 비웃는 것도 신분상 거꾸로 된 일이다. 모든 것은 역전된다. 이제 사카가미에게는 거꾸로라는 것이 그저 단순히 재미있지 않을까. 사카가미는 모든 것이 뒤집혀 있기에 모든 것에 거꾸로 될 가능성이 있다는 사실도 안다. 그 사실이 너무나도 재미있다.

딱히 사카가미에게서 '새로운 어린 여자'상을 찾는 자의적인 이야기를 하고 싶은 것은 아니다. 사카가미의 인생은 사카가미의 인생이다. 그저 왕권의 모순을 껴안은 사람이 산속에서 웃을 때, 그 소리가 2019년의 수렁에서 몸부림치는 나(와타시/오레/와시/지분/?)의 귀까지 들릴 뿐이다. 사카가미 역시 몸속에 쌓인 왕권의 논리를 완전히 떨쳐내지 못한 채, 그래도 견딜 수가 없어서 산에서 웃는 것을 선택했다. 갈등과 자기모순을 벗 삼아 나(와타시/오레/와시/지분/?) 역시 웃는 유랑자가 되고 싶다. 딱히 자랑스러워하지도 않고, 사라지지도 않는 채로, 그저 아름다움의 권력으로부터 멀리 떨어진 장소에서 이 세상을 진지하게 재미있어하는 것이다. 으하하! 꼭꼭 밟아 단단해진 튼튼하고 새로운 길을 만들기 위해, 우선은 살의를 가지고 발바닥에 온 체중을 싣는다. 웃는 유랑자의 발걸음이 게임판을 파괴하는 것이다. 전부 밟아 뭉갠다, 내 발로 밟아 뭉갠다. 완전히 부순 다음에는 그 조각들을 모아서 태우는 게릴라 불놀이를 하자. 소방차가 올 때까지 타임 어택time attack*으로….

---

* 경주경기 등에서 정해진 코스를 제한 시간 내에 또는 최대한 빠르게 완주하는 경기 형식을 의미한다.

그 열차에는 타지 않아도 된다

열차 차창에 반사된 나 자신과 갑자기 눈이 마주친다. 우중충한 인간이 비친다. 날씬하다고는 할 수 없는 땅딸막한 체형, 작은 키에 비해 작지 않은 얼굴, 거의 외까풀로 보이는 속쌍까풀, 둥근 코, 짙은 체모, 그런 것을 갖춘 '여자'로 보이는 사람이다.

이 상황이 괴롭지 않았던 적은 없다. 나는 '훌훌 털어버린' 사람이 아니다. 여전히 괴로움의 한복판에 있으며, 스스로의 외모에 대한 증오를 어지간하게 키워나가고 있다. 이건 뭔가 잘못됐어, 더 나은 생김새였다면 다른 길이 있지 않았을까. 언제나 그런 생각을 한다. 일반 열차밖에 서지 않는 역에서 급행열차를 떠나보내듯이, 나는 눈부시게 빛나는 사람들을 어둠 속에서 바라보고 있다. 나는 그 열차를 탈 수 없다. 탈 자격이 없다. 내 앞에서는 그 문이 열리지 않는다.

콤플렉스는 개인이 아닌 사회의 문제다

이것은 분명 나만 품고 있는 괴로움이 아니다. '아름다운' 인간의 표상을 비추는 미디어가 온갖 장소에 넘쳐나고, 사람들은 그것에 끊임없이 뒤쫓기고 있다. 이 출구 없는 지옥 같은 상황에서 '콤플렉스야말로 아름답다'라는 말이 나오는 것은, 역겹기는 해도 당연한 귀결이리라.

구체적으로 차이CHAI라는 밴드를 예로 들어보자. 차이는 '뉴 익사이트 온나女* 밴드'(줄여서 네오NEO)를 표방하는 4인조 그룹이다. 콘셉트는 '네오 귀여움'과 '콤플렉스는 아트다'이다.

'네오 귀여움'이란 세상 사람들이 말하는 '귀여움'의 의미를 전환해 콤플렉스를 '귀여운' 것으로 바꿔 말하려는 시도다. 차이는 동명의 곡 〈N. E. O〉를 발표했고, 그 뮤직비디오에서 여러 가지 '콤플렉스'의 명칭을 바꿔 의미를 변환할 것을 제안한다. 예컨대 외까풀은 '쿨 아이cool eye("눈썹 아래의 쿨 재팬cool japan")', 작은 가슴은 '플랫 걸flat girl("누구에게도 아양 떨

* 일본어로 '여자'.

지 않는 공평함과 차분함")'이라고 부르는 것이다.

이것은 언뜻 명랑해 보이고… 또한 페미니즘적이다. 페미니즘이 아니라고는 말하지 않겠다. 하지만 이 '콤플렉스'를 긍정하는 유행은 역시 비판해야만 한다.

앞서 이야기했듯이 '콤플렉스'를 '콤플렉스'로 만드는 것은 사회의 상황이다. 특정한 누군가의 탓도 아니고 타고난 성질 탓도 아닌, 이른바 말이 만들어낸 환상이다. 그러나 '콤플렉스'를 두고 "당신은 그 모습 그대로 귀여워"라고 말할 때, '콤플렉스'는 '그 모습 그대로의 당신'과 등호로 이어진다. 게다가 그것을 '귀엽다'라고 긍정함으로써 '콤플렉스'라고 불린 성질은 본인이 타고난, 바꿀 수 없는 요소로서 본질화되고 만다.

또 새롭게 덧붙인 설명이 신체적 특징에 그 이상의 의미를 부여한다는 점에서 〈N. E. O〉는 이중으로 위험하다. 외까풀을 '쿨 재팬'이라고 부름으로써 국가주의와 외모가 접합하면 오싹한 배제가 일어나고, '작은 가슴'을 '아양 떨지 않는다'라고 표현함으로써 '큰 가슴=아양'이라는 말이 생겨나다 차이에게 '그럴 의도'가 없다는 것은 안다. 하지만 그렇게 받아들일 여지가 있다는 것은, 이미 위험한 방향으로 바꿔 쓰일 가능성을 크게 품고 있다는 뜻이다.

게다가 '당신은 그 모습 그대로 귀여워'는 '콤플렉스'를 현실로 받아들이는 주체를 향해 하는 말이지, 상대의 신체적 특징을 콤플렉스로 만든 사회를 향해 하는 말이 아니다. 괴로워하는 주체에게 한술 더 떠 자기 변혁을 요구하고 '콤플렉스'를 극복하라고 강요하는 것은 당치 않은 소리다.

분명 사회문제인 외모지상주의는 '콤플렉스'라는 개인의 내면을 반영한 단어에 의해 개인의 문제로 바꿔치기되고, 나아가 자신의 노력으로 극복해야 할 개인적인 과제로 쪼그라든다. 이는 외모지상주의에 관한 논의의 핵심을 우회하는 태도를 만들어내며, 그 태도에 대한 비판조차 '그건 개인적인 문제니까'라는 변명으로 달아나게 만든다.

실제로 차이의 뮤직비디오에 나오는 '콤플렉스'의 표상은 묘하게 얌전하다. '두꺼운 다리'라며 비추는 다리는 그렇게까지 두껍지 않고, 털도 반질반질하게 면도되어 있다.

이미 구축된 '콤플렉스'를 극복하려면 '콤플렉스'를 사회에 구축한 말을 밝혀내 탈구축하고, 그 현실이 본질적인 것이 될 수 없음을 사회에 '이해'시켜야 하지 않을까. '콤플렉스' 때문에 괴로워하는 사람이 바뀔 필요는 없다.

겉모습에 대한 평가는 반드시 사회관계 속에서 생겨나며, 본질적인 '아름다움과 추함'은 결코 존재하지 않는다. 스스로 인정하든 타인이 인정하든 간에 '아름다움과 추함'은 구축된 룰에 따라 만들어진 게임이며, 게임이라면 게임판을 파괴할 여지가 있다. 그렇다면 목표로 삼아야 할 것은 필승법 강의나 룰 변경, 하물며 플레이어(로 강제 등판당한 사람들)의 의식 개혁이 아니라 어디까지나 게임 자체의 파괴다. 적어도 나는, 이 게임에 휩쓸린 사람들의 반성이나 자기 개혁이 외모지상주의의 특효약이 되리라고는 전혀 생각하지 않는다. 만약 내가 '아름답게' 변하거나 지금의 자신을 '아름답다'고 재인식할 수 있다면 나한테는 도움이 될 수도 있겠지만, 그것은 내가 바라는 혁명이 아니다. 변해야 하는 것은 사회다. 다시 한번 써두겠다. 변해야 하는 것은 사회다.

공감의 한계

한 가지 예시를 더 들어보겠다. '여성이 느끼는 콤플렉스를 장점으로'라는 캐치프레이즈를 내세운 《아사히신문》의 웹 미디어 〈거울아 거울아かがみよかがみ〉다. 이 웹사이트에 들어가면 메인 화면에 일반인을 대상으로 응모받은 '콤플렉스'에 관한 에세이가 수두룩하게 뜬다.

솔직히 말해 나는 〈거울아 거울아〉가 너무나도 싫다. 하고 싶은 말은 산더미 같은데, 이 역시 차이의 노래와 뿌리가 같은 '사회문제의 개인화'에 기반을 둔 듯하다.

이 웹사이트가 열렸을 때의 취지문 중 한 구절을 참조해보자.

자신의 마음을 표현하고 스스로를 사랑하자.

당신의 말이 당신의 마음에, 같은 고민을 껴안고 있는 그 사람에게 닿기를.

당신만의 주문을 발견할 수 있는 장소가 되기를.[1]

〈거울아 거울아〉는 자신의 '콤플렉스'를 재정의하는 에세이를 무보수 또는 아주 적은 금액의 기프트카드로 모집하고 (무보수나 저보수로 자신을 드러내는 문장을 쓰게 만드는 무방비한 체제도 큰 문제다), 그 재정의에 의해 '스스로를 사랑하기'와 '같은 고민을 껴안고 있는 그 사람과 고민 공유하기'를 주요 목적으로 삼고 있는 듯하다. 즉 '공감'을 불러일으켜 스스로를 긍정함으로써 '콤플렉스'에 대한 자신의 의식을 변혁하자는 방향성을 가지고 있을 것이다. 〈거울아 거울아〉에서 '콤플렉스'를 '콤플렉스'로 만든다고 상정하는 요소는 타인의 평가이며, 그것을 버리고 자신의 평가를 기준으로 삼으면 문제가 해결된다고 여기는 모양이다.

이 역시 엄청나게 폐쇄적이다. 이제까지 거듭 주장했듯이, '콤플렉스'를 '콤플렉스'로 만드는 것은 '타인'의 눈이 아니라 우리 모두가 휘말려 있는 사회 자체의 상황일 터다. '스스로를 사랑하기'나 '같은 고민을 껴안고 있는 그 사람'과의 공감이 자신의 '콤플렉스'를 해소시킨다 해도, 그것은 타자를 향해 문제를 열어나가는 것으로 연결되지 않고 닫힌 원 안에서 끝나버린다.

그리고 무엇보다 '공감'! 내 생각이지만 '공감'으로 연결되려고 하는 원만큼 경계해야 할 것은 없다. 정말로 당신이 품고 있는 고민은 '그 사람'과 '같은 고민'일까? 애초에 전혀 다른 타자와 동질감을 느낀다고 해서 과연 문제가 근본적으로 해결될까? 그 원은 결국 스스로의 의식을 바꾸지 못하는 누군가를 해치는 무비판적인 자기 계발의 서클이 되어 있지 않은가? 쓰레기 권력이 낳은 쓰레기 룰이 활개 치는 상황에서 일시적 감정으로 연결된 안쪽 원의 힘으로 대항하려고 하는 방식은, 적어도 나의 눈에는 다른 권력을 생산하는 것으로밖에 보이지 않는다. 자기 한 사람을, 혹은 공감으로 연결된 '그 사람들' 몇 명을 긍정해봤자 거기에 미래가 있을까?

외모의 사회적 의의가 한없이 가벼워질 때

'자기 긍정감'이 전혀 필요 없다고는 말하지 않겠다. 끝없이 이어지는 자기 부정 속에 있으면 정말로 죽고 마니까, 거기서 빠져나올 만큼은 자신에게 관대한 편이 좋다. 단, 일단 살아가는 쪽으로 방향키를 돌려둔 다음에도 여전히 '자기 긍정감'을 계속 추구한다면, 이는 따라오지 못하는 사람을 웃는 낯으로 떨어트리는 능력주의로 이어질 것이다. 밝고 상냥하고 부드러워서 보고 있으면 왠지 '나도 바뀌어야지'라는 생각이 드는, 그런 분위기의 '페미니즘스러운 자기 계발'에 나는 찬동하지 않는다. 거듭 말하지만 바뀌어야 할 것은 사회다. 자기 자신이 부정당한 분노와 고통, 분함을 스스로의 노력을 들여 일부러 밝은 것으로 슬쩍 바꾸거나 부드러운 것으로 덮어서 가릴 필요는 없다.

요컨대 내가 상상하는 것은 자신의 외모를 싫어하는 채로도 쉽게 살아갈 수 있는 사회다. 이 세상은 외모에 지나치게 의미를 부여하며, 외모가 인간의 생존 문제에 너무 깊게 침투해 있다. 해체해야 할 것은 이 부분이다. 토마토가 싫다는 이유로 죽을 만큼 괴로워하는 사람은 거의 없는데, 자신의 외모가 싫다는 이유로 죽을 만큼 괴로워하는 사람은 수없이 많다는 것은 분명 이상한 일이지 않은가? 외모의 사회적 의의가 한없이 가벼워질 때야말로 우리—굳이 우리라고 말하련다—의 호흡은 비로소 편해질 게 아닌가!

아무래도 상관없어, 라고 말해본다. 아니, 솔직히 전혀 상관없지 않다. 이 글의 첫머리에도 썼듯이 나 또한 여전히 고통의 한복판에 있으며, 원망의 눈초리를 거둘 수 없는 그저 약해빠진 인간이다. 하지만 그럼에도 마치 겉모습 따위 아무래도 상관없다는 듯이 행동해본다. 내가 부정하는 나 자신을, 사회로부터 부정당하는 나 자신을 그대로 방치한다.

나의 추함을 토마토의 맛없음과 같은 거리감으로 원망한다. 아슬아슬한 곳에서 요동하면서, 나의 언어가 무언가를 흔들어놓을 가능성을 지그시 응시한다.

또 전철이 온다. 탈 필요는 처음부터 없었다.

도시의 뼈를 주워라

사적인 편지

내가 이 글을 쓰는 이유는, 이미 거기에 존재하는 모든 사람들이 가능한 한 살아 있기를 강하게 바라기 때문이다. 이것은 그저 바람일 뿐이다. 내게는 자살을 완전히 부정할 논리가 없다. 그러므로 타자에 대해 '죽지 않기를 바란다'라고 말하는 것은 근본적으로 이기주의다. 그러나 이기주의라도 좋다고 나 스스로도 생각한다. 따라서 첫머리의 문장을 바꿔 쓰면 **'나는 당신이 죽지 않았으면 좋겠다'**가 된다. 이 글을 읽는 당신이 어떤 사람인지 나는 모른다. 일 방법이 없다. 이 이인칭이 어투를 강하게 만들기 위한 기법으로 받아들여진다 해도 그 독해를 부정할 길은 없다. 하지만 이 책을 집어든 사람 가운데는 자신의 외모 때문에 고민하며 자살을 생각해본 사람도 적지 않으리라 상상한다. 이 글은 그런 사람을 위해 존재한다. 당신은 죽지 않아도 된다. 틀림없이 죽지 않아도 된다. 낯선 타인에게 갑자기 그런 말을 들으면 내 고통에 대해 뭘 아느냐고 생각하겠지만, 그럼에도 계속 말할 것이다. 당신은 분명 죽지 않아도 된다.

시선의 지옥

우선은 시선이다.

도시의 시선이란 무엇인가? 그것은 '얼굴의 상처'로 상징되는 **구체적인 표상성**이든, 혹은 '이력서'로 상징되는 **추상적인 표상성**이든 간에 어떤 표상성으로 한 인간의 총체를 규정하고 예측하는 시선이다. N은 '얼굴의 상처'**로서**, 또는 홋카이도 아바시리시市 출신**자로서** 대타존재對他存在*한다.

구체적인 표상성이란 일반적으로 **복장, 외모, 소지품** 등이고, 추상적인 표상성이란 일반적으로 **출신, 학력, 직함** 등이다.

---

* 사르트르의 용어로 '타자에 대하여' 혹은 '타자에게 있어서' 존재하는 것. 사르트르는 《존재와 무》에서 자기 자신에 대하여 존재하는 대자존재(對自存在)와 함께 이것을 인간의 기초적인 존재론적 차원으로 보았다.

그리고 이들 표상성으로서의 대타존재야말로 도시에서 인간의 존재를 깊은 부분부터 한정해버린다. 생각건대 인간의 존재란 그야말로 그가 현실에서 맺는 사회적 관계의 총체나 다름없는데, 이들 표상성으로 향하는 시선은 도시의 인간이 맺으려고 하는 **관계 하나하나를 그때마다 편곡偏曲함으로써** 집요하고도 확실하게 그의 운명을 형성하기 때문이다.

N이 끊임없이 스스로를 돌출시키는 자유로운 주체로서 '끝없이 존재하려고' 하는 한, 이 타자들의 시선이야말로 지옥이었다.[1]

사회학자 미타 무네스케는 1960년대에 연쇄살인 사건으로 사형을 선고받은 N의 발자취를 다시 쓰면서 그가 '시선의 지옥'에 붙들려 있었다고 말한다. 도호쿠 지방의 가난한 집안에서 태어나 집단 취직으로 도쿄에 온 N은, 직장에서 호적등본 제출을 요구받았을 때 출생지로 기록된 지역과 자신의 얼굴에 있던 상처를 연결시킨 이유 없는 모욕을 당했다. N은 그때까지 자신의 고향과 도쿄를 강렬하게 대비해 후자에 대한 강한 집착을 품으며 도시에 녹아들고자 했다. 그러나 이 모욕으로 인해 N은 직장을 그만두었고, 그 뒤로는 호적등본을 제출하지 않아도 되는 일을 찾아다니며 일본 자체에서 탈출하려고 했다.

여기서 미타가 지적하는 '시선의 지옥'은 틀림없이 외모지상주의의 근간과 깊은 관계가 있다. N이 체포된 당시 가지고 있던 몇 안 되는 물건 중 잔고 없는 통장과 함께 롤렉스 손목시계와 론손 라이터, 철제 빗이 있었던 것은 사건으로부터 50년도 더 지난 지금까지 무거운 의미를 지닌다. N이 무엇보다 적응하려고 했던 것은 표상성으로 인간의 가치를 규정해버리는 도시 공간이었다. 표상성에 따라 운명이 결정된다면, 표상성에 베팅함으로써 운명이 바뀔지도 모른다. 그것은 인간이 주체로서 일어서려고 할 때, 확실히 가능성의 빛을 내뿜는다. 하지만 그 이상으로 너무나 잔혹한 심리적 속박이기도 하다. 도시가 만들어주는 운명이 있다면, 그것을 위해 따라야만 하는 도시의 요청은 대체 몇 가지일까?

미타는 표상성으로 일어서려고 하는 사람을 덫에 빠트리는 도시의 모습을 '연기演技의 함정'이라고 부르며 다음과 같이 설명한다.

바로 이 '연기'야말로, **자유로운 의지 자체를 통해** 도시가 한 인간을 그것이 선호하는 형태로 키워내고 만드는 메커니즘이다. 인간은 구체적인 타자와의 관계 속에서만 존재하므로, 그는 바로 그런 식으로 그 혐오하는 도시의 모습과 비슷하게 자신의 모습을 가다듬는다. 타자들의 시선을 역으로 조작하려고 하는 주체성의 기획을 통해, 어느덧 스스로를 도시가 요구하는 여러 가지 의상을 덕지덕지 걸친 기묘한 피에로로 만든다. N의 이야기가 아니다. 우리의 이야기다.[2]

여기서 '우리'라는 말이 세월을 뛰어넘어 멱살을 잡는다. 실제로 이 말대로다. 거리를 걷고 전철을 타며 미디어를 접하는 과정에서 이미 우리는 대량의 운명을 받아들이고 있다. 화장품, 탈모, 털 이식과 같은 '알기 쉬운' 것부터 '아름답게' '단장한' 사람을 통해 좋은 이미지를 만들려고 하는 각종 광고—금융기관, 특정 지역, 교육기관, 헤드헌팅 회사, 그 외 다수—가 도시를 오가는 사람들에게 일방적인 메시지를 끊임없이 보내기 때문이다. 그 모든 것에 대응하다 보면 머지않아 우리의 몸은 자본주의의 속도로 찢어지고 만다. 따라서 우리는 도시의 요청을 거의 항상 **패배**로 경험한다. 명확하게 승자가 있는 양 꾸며놓았지만, 실제로 외모지상주의의 참된 승자 따위는 어디에도 없는 것이다.

이 '승패'와 외모지상주의를 붙여보면, 예컨대 '퍼스널 컬러'나 '골격 진단'에서 말하는 '우승' '대승리' 밈meme이 떠오를 것이다. 이들은 인간을 타고난 신체적 특징—퍼스널 컬러는 피부와 머리카락과 눈 색깔, 골격 진단은 체형—에 따라 각각 개별적인 타입으로 분류하고, 그 타입별로 '어울리는 색깔'이나 '어울리는 옷'을 다르게 제안하는 패션상의 사상이다.

확실히 편리한 발상이고, 나 또한 책을 사서 자가 신단을 해본 적도 있다. 그러나 '스트레이트 체형(자가 진단을 해본 바로는 내가 이 타입에 해당한다)' 등의 키워드로 SNS를 한 차례 검색해보니 너무나 우울한 세계가 기다리고 있었다. 거기에 있는 것은 철저하게 타자의 시선을 조작하려고 시도하여 성공했는가, 혹은 실패했는가만 묻는 무한 문답이었다. 스트레이트 체형이 입으면 '승리'할 수 있다고 여겨지는 옷 소개, 다이어트를 해도 날씬해 보이지 않는다는 스트레이트 체형 사람들의 살 빼기 방법을 소개하는 '자기 관리 계정'으로 연결되는 게시물, 스트레이트 체형인 듯한 아이돌이 여위어 보이는 것에 대해 노력을 칭찬하는 댓글…. 이 실천자들을 업신여길 생각은 없다. 하지만 SNS라는 일종의 '시선 지옥'에서 '승리'를 노리는 플레이어들의 싸움을 보고 있으면, "바라는 대로 이해받는 것의 불가능성"이라는 프란츠 파농*의 말을 감옥에서 소중하게 적어두었다는 N의 고통[3]이 아직까지 계속되는 것만 같다.

주의해야 할 점은 도시의 외모지상주의에 저항하는 말 또한 결국은 도시가 '선호하는 형태의 인간'으로 함몰될 수 있다는 함정이다. 도시가 반드시 지배적인 '아름다움'의 규범에만 관대한 것은 아니며, 한편으로는 새로운 '아름다움'의 규범에 침범당하기를 바라고 있기 때문이다.

예컨대 래퍼 앗코 고릴라의 〈에브리바디 BO〉[4]라는 곡은

---

* 프랑스령 마르티니크 태생의 평론가, 정신분석학자, 사회철학자. 알제리 독립운동에 헌신했다.

"튀어나온 게 너의 재능이야"라며 겨드랑이 털을 비롯한 몸의 털을 미는 행위에 대해 '기르자'라는 대안을 제시하는 노래지만, 뮤직비디오에 나오는 털은 '아름답게' 염색되어 있으며 헤어피스도 많이 사용했다. 또 혹독하게 외모 비판을 당한 경험으로 만든 래퍼 찬미나의 〈미인〉[5]은 "전례가 없는 게 무섭니? 그럼 롤 모델이 되렴" 하며 지배적인 '아름다움'에 저항하면서도 자기 나름의 '아름다움'을 추구하는 것을 힘차게 긍정한다. 내가 앞서 비판한 '콤플렉스는 아트다'를 내세운 밴드 차이의 노래 〈N. E. O〉는 분명 사회문제인 콤플렉스를 '당신은 그 모습 그대로 귀여워'라는 자세로 본질화하고, 콤플렉스를 현실로 받아들이는 주체에게 사고방식의 변혁을 촉구한다.[6]

이 노래들 덕분에 힘을 얻은 사람이 있으리라는 사실 자체를 부정하려는 것은 전혀 아니다. 그 또한 하나의 현실이다. 그러나 내가 아무래도 납득이 안 가는 부분은, 어째서 외모지상주의에 맞설 때 이다지도 새로운 '아름다움'을 향한 자기 변혁이 요구되어야만 하는가라는 문제다. 아름다움과 추함의 게임판을 무한히 만들어내는 것 말고는 우리에게 길이 없는 것일까?[7] '자기 긍정'의 감방에서 빠져나와 추한 채로, 이해할 수 없는/이해받지 않는 존재인 채로 그냥 기기에 존재할 수는 없을까?

도시의 명쾌한 아름다움을 해체하기

여기서 우리는 다시 도시의 문제로 되돌아가야 한다.

이는 결코 외모지상주의가 도쿄를 비롯한 일본 도시 지역 특유의 문제라는 뜻이 아니다. 정치운동가 마쓰다 마사오는 N의 발자취를 뒤쫓는 과정에서 N이 생각하는 '고향'을 한 번도 찾아내지 못했다고 서술한 뒤, "우리가 독점한 고도성장은 일본 열도를 하나의 거대 도시로 더더욱 균질화시키는 방향성을 나날이 노골적으로 드러내고 있지 않은가"[8]라고 썼다. 다시 말해 "'도쿄'의 모조품"[9]이 된 일본의 여러 영역 전체가 이미 도시로서 '시선의 지옥'을 빈틈없이 갖춘 지오래다. SNS가 완전히 침투한 2021년은 말할 것도 없다.

이 도시에서 생겨나 '자존심' '자기 긍정감'의 어원에 해당하는 'self-esteem'을 영어권에 보급시킨 것은 골상학이었다.[10]

골상학은 독일의 의사 프란츠 요제프 갈이 기초를 만들고 그 조수 J. G. 스푸르츠하임이 보급시킨, 머리뼈의 형태로 개인의 능력을 분석할 수 있다고 보는 유사 과학이다. 갈은 뇌의 부위를 스물일곱 개로 분류하여 각각이 스물일곱 가지 '생득적 기질'에 호응한다고 생각했다. 이 '생득적 기질'은 개개인마다 발달의 정도가 다르기 때문에 그 차이가 뇌(머리뼈)의 표면으로 솟아난다고 여겼던 것이다. 갈의 학설은 '자연과학적이며 실천적인 인간 독해술'이자 '관상학, 생리학, 해부학의 세 영역으로 이루어진다'고 분류되었다.[11]

당연히도 골상학은 각종 차별의 근거가 되었다. 히라노 료는 골상학을 바탕으로 '생득적 기질'에서 범죄의 근거를 찾은 이탈리아의 의학자 체사레 롬브로소가 범죄인류학을 창시한 것, 나치스가 아리아인의 우월성을 확인하기 위해 골상학을 근거로 삼아 인종차별주의를 전개한 것 등을 지적한다.[12] 일본에서도 골상학에 대한 관심을 배경으로 아이누*나 조선인 등 선주민과 구식민지 사람들의 뼈를 훔치는 일이 일어났는데, 현재까지도 뼈를 반환하지 않은 것은 일본에 사는 인간으로서 기억해둬야만 하는 역사다.[13]

또한 골상학이 머리뼈의 튀어나온 형태를 '관찰'하는 '과학적 방법론'에 따라 전개되었다는 점 역시 묵인하기 어렵다. 실제로 '실증주의'를 제창한 프랑스의 철학자 오귀스트 콩트도 골상학의 신봉자였다고 한다.[14] 인간의 신체에 대한 골상학의 시선은 '객관적'인 수법이라는 보증을 얻었던 것이다.

히라노는 19세기의 골상학 유행을 다음과 같이 분석한다.

당시 박물학자와 인류학자에 의해 미개인, 야만인이 '발견'되었고(야생아도 그 사례 중 하나다), 급속한 산업화에 따른 급격한 도

---

* 일본의 홋카이도와 도호쿠 북부, 러시아의 사할린과 쿠릴열도 등지에 걸쳐 살았던 소수민족.

시화로 인해 '어린이'와 '광인'이 '발견'되었다. 이와 함께 그 발견의 원인이었던 도시로의 인구 유입, 열성劣性과 범죄성의 지표인 신체적 특징을 갖추었다고 여겼던 노동자계급('위험 계급')의 증가 등이 서로에게 낯선 '미지의 인간들'을 날마다 대량으로 만들어냈다. 이러한 근대 서양 세계는 (…) 인간 독해 기술(독해 잣대)로서의 골상학이 활개 치기에 알맞은 무대였을 것이다. 국가의 군주부터 하층민까지 대상으로 삼은 개별 측정 기술이자 예술가와 소설가에게 일종의 유형을 제시한 골상학은, 사람들이 꿈꿨던 근대적 과학(인식)·기술이었던 것이다.[15]

'미지의 인간들'! 이 어중이떠중이에 대한 공포가 사람들을 골상학으로 내몰았다. 골상학은 '객관적'이며 '과학적'인 시선에 기반해 '미지의 인간들'을 이해할 수 있는 눈금으로 분절하려고 시도했다. 과학도 표기법의 하나일 뿐, 인간을 '객관적'으로 '이해'할 수 있는 시선 같은 건 어디에도 없는데!

현재 골상학은 잔재를 남기고 거의 물러났지만(그러나 '골격 진단'에서 반사적으로 골상학을 떠올린 사람은 아마 나뿐만이 아닐 것이다), 골상학을 추구하는 구조 자체는 지금도 도시의 시선 속에 살아 있는 것만 같다. 도시의 시선은 우리의 표상성에 변경을 강요한다. 우리는 그에 떠밀려 표상성의 단장에 힘쓴다. 이 시스템이 인간의 형태를 '객관적'으로 '이해'

할 수 있는 단위로 가다듬어 코르셋처럼 옥죈다.

우리는 '미지의 인간들'과 나란히 서야 한다고 말하고 싶어진다. 하지만 여기서는 오히려 **도시가 '미지의 인간들'을 받아들이는 형태로 변해야 한다**고 말해야 한다. 문제는 언제나 구조 쪽에 있으며, 개인은 구조를 형성하는 일부로서 자신의 문제를 받아들여야 하기 때문이다.

예컨대 우선은 온갖 장소에서 정보를 재빨리 전달하기 위해 만들어지는 단순한 캐치프레이즈와 눈길을 끄는 인간상像, 시선을 창출시키는 그러한 (광의의) 광고매체를 모조리 없애버리면 어떨까. 그런 광고매체를 거두어들이는 일이 기업체의 윤리적 이미지를 향상시킨다는 의미를 갖지 않는 단계까지, 전부 다 말이다. 물론 그것만으로는 외모지상주의의 근절에 이르지 못할 것이다. 하지만 먼저 바뀌어야 할 것은 다름 아닌 풍경이다. 풍경으로서 자연화된 '아름다움'의 명쾌함을 장소에서 뜯어내야만 한다. 이해할 수 없는 '미지의 인간들'이 '미지'인 채로 존재할 수 있는 공간을 조금씩이라도 확장해 균질화된 풍경에 침식해 들어가야 한다. 도시의 외잡함은 도시를 외잡하게 유랑하는 '미지의 인간들'의 손으로 해방시켜야 하며, 시선 역시 외잡하게 뒤섞여도 좋을 것이다.

중앙집권적인 실증주의 역사학에 기반한 역사 서술을 지방화하고, 지역에서 경험적으로 서술되는 역사 실천

historical practice과 대등하게 대화할 가능성cross-culturalizing history
을 제창한 역사학자 호카리 미노루는 '역사의 재마술화'라
는 주제를 내세웠다.[16] 호카리는 초자연적인 존재가 행동의
주체로 등장하는 호주 원주민 애버리지니Aborigine의 역사 서
술을 '객관적'인 '사실'이 아니라며 배제해버리지 않고, '역사
에 대한 진지함'을 축으로 삼아 하나의 현실로서 파악하는
방법을 제시했다.

이 논리를 적용하면 시선 역시 재마술화할 수 있지 않은
가. 이렇게까지 과장해서 말할 필요는 없을지도 모르지만,
나는 처음부터 '객관적'인 시선 따위 존재할 수 없다는 점을
전제로 현재의 지배적인 '아름다움과 추함'이 그저 하나의
시점으로 축소되어, 이해할 수도 분절할 수도 없는 상像을
맺는 시야가 대등하게 나타나는 그런 사회 상황에서야말로
희망을 찾고 싶다.

저항이 사람을 살게 한다

"못생긴 주제에." "평범하게 생겼잖아." 이러한 미추美醜에 관한
발언과 평가에 상처받는다면, 그것은 특별히 관심을 두고 있는
상대에게 듣는 경우일 것이다. 그때 사람은 가장 상처받는다.[17]

사회학자 요시자와 나쓰코는 미추에 관한 평가를 타자와의 관계 속에서 위치 지어 다음과 같이 말했다. 그러나 내가 아무래도 이 말을 납득할 수 없는 이유는, 요시자와의 미추에 관한 논의에는 스스로에 대한 평가의 문제가 빠져 있기 때문이다.

　　나는 추형 공포증이라는 정신 질환을 앓고 있다. 내 눈에는 나 자신이 남들보다 훨씬 '못생기게' 인식되기 때문에, 남들 앞에 있는 나의 외모를 확인하고 '못생겼다'고 느끼는 시간이 무엇보다 길고도 괴롭다. 다른 사람들이 아무리 아니라고 말해줘도 나한테는 내 시선이 분명한 경험이기에, 아무래도 요시자와의 논의에 고개를 끄덕일 수 없었다.

　　외모지상주의에서 가장 성가신 부분은 자기 평가라는 이런 '속마음'이 아닐까 한다. 나는 지금까지 쭉 자기 변혁보다는 구조의 문제를 물어야 한다고 주장해왔고, 그 우선순위는 틀림없다고 믿지만, 외모지상주의에 관해서는 구조의 해체만으로 해결되지 않는 인지의 문제가 어떻게든 앞길을 가로막는다.

　　그러므로 길은 여러 갈래 필요하다. '아름다움과 추함'의 기준을 최대한 축소하는 방향과 '못생긴' 채로 안심하고 존재할 수 있는 공간 형성의 방향을 동시에 탐색하고 싶다.

　　이는 애매한 비전이며, 실제로 여태까지 전망해온 경지로 데려가줄 실천의 길을 나는 또렷하게 제시할 수 없다. 앞서 말한 광고매체 철거 건만 해도, 문제가 있는 광고에 일일이 이의를 제기한들 모든 게 사라질 때까지 얼마나 시간이 걸릴지 알 수 없다. 나머지는 타자의 겉모습에 대한 평가를 드러내지 말고, 그런 발언을 들을 경우 발언자에게 주의를 주는 등의 작은 행동(그러나 철저하게 행하기란 쉽지 않다) 정도밖에 지금 내가 제안할 수 있는 실천안은 떠오르지 않는다.

그럼에도 여기서 구멍투성이 이념을 말하는 이유는 '다른 세계'가 가능하다고 믿는 자세—신앙이라고도 한다—가, 직접적으로는 아무리 무력하다 해도 변혁에 반드시 필요하기 때문이다. 믿으며 살아남기, 이것은 저항의 기조다. 뒤집어 말하자면 저항이 사람을 살게 하는 것이다.

서두의 말을 반복한다. 나는 당신이 살아 있기를 바란다. 이 문장을 실제로 누군가가 받아들여줄지 어떨지는 모르겠다. 하지만 모르면 모르는 대로, 미지의 이웃이 살아 있기를 기도하는 것 또한 나에게는 외모지상주의에 대한 하나의 저항이다.

4

이불 속에서 봉기하라

: 신자유주의와 능력주의

설령 '참된 자신'을 확신할 수 있는 순간이 인생에서 찾아오지
않거나 또는 그것을 추구하는 경험을 하지 못한다 해도, 그 생에
대해서도 세차게 고개를 끄덕이고 싶다. 극적인 일도 없고, 툭하면
헤매고, 나약하고, 주저하고, 종종 떳떳하지 못한 기분과 고독에
짓눌리는 생존을, '생'과 동등하게 존귀한 혁명 전야의 신체로서
인정하고 싶다.

테트리스에 몰두하는 헛된 시간에 대해

　한밤중에 끝도 없이 테트리스를 한다. '닌텐도 스위치 온라인'이라는 서비스에 가입하면 즐길 수 있는 온라인 대전 테트리스다. 이 게임에서는 아흔아홉 명이 온라인에서 한꺼번에 테트리스를 하는데, 누군가가 블록을 지우면 그것이 나의 화면으로 떨어진다. 마찬가지로 내가 지운 블록도 누군가의 화면으로 떨어지기 때문에 그 반복을 통해 상대를 쓰러트려 순위가 결정된다. 평범한 테트리스와는 달리 플레이 시간이 대체로 짧고 긴장감도 있다. 실은 느긋하게 혼자 즐길 수 있는 고전적인 테트리스를 하고 싶을 때도 있지만, 그것은 돈을 내야 하기에 하지 않는다.

　솔직히 말해 무념무상이다. 아무런 의미도 없다. 일단 이벤트 같은 것이 마련되거나 몇 가지 목표를 달성하면 엠블럼

(칭호)을 받는 시스템도 있지만, 기본적으로는 아무 생각 없이 블록을 지워나갈 뿐 딱히 즐겁지는 않다. 모르는 사람한테 대량의 블록을 먹어서 게임이 금방 끝날 때는 짜증도 조금 난다. 그래도 테트리스를 한다. 매일 밤 한다. 이것 말고도 좀 더 복잡한 게임이 집에 몇 개나 있는데, 어째서인지 테트리스를….

심야 테트리스의 좋은 점은 아무 생각을 하지 않아도 된다는 것이다. 처음부터 빨간색이나 초록색이 나오면 성가시고, 보라색은 여러모로 편리하고, 블록이 높게 쌓여가는 타이밍에 노란색이 내려오면 번거롭고, 파란색이랑 오렌지색의 방향은 매번 헷갈리고, 하늘색 막대기는 최고… 생각해야 할 점은 어떻게 블록을 지워나갈 것인가 하나뿐, 그 외에는 생각할 필요가 없다. 테트리스는 이 세상을 강제적으로 나와 블록밖에 없는 공간으로 바꿔준다. '얼른 하늘색 막대기가 나왔으면' 하는 마음만으로 뒤덮이는 시간의 무의미함이 나에게는 기묘할 정도로 든든했다. 의미가 있다고 여겨지는 수많은 것들, 혹은 나한테는 의미가 없더라도 다른 누군가의 의미로 인해 강제되는 수많은 행위에 사로잡힌 시간이 참을 수 없이 괴롭다. 그런 시기에, 나에게는 오로지 테트리스에 몰두하는 헛된 시간이 필요했다.

더는 "열심히 하겠습니다"라고 말할 수 없어졌다

무턱대고 테트리스를 하게 된 시기는 우울감에 빠진 뒤부터일 것이다. 나는 팬데믹의 한복판에서 우울증을 앓았다. 밖에 나가고 사람들을 만나며 어떻게든 유지했던 나의 시간축이 '외출 자제'로 인해 붕괴된 것이 계기였다. 집에 틀어박히면 나의 형태를 유지하기가 어려워져서 모든 것이 녹아내린다. 누가 나쁜 것도 아니었다. 그저 '집'의 시간축이 어쩔 도리 없이 나의 시간축으로 흘러들어와 모든 것이 애매해졌다. 나의 고독이 외출과 출근으로 인해 지켜지고 있었음을 그제야 비로소 깨달았다. 나는 젤리 상태가 되었다. 불안과 온몸의 긴장 때문에 존재하는 것이 힘들어졌고, 아침에는 일어나지 못했으며 밤에는 잠들 수 없었다. 체력과 식욕이 눈에 띄게 떨어졌고 매일 밤 엄청난 슬픔이 덮쳐와 펑펑 울었다.

병원에 다니기 시작한 뒤로는 병세가 상당히 호전되었지만, 기력과 체력은 아무래도 회복되지 않아 아르바이트를 하러 갈 수 없었다. 일단 정해진 시간에 못 일어나는 닷도 있었지만, 그보다 더는 "열심히 하겠습니다"라고 말할 수 없어진 것이다. 나는 이미 열심히 하고 있었다. 살아 있는 것만으로 죽을 정도로 열심히 하고 있었다.

그러나 당시의 아르바이트에서는 숫자로 제시된 목표 매

상액을 달성하지 못할 경우 그에 대한 피드백을 요구받았고, 그런 상황에서 "열심히 하겠습니다"라는 말을 하지 않고 넘어가기란 거의 불가능에 가까웠다. 상사는 한 달에 한 번 나와 면담을 할 때 "아르바이트생인 다카시마 씨한테 책임이 있다는 건 아니지만" 하고 일단 말해둔 다음, "목표를 달성하지 못한 상황에 대해 어떻게 생각해?"라고 물었다. 당시 내가 있던 팀에는 나를 포함해 두 명밖에 없었다. 내가 더 분발할 일은 아니라는 말을 아무리 들어봤자, 꼭 '네가 제대로 일을 안 하기 때문이야'라는 소리를 듣는 것만 같아서 점점 자책감과 죄책감에 짓눌렸다. 이보다 더는 열심히 할 수 없다는 사실을 자각하고 있는 상황에서 말하는 "열심히 하겠습니다"만큼 '자기 목 조르기'라는 관용어에 충실하게 대응하는 것은 없을 터다. 이제 한계였다. 나는 얼마 못 가 아르바이트를 그만뒀다. 그만둘 수밖에 없었다.

'아무것도 할 수 없는' 사람을 위한 선택지

언제나 그랬다. 사회는 인간에게 '의미 있는 시간'을 계속해서 요구한다. 대부분은 돈 때문이다. 보습학원과 학교에서 계속 낮잠을 잤을 때는 "부모님이 네 시간에 얼마를 내고 계신지 생각해봐"라는 말을 들었고, 시급을 받으며 아르바이트를 할 때도 나 자신의 '비용 대비 효과'에 대해 끊임없이 문책당했다. 이 시간에는 돈이 얽혀 있다는 사실이 나를 찔러댈 때, 내가 요구받는 것은 '노력'이자 그 성과로서의 '성장'이었다.

이 구조는 대학원 연구 생활에서도 이어졌다.

나는 인문계 대학원생이다. 4년 동안의 학부 생활을 마치고 2년 동안의 석사과정을 거쳐 박사 후기 과정—학점을 다 따는 데만 적어도 3년이 걸리고, 박사 논문을 제출해 학위를 받는 데까지는 대체로 몇 년이 더 필요하다—에 진학했다. 이 단계까지 진학하는 사람은 대부분 연구자 지망생이며, 기본적으로 자신의 힘과 의지로 연구를 쭉쭉 진행해나간다. 교수님이 하나부터 열까지 지시해주고 적절한 마감일을 설정해 숙제를 내주던 시절은 이제 끝나 연구자로서 독립해야 하는 시기다. 더 말하자면 박사 학위 취득과 그 뒤의 취직까지 생각해 연구 실적을 쌓아야만 하는 시기인 것이다. 그런 타이밍에 나는 우울증에 걸렸다.

박사 후기 과정의 첫 1년 동안, 나는 정말로 거의 아무것도 하지 않았다. 연말에 제출해야 하는 연구 보고서에는 "투병으로 인해 연구를 중단했다"라고 딱 한 줄 적어서 냈다. 정말로 그것 말고는 쓸 수 있는 말이 없었다. 기입란이 절반 이상 새하얗게 비어 있는 프린트를 보며 더더욱 침울해졌다. 나는 해야 할 일을 하지 못한 '게으름뱅이'구나 싶어서 펑펑 울며 스스로를 책망했다. 우울증이니까 어쩔 수 없잖아, 하고 머리로는 이해하고 있었지만 그 하얀 종이를 본 교수님이 뭐라고 생각할지 상상만 해도 무서웠다.

이 글을 쓰고 있는 지금은 박사 후기 과정 2년차가 끝나가고 있다. 올해도 성과물이 거의 없었다. 드디어 본가에서 나왔으니 분명 완화되리라 기대했던 병세는 조현병이라는 덤까지 붙어 더욱 심해졌고, 나는 지금도 끊임없는 파탄 속에 있다. 약으로 얻은 강제적인 안정의 배경에서는 늘 거대한 경제적 불안과 학업에 대한 불안이 이중고로 나를 압박한다. 내가 어찌할 수 없는 곳에서 시간이 흐르고, 무턱대고 살려달라고 외치고 싶은 충동에 휩싸인다. 다음 학기에 지불해야 할 학비가, 연구 보고서가, 그리고 **아무것도 할 수 없는 나 자신이** 진심으로 무섭다.

이 말만은 꼭 해야겠다는 생각에 써두는데, 정말이지 '이 나라'—이런 표현은 쓰고 싶지 않지만!—는 연구자를 양성할 마음이 전혀 없는 듯하다. 내가 학비와 연구비 때문에 대출한 일본학생지원기구의 제1종 장학금—무이자 대출형 장학금. 제2종은 이자가 붙는다—에는 연구 실적에 따라 반환을 면제받는 제도가 있지만, 실적! 결국 실적이다. 참조하는 것은 어디까지나 실적이지 학생의 경제적 상황이 아니다.

현재의 연구 지원은 대부분이 우수한 성적을 받은 사람,

장래의 업적이 기대되는 사람에게 돈을 주는 시스템이다. 일단 연구하고 싶은 사람 모두가 빠짐없이, 안심하고 연구할 수 있는 환경을 만들어주는 제도가 아니라면 전혀 의미가 없다. 서류 수속은 또 어찌나 많은지. 서류 한 장을 쓸 체력이 없는 사람에게도 문호를 개방해야 한다. 이야기는 그다음부터다. 정말로 거기가 출발선인 것이다. 사회는 반드시 '아무것도 할 수 없는 사람'을 위해 남아돌 정도로 많은 선택지를 준비해줘야 한다. '무언가를 하는' 길도, '아무것도 하지 않는' 길도, 양쪽이 같은 가치를 가지고 열려야 한다. 그게 아니라면 무언가 잘못된 것이다.

잠 못드는 밤을 지나는 사람에게

봉기하라고 호소할 때, 나는 절대로 모두를 향해 '일어서라'고 말하고 싶지 않다. 문자 그대로 '일어서서' 무언가를 할 필요가 있다면, 일어설 수 있는 사람이 일어서면 된다. 나는 일어서지 못하는 사람을 억지로 일으키는 혁명에는 찬동할 수 없다. 이불에 엎드려 얼굴을 내내 파묻은 채로 아무런 생각도 하고 싶지 않아 하고, 아무것도 하지 않아도 된다고 누군가가 말해주기를 진심으로 바라는 괴로운 처지에 있는 사람과 나는 언제나 함께하고 싶다. 내가 바로 그렇기 때문이다. 봉기를 위해 필요한 것은 그 생명 단 하나이지 않은가. 우리—굳이 우리라고 말하겠다—는 이미 이곳에 있는 이상 존재에 트집을 잡힐 여지가 없다. 그 이상의 것은 기본적으로 전부 옵션이며, 사회로부터 위협적으로 행동을 요구받는 것은 원래 이상한 일이다. 아무리 움직이지 못하더라도 지금 거기서 사회와 마찰을 느끼며 존재하고 있다면 나는 그 생존을 실컷 축복하고 싶고, 그 뒤로 이어지는 생존 자체를 저항으로 받아들일 것이다. 눅눅한 이불 속에서 힘없이 쥔 그 주먹을, 나는 절대적인 봉기의 증표로 인정하고 싶다.

이 글을 쓰고 있는 지금은 새벽 네 시가 지났는데, 방금 전까지 나는 역시 테트리스를 하고 있었다. 착란상태를 방지하기 위해 나는 하늘색 막대기만 기다리는 존재가 된다. 몇 번은 잘 되었고 몇 번은 실패했다. 거기서 감정 기복의 싹은 거의 고개를 들지 않는다. 그렇게 밤을 넘기고, 나 자신을 지킨다.

아마도 같은 시간 비슷한 허무에 사로잡힌 사람들이 있을 것이다. 그 사람들이 테트리스를 하는지 안 하는지 모르겠지만, 어쨌거나 내가 봉기를 호소하는 대상은 그처럼 힘없는 미지의 이웃이다. 우리가 살아서 지금과 싸우고 있으므로, 봉기는 이미 정신 하나만으로 시작할 수 있을 것이다.

머그잔은 깨졌고,
욕실 타일은 오늘도 네모나다

좋아하는 머그잔을 깨고 말았다.

2월 12일 밤 10시였다. 책상에 앉은 채 의식을 잃어 얼마나 시간이 지났는지 모르는 상태로 눈을 떴고, 목욕을 하자는 생각이 들어서 몽롱한 머리로 방에 뒀던 머그잔을 부엌으로 가져가려던 순간이었다. 비극은 대체로 의식이 흐릿할 때 일어난다. 불 꺼진 부엌의 어두운 창가, 가스레인지 위에 완전히 올라가지 못한 머그잔은 어떻게 떨어지는지도 보이지 않은 채 추락했다. 손가락을 뗀 순간, 방금 전까지만 해도 손 안에 있었던 물건이 받쳐줄 물체 없는 허공으로 떨어지는 것을 감촉으로 깨달았다. 퍽 하고 묵직한 소리가 나서 머그잔이 깨졌다는 사실을 알았다.

나*는 그때 양손 가득 갈아입을 옷과 빗과 드라이어 등을 들고 욕실로 가는 길이었다. 머릿속에서 일의 우선순위가 뒤엉켜 순간적으로 무엇부터 해야 할지 알 수 없었다. 일단 두 손이 자유롭지 않으면 파편을 처리할 수 없기 때문에, 욕실로 가서 짐을 둔 다음 부엌으로 돌아와 불을 켰다. 습기와 먼지로 새까맣게 때가 낀 낡은 마룻바닥 위에 도자기 잔의 두꺼운 손잡이 부분이 두 개로 동강 나 떨어져 있었다. 다행히 파편은 사방으로 흩어지지 않았고, 바로 옆에 무방비하게 놔뒀던 기름병에도 손상이 없었다(기름병이 깨져서 내용물이 터져 나오는 것보다 번거로운 일은 없다). *나는 쪼그려 앉아 비닐봉지에 파편을 모아 담기 시작했다. 귀찮아서 맨손으로 했다. 손잡이 1, 손잡이 2, 본체. 주위에 있는 하얀 것이 파편인가 싶어서 손가락으로 만져봤더니 세 개 가운데 하나가 파편이고 나머지 두 개는 정체불명의 쓰레기였다. 일단 전부 버려야 한다는 것은 분명하니 모아서 봉투에 넣어 입구를 묶고 부엌 쓰레기통에 넣었다. 작업은 그것으로 끝났다.*

목욕을 하면서 모든 것에 사무치게 염증이 났다. 큰 실패를 했을 때 느끼는 지금 당장 사라지고픈 절망감이 아니라, 몇 년 뒤의 파멸을 며칠에 걸쳐 확신했을 때 느끼는 허무함이다. 머그잔을 깨고 말았다. 나름대로 좋아했던 머그산을.

* 이 글에서 필자는 일인칭으로 '오레'를 선택해 썼으며, 한국어판에서는 *이탤릭체*로 표시했다.

아무런 특징도 없고, 어디서나 파는 하얗기만 한 머그잔이지만 마음에 들었던 물건이다. 나는 그 잔을 무척 좋아했다. 사용하기 편하고 크기도 딱 적당한 멋진 머그잔이었다.

　게다가 오늘은 하루 종일 변변한 일을 하지 않았다. 원고는 딱히 진행되지 않았고 책도 별로 못 읽었다. 심지어 좋아하는 머그잔을 깨고 말았다. 이것은 수지로 말하자면 마이너스가 아닌가. 최악이다. 더군다나 내일은 수익 없는 일로 아침부터 밤까지 외출해야 한다. 최악이다. 내일도 수지는 마이너스가 되겠지. 매일 무언가가 깨지고, 도중에 미미한 회복이 있다 해도 나는 어느 지점에서 매일의 부채를 감당하지 못해 끝장나는 게 아닐까 싶다. 아아. 소리 내어 한숨을 쉰다. 나는 침울해지면 늘 욕실에서 무릎을 껴안고 앉아 있기 때문에 타일의 모양을 선명하게 기억한다. 우리 집 욕실 타일은 아이보리색 정사각형 타일이다. 타일 틈으로 물방울이 흐르며 떨어진 머리카락을 배수구로 쫓아냈다. 물때와 곰팡이를 외면하며 고개를 들자 샤워 헤드가 나를 내려다보고 있다. 이제 틀렸다, 하는 말이 머릿속에 팝업창처럼 떠오른다.

　고작 머그잔을 깬 정도로…라고 생각할 수도 있지만, 이런 사소한 실패는 댐의 수문 개방 버튼 같은 것이다. 하루하루 몸속에 쌓인 싫은 기억이 폭발할 계기로는 너무나도 충분하다. 나는 이런 일을 일주일 단위로 반복해서 겪기 때문에 잘 알고 있다.

쓸모없는 사람에게 차가운 세상은 옳지 않다

지금, 욕실에서 나와 대체용 머그잔—배달 피자집에서 사은품으로 받은 포켓몬 컵, 어린이용이라서 엄청나게 작다—으로 차를 마시면서 이 머그잔 추도문을 쓰기 시작했다. 이상한 이야기지만 하루 종일 끙끙거리며 쥐어짜낸 글보다 훨씬 술술 풀린다. 덕분에 기력이 조금 샘솟았다. 좋아, 오늘이 '플러스'로 향하고 있는 기분이 든다. 새로운 머그잔을 사는 것은, 지금은 돈이 없기 때문에 다음 월급날까지 기다려야 한다. 모처럼 사는 거니까 만족할 만한 물건을 골라야지. 그때까지 이 작디작은 피카츄 컵으로 버텨야 한다고 생각하니 조금 울적해진다. 하다못해 커다란 피카츄 컵이었다면 좋았을 텐데….

그나저나 이 '오늘은 수지로 말하자면 마이너스' '플러스로 향하고 있다'라는 감각은, 일상적으로 느끼기는 하지만 좋지 않은 생각이다. 하루의 가치를 막연한 마음의 숫자로 측정하는 행위는, 어쩌면 기운차고 발랄하며 자기 긍정감이 넘치는 사람에게는 좋은 방식일 수도 있다(나는 기운차고 발랄하며 자기 긍정감이 넘쳤던 적이 없기 때문에 잘 모르겠다). 하지만 기운도 없고 시들어 있으며 자기 부성의 한복판에 있는 사람 입장에서는 '마이너스'가 연달아 발생할 경우 스스로를 철저하게 용서할 수 없어진다. 무의식 중에 '**플러스**를 발생시키고 있으니까 스스로를 용서한다'라는 감각에 몸을 두려 한다. 제대로 하고 있으니까 살아 있어도 된다거나, 어떠한 성과를 냈기 때문에 아직 이곳에 있을 수 있다는 식이다. 실은 아무것도 하지 못해도 당연히 살아 있어도 되고, 몸을 둘 곳 역시 잃지 않아야 한다. 그러나 세상은 쓸모없는 사람에게 차갑다. 쓸모없는 사람에게 차가운 세상은 옳지 않다.

그건 우리 탓이 아니야

'통속 도덕'이라는 말이 있다. '인간은 노력하면 제대로 살 수 있다. 그러지 못하는 것은 노력하지 않기 때문이다'라는 사고방식인데, 적어도 에도 시대에는 이미 존재했던 사상의 조류다.

이 흐름은 메이지 시대에 더욱 뚜렷해졌다(이 시기의 일은 역사학자 마쓰자와 유사쿠의《살기 힘든 메이지 사회生きづらい明治社会》를 참조해주시기 바란다). 통속 도덕이 가로놓인 사회에서는 어쨌거나 열심히 하는 것을 미덕으로 삼고, 성공하지 못하면 모든 게 '본인의 노력 부족'으로 귀결된다. 돈이 없다고요? 게으름을 피운 게 아닙니까? 병에 걸렸다고요? 건강 관리를 못한 당신 잘못 아닙니까? 가족들 사이가 나쁘다고요? 효도를 안 해서 그런 게 아닐까요? …전부 그럴 리가 없

다. 이 세상에는 개인의 노력으로 어떻게도 할 수 없는 일이 차고 넘친다. 아니, 그보다 일단 노력을 누구나 할 수 있는 행위로 보는 것도 틀린 생각이다. 체력도 정신력도 운도 환경도 자신의 힘으로는 마음대로 조종할 수 없는 요소이며, 동시에 이들은 개인의 행동에 늘 영향을 준다. 노력하려고 해서 그게 되는 것도, 노력하려고 했는데 그게 되지 않는 것도 개인의 능력만으로 설명을 끝낼 일이 아니다.

지금도 이 사회에는 통속 도덕이 아직 뚜렷하게 남아 있다. 노력해야 한다, 열심히 해라, 열심히 하자고요, 노력을 기대할게. 시끄러워, 항상 열심히 할 수 있을 리 없잖아! 머그잔이 떨어져서 깨진 게 전부 *내* 탓이야? 밤 10시라는 이른 시각에 *내* 의식이 몽롱해진 것은 *내*가 전날 새벽 3시까지 원고를 붙들고 있었던 탓이고, 이는 *내*가 바닥을 보이는 은행 잔고에 겁을 먹고 일을 더 해야 한다며 초조해했기 때문이다. *나*의 은행 계좌에 돈이 없는 이유는 아르바이트 시급이 낮기 때문이며, 게다가 지난달 독감에 걸려서 일을 며칠이나 쉴 수밖에 없었기 때문이다. 이래도 머그잔이 깨진 것이 *나* 혼자만의 탓인가? *나*의 아르바이트 시급이 1500엔이고, *내*가 독감에 걸리지 않았다면 *나*는 머그잔을 깼을까?

…여기까지 쓸 수 있었다 해도, 그럼에도 나는 여전히 일주일에 한 번씩 "이제 다 틀렸어"라고 말하며 욕실 타일을

바라보고 있다. 내면화한 생각을 몰아내는 것도, 세상의 풍조를 정면으로 거스르는 것도 쉬운 일이 아니다. *나 한 사람이 사고방식을 바꿔봤자 날마다 부딪치는 가치관은 언제나 버겁다.* 내가 욕실 타일 모양을 까먹는 날이 언젠가 올까? 그런 날을 한시라도 빨리 맞이할 수 있도록, *나*는 이 사람 저 사람에게 말하고 다닌다. 그건 당신 탓이 아니야.

나는, 꼭 행복해야 하는가

성인으로 인정받는 나이를 지나고부터 어떻게 사는 것이 행복한지 생각하는 날이 늘었다. 나는 오랫동안 행복이라는 것을 모르고 있다. 정확히 말하자면 나는 나 자신이 행복하다는 것에 별다른 의미를 느끼지 않는다. 물론 불행한 것보다는 낫고, 되도록 스스로에게 좋은 상태로 지내고 싶다고는 생각하지만, 이 세상에 괴로워하는 사람이 수두룩한 가운데 내가 행복해진다고 해서 그것이 정말 행복할까?

행복이란 진짜 무엇일까?

그걸 묻는다고 해서 대체 뭐가 되는 걸까?

틀림없는 '해피'엔딩

〈델마와 루이스〉(1991)는 지옥의 여자들이 주인공인 최고의 영화다. 이야기는 지극히 평범한 휴가로 시작된다. 폭군 남편 다릴 때문에 가정에 묶여서 지내는 온화한 성격의 델마와 식당 웨이트리스로 일하는 당찬 성격의 루이스가, 친구에게 빌린 산장으로 향하는 작은 여행을 계획한다. 어린 나이에 결혼했고 남편 때문에 집에서 나가지 못하는 델마에게는 거의 첫 여행이었다. 두 사람은 들떠 있었다. 여행을 온몸으로 즐기려고 했다.

그러나 가는 길에 들른 클럽에서 델마를 강간하려던 남자를 루이스가 총으로 죽여버리며 사태는 급변했고, 두 사람은 고삐가 살짝 풀린 여행자에서 살인 사건의 중요 참고인이 되었다. 델마와 루이스는 살아남기 위해 차로 쭉 달려가고, 또다시 죄를 지으며 멕시코를 향해 도피를 이어간다.

영화의 하이라이트는 여러 군데지만, 먼저 언급해야 할 부분은 두 사람의 각성일 것이다. 영화 전반부에서 위기감 없는 태도로 몇 번이나 실수를 저질렀던 델미의 변모는 득히 눈부시다. 집에 있을 때 델마는 남편에게 받은 호신용 총에도 벌벌 떨며 손을 대지 못했지만, 가혹한 도주의 과정에서 멋지게 총을 다루게 된다. 남자에게 돈을 도둑맞은 후 슈퍼마켓을 털어 만회하고, 경찰을 협박해서 떨쳐내고, 상스럽

게 치근덕거리는 유조차 운전기사의 탱크를 쏴서 불태워버
릴 정도로 말이다! 폭파된 유조차를 보고 겁을 먹은 중년 운
전기사는 델마와 루이스에게 "당신들은 지옥에서 왔나!" 하
고 외친다. 사람 잘 봤다고 말해줘야 한다. 델마와 루이스, 우
리/俺ら*는 지옥에서 온 지옥의 여자다!

죄 같은 건 저지를 리 없다고 여겨지던 '완벽한 여자'는
순식간에 수많은 경찰차와 헬리콥터, 총구로 둘러싸이는
'위험한 여자'로 진화했고, 그 모습을 '진짜 자신'으로 받아들
인다. 이렇게 근사한 일이 또 있을까? 억압받고 폭력에 휘둘
리며 살아온 상처투성이 두 여자가 자신들을 학대해온 대상
을 있는 힘껏 뿌리치며, 인생에서 처음이자 마지막인 '최고
의 여행'을 성취한다. 그것만으로 벌써 눈물이 나려고 한다.
그리고 영화 곳곳에 흩뿌려져 있는 두 사람의 웃음소리! 몇
번이나 위기에 빠지지만 그럼에도 두 사람은 서로를 버리지
않는다. 두 사람은 둘이 함께 있는 것을 진심으로 기뻐한다.
그 점을 서로가 확실하게 알고 있다. 이 영화는 그런 웃음소
리로 가득하다.

마지막 장면에서 두 사람은 키스를 나눈 뒤 손을 잡고 절
벽을 향해 전력으로 액셀을 밟는다. 모래 먼지를 뚫은 정록

---

* 남성 일인칭 '오레'의 복수형으로 '오레라'로 발음한다.

색 차체가 날개라도 돋친 듯이 하늘을 난다. 그 뒤에 무엇이 기다리고 있는지는 나오지 않는다. 모두가 알고 있으니까. 두 사람은 끝까지 달린 것이다. 최고의 여행을 끝내고, 죽음의 세계까지.

〈델마와 루이스〉가 해피엔딩인지 아닌지에 대해서는 의견이 엇갈릴 것이다. 나도 델마와 루이스가 경찰을 멋지게 따돌린 후 새롭고 위험하며 자극적인 멕시코 생활로 몸을 던지는 전개가 있었다면 분명히 멋졌을 거라는 생각이 안 드는 것은 아니다. 그러나 내 눈에 비친 〈델마와 루이스〉는 틀림없는 해피엔딩이다. 막다른 곳까지 쫓겨 미국 남서부의 붉은 모래 먼지를 뒤집어쓴 끝에 겨우 움켜쥔 생의 실감, 담배 냄새에 찌든 식당이나 아내를 지배하려 드는 남편이 있는 집에서는 결코 얻지 못했던 그 생의 실감을 꼭 쥔 절정이 하늘을 나는 오픈카였으니, 그것은 아무나 손에 넣을 수 있는 결말이 아니다. 마지막 키스도, 굳게 맞잡은 서로의 손도, 모두 유일무이하고 절대적인 한순간이었다. 그 맛을 알고서 두 사람이 날아오른 것이니, 나는 도무지 그것을 불행이라고 말할 수 없다.

근근이 이어가는 생존을 긍정한다

〈델마와 루이스〉를 본 뒤 행복이란 '참된 자신'이라고 부를 수 있는 생을 움켜쥐는 것이 아닐까 생각했다(뭐가 어찌됐든 간에, 세상 사람들이 과시하는 혼인이나 가정의 형성 같은 건 행복의 동의어가 아니다. 이런 말은 할 필요도 없지만!). 누구나 할 수 있는 일은 아닐 것이다. 또 델마와 루이스가 닥쳐오는 죽음에 의해 역설적으로 생을 움켜쥐었듯이, 행복이 반드시 생의 곁에 있는 것도 아니다. 게다가 '참된 자신'이라고 부를 수 있는 생만이 '생'이라면, 그저 살아가는 것은 '생'이 아니라고조차 말할 수 있게 된다. 마침 20세기 초반의 아나키스트 가네코 후미코가 이에 대해 쓴 글이 남아 있다.

요컨대 '생을 부정한다'라는 것은 철학적으로 성립되지 않는다. 왜냐하면 생만이 모든 현상의 근본이며, 생의 긍정을 통해서만 모든 것이 의의를 가질 수 있기 때문이다. 그처럼 생을 부정했을 때 모든 것은 무의미해진다. 부정에서 부정은 태어나지 않는다. 보다 강한 긍정에서만 보다 강한 부정이 태어난다. 즉 보다 강하게 생을 긍정해야만 거기서 보다 강한 생의 부정과 반역이 태어나는 것이다.

그러므로 나는 말한다. 나는 생을 긍정한다. 보다 강하게 긍정한다. 나는 생을 긍정하기 때문에 생을 위협하는 모든 힘에 대해 분연히 반역한다. 그러므로 나의 행동은 옳다.

(…) 나는 대답한다. 살아가는 것은 그저 움직이기만 하는 게 아니다. 나의 의지로 움직이는 것이다. (…) 그리고 그저 살기만 하는 것이 아닌 행위가 있어야 비로소 살아 있다고 말할 수 있다. 따라서 나의 의지로 움직였을 때, 그것이 설령 육체를 파멸로 이끈다 해도 그것은 생의 부정이 아니다. 긍정이다.[1]

후미코는 사형을 언도받기 직전, '생의 부정'에서 '생의 긍정'으로 의견을 바꾼다. 그러나 그 내용은 생존의 긍정이 아니다. 앞에서 인용한 대로 생을 '그저 움직이기만 하는 것'이 아니라 '자신의 의지로 움직이는 것'—델마와 루이스가 '참된 자신'에 이르렀듯이!—으로 규정하고, 그 결과 죽음이 찾아와도 그것은 생의 긍정이라고 말한다.

내 의견은 후미코와 다르다. 나는 이 책에서 몇 번이나 거듭 이야기했듯이 생존은 저항이라고 생각한다. 여기서 말하는 생존이란 결코 후미코가 생각하는 죽음 속으로 뛰어들면서까지 발휘되는 '생'이 아니라, 소박하게 그 생명을 연장시키는 것이다. 델마와 루이스, 그리고 가네코 후미코를 소개한 다음에 나오는 생존이라는 말은 마치 의미 없는 생명을 질금질금 낭비하는 듯한 뉘앙스를 풍길 수도 있다. 그리고 실제로 그럴 수도 있다고 생각한다. 앞서 말했듯 행복이 '생'을 움켜쥐는 것이라면, 생존은 애초에 행복에서 멀리 떨어져 있는지도 모른다.

그러나 내가 하고 싶은 말은, 행복을 추구하는 자세는 행복을 추구하지 않는 자세와 같은 가치를 가져야 한다는 것이다. 내가 보기에는 세상이 너무 지나치게 가치의 중점을 행복에 두고 있다. 무슨 일만 있으면 금세 행복한지 아닌지를 기준으로 생각하고, 행복한지 아닌지를 끊임없이 묻는다. 이 문답에 대체 얼마나 의미가 있을까?

물론 나는 델마와 루이스도, 후미코도 절대로 부정하고 싶지 않다. 거기에 있었던 '생'을 받아들이고, 약속처럼 고개를 끄덕이고 싶다. 하지만 설령 '참된 자신'을 확신할 수 있는 순간이 인생에서 찾아오지 않거나 또는 그것을 추구하는 경험을 하지 못한다 해도, 그 생에 대해서도 세차게 고개를 끄덕이고 싶다. 극적인 일도 없고, 툭하면 헤매고, 나약하고, 주저하고, 종종 떳떳하지 못한 기분과 고독에 짓눌리는 생존을, '생'과 동등하게 존귀한 혁명 전야의 신체로서 인정하고 싶다. 아마 누구보다도 나 자신을 위해.

그러므로 이 글의 첫머리에서 던진 질문은 틀리지 않은 것 같다. 나는 나 자신이 행복한지 아닌지 생각하는 것에 별다른 가치를 느끼지 않는다.

셀프 인터뷰

○뭔가 해야만 한다고 생각하고 있군요.

▶네, 전부터 쭉.

○한데 그러지 못하고 있나요?

▶아마 그럴걸요.

○아마도.

▶뭔가 하고 있긴 한 것 같아요. 한쪽 편의 저는 알고 있어
요. 나는 몸과 마음의 한계에 맞춰 할 수 있는 일을 하고
있고, 만약 못 한다고 해도 그것을 책망하는 건 나의 금지
에 어긋난다는 걸요. 하지만 제가 저를 보는 시선은 스스
로를 조금도 용서하지 않아요. '인생에 남을 만한' 일을 전
혀 안 하는 것 같아서 견딜 수 없어요.

○'인생에 남을 만한'이라니, 위험한 말이군요. 스기타 미오라는

국회의원이 2018년에 "LGBT에게는 생산성이 없다"라고 공언한 사건은 '많은'이라는 단어로는 한참 부족할 정도로 많은 사람들을 깊게 상처 입혔습니다. 만사를 '생산적'인가 아닌가로 판단하는 것은, 인간의 존재를 우열로 가치 매겨 '뒤떨어진다'고 여겨지는 쪽을 배제하는 우생 사상으로 이어지지 않습니까?

▶맞습니다. 차별로 이어지는 위험한 발상입니다. 스기타의 발언은 물론, 예컨대 (사회 모델에 있어서의) 장애인을 '쓸모없는' 존재로 취급하는 사상—사상이라고 부르고 싶지도 않지만—이나 기초생활수급자에 대한 차별, 정신 질환을 '게으름 피운다'고 여기는 풍조 등 반대해야 한다고 강하게 느끼는 사상은 많습니다. 그건 압니다. 단, 타인에 대해서는 그렇게 생각하지 않지만 스스로에 대해서는 그런 생각이 들고 말아요. 아무것도 못 하는 자신을 되도록 허용하고 싶은데, '너는 아무것도 안 하고 있어. 더 노력해야 해'라는 내면의 목소리가 계속 들립니다.

○위협적이군요.

▶정말 그래요. 언제부터 이렇게 되었는지 모르겠지만, 이 사회 속에서 살아가다 보니 그런 목소리가 몸에 배어버린 거겠지요.

○'통속 도덕'이라는 사고방식이 있지요. 야스마루 요시오라는 근대사 연구자가 제창한 개념인데, 간단히 말해 '노력하면 보상받는다'라는 사상입니다. 특히 에도 시대 말기부터 메이지 시대의

혼란기를 살아간 사람들에게 통속 도덕은 분발의 기폭제이기도 했습니다. 그러나 '노력하면 보상받는다'라는 발상은, 뒤집어 말하면 '보상받지 않는 사람은 노력하지 않았다'라는 뜻도 품게 됩니다. 가정의 불화는 효도를 하지 않았기 때문이고, 돈이 없는 것은 절약을 안 했기 때문이라는 식으로 원래부터 여러 가지 조건에 얽매여 자기 힘으로는 어떻게도 할 수 없었던 일을 전부 자신의 노력 부족으로 설명하게 되었습니다. 요컨대 통속 도덕의 수용은 자기 책임론의 수용이었던 것이지요.

▶제가 통속 도덕에 사로잡혀 있다고 말하고 싶은 건가요?

○뭐, 거기서 벗어나지는 못하고 있는 듯하네요. 당신은 실제로 '노력'의 성과가 보이지 않기 때문에 자신이 노력하고 있다고 여길 수 없는 거니까요.

▶그럴지도 모르죠. 사실상 거기서 빠져나오기란 어려운 일이에요. 애초에 지금 이 시대가 통속 도덕에서 이어진 자기 책임론으로 규정되어 있고, 제가 지금을 살아가고 있다는 사실은 바꿀 수 없으니까요. 또 실제로 '노력'이 무언가를 해결하는 건 어느 정도 현실적인 이야기이기도 하고요. 주위를 둘러보면 노력으로 무언가를 성취한 사람이 차고 넘칩니다. 인터넷으로 타인의 '실적'을 간단히 볼 수 있게 된 지금은, 어쩌면 야스마루 요시오가 주제로 삼은 시대보다 훨씬 더 '성공 예시'가 가까워졌다고 말할 수 있을지도 모르겠군요.

○당신은 또 다른 사람의 업적을 검색해본 거군요?

▶…네, 해봤습니다. 이미 활약을 펼치고 있는 대학원생이나 젊은 연구자의 업적 일람을 보고 울적해졌습니다. 울적해지리라는 것을 알고 검색해봤어요.

○안 하면 될 것을. 주위 사람들과 자신을 비교하는 건 쓸모없는 짓이고, 당신 일이 잘 안 풀리는 것은 그저 단순히 당신의 노력이 부족한 탓만은 아니에요. 머리로는 알고 있지요?

▶머리로는 알고 있어도 안 되니까 어렵다고, 아까부터 몇 번이나 말했잖아요.

○당신은 언제나 말하지 않습니까. 더 일해야 해, 더 공부해야 해, 더 노력해야 해.

▶그게 뭐 잘못됐나요?

○꼭 잘못된 건 아닙니다. 그런데 그건 자발적인 마음인가요? 사회의 속도에 맞춰 노를 저어야 한다고 생각해서 그러는 거잖아요. 세상에 따르기 위해 '더 나아지자'라고 끝없이 생각하는 건 너무나 마초스럽습니다.

▶그건 거친 질문이네요. 통속 도덕적인 것은 자발적이기 때문에 성가신 거라고요. 저는 실제로 더 많이 일해서 제 생활의 붕괴를 막고 싶고, 스스로 사회적 책임을 다하기 위해서라도 더 배울 필요가 있다고 생각힙니다. 사회가 그렇게 하도록 압박하는 측면이 있다고 해도, 그 사회 속에서 사상을 키워온 것은 제 자신입니다. 거듭 말하지만 지금을

살아가는 제가 지금을 규정하는 관념에서 벗어나기란 엄청나게 어렵습니다. 그리고 당신 말처럼 그게 반드시 잘못된 일은 아니고요.

○ 이 글이 인터뷰 형식인 것도, 결국 사회에 대한 비판의 시선이 해소되지 않아서 방황하다가 자신에게로 반사되어 돌아오고 있기 때문이지요.

▶ 맞습니다.

○ 이제부터 어떻게 할까요?

▶ 어떻게 하는 것이 좋을까요. 아마 저는 제가 '노력'함으로써 무언가를 바꾸려고 하는 행동을 멈출 수 없을 것입니다. 그것이 타인에 대한 자기 책임론의 강요가 되지 않는다 해도, 사회 전체가 '노력'을 옳다고 보는 분위기를 계속 찬양한다면 상황은 딱히 좋아지지 않을 것 같기도 합니다.

○ 당신이 '노력'함으로써, 결과적으로 사회 전체가 '노력하는' 분위기가 되어버린다는 뜻이네요.

▶ 음… 글쎄요, '노력' 자체가 반드시 나쁘다고는 말할 수 없지만….

○ 아까부터 같은 이야기를 하고 계시는군요.

▶ 죄송합니다. 여하튼 제가 하고 싶은 말은, '노력하는 것'과 '노력하지 않는 것' 사이에서 우열을 가리는 사고방식이 틀렸다는 겁니다.

○그건 일리 있는 말 같군요.

▶저는 '노력했으니까 대단해'라는 발상이 이상하다고 봅니다. 딱히 노력하지 않아도 괜찮지 않나요? 통속 도덕은 검약이나 효도 등의 노력이 상황을 좋은 쪽으로 바꾼다고 여기는 사상이지만, 오히려 '노력하지 않는' 것이 상황을 좋게 바꾸는 경우도 분명 있을 겁니다.

○태업이나 파업과도 관계가 있을 법한 이야기네요.

▶맞습니다. 의미 없는 일을 하는 것, 위법한 일을 하는 것, 멍하게 있는 것, 대충 하는 것, 아무것도 하지 않는 것. 그런 일반적으로는 '헛짓거리'나 '무위'로 여겨지는 상태에야말로 상황을 바꿀 열쇠가 있는 게 아닌가 싶어요. 애당초 인간의 생을 으깨려고 하는 이 세상에서 살아남는 것이 이미 저항입니다.

○이 책의 제목이 '이불 속에서 봉기하라'인 것도 그런 뜻이군요.

▶바탕에 있는 의식은 같습니다. 애초에 사회에 압력을 넣는 행위를 '운동'이라고 부르는 것도, 잘 생각해보면 무섭습니다…. '압력 넣기働きかけ'라는 글자에도 '움직일 동動'이 포함되어 있으니까 좀 어려운데요. 여하튼 '운동'에서 활발하게 행동하는 것만 찬양하면 남겨지는 사람들, 움직이지 못하는 자신을 책망하는 사람들이 반드시 생겨납니다. 본디 강한 것에 지배당했던 세상을 변혁시키기 위해 필요한 건, 분명 그런 사람들의 작은 목소리겠지요. 그러므로 이불 밖

으로 나오지 못하는 사람을 혁명에 끌어들이기 위해 이런 제목을 붙였습니다.

○ 그러고 보니 최근 중국에서 나돈다는 〈탕핑躺平*주의자 선언〉이라는 글이 있지요. '일해서 출세한다'는 꿈이 아직 유효한 중국에서, 돈과 출세로부터 등을 돌린 아나키스트적인 사람들이 쓴 글인 모양입니다. 자본주의의 하인으로 몸이 으깨지는 길에서 등을 돌리고 '드러눕는' 행위를, 이 선언문에서는 명확하게 '실천'이라고 말합니다. 조금 인용해보겠습니다.

급진적인 탕핑주의는 기존 질서에 대한 커다란 거절을 뜻한다. 탕핑주의자는 체제에 의한 통제를 차갑게 비웃으며, 어떠한 우대나 폄하에 대해서도 완전히 무관심하다.

이 세상을 90도 돌려서 보기만 해도 사람들은 평소에 말로 표현하지 못하는 진실을 깨달을 것이다. 즉 드러눕는 것이야말로 일어서는 것이며, 서 있는 것은 기어가는 것이라는 사실이다. 이 객관적 실재성을 가진 비밀의 각도가 탕핑주의자와 국민 사이의 뛰어넘을 수 없는 장벽이 되고 있다. 그리고 세상이 완전히 뒤바뀌기 전까지는 탕핑주의자들이 그 자세를 바꿀 이유가 없다.[1]

○ 그야말로 반反통속 도덕적이지요. 당신이 하고자 하는 말과 상

---

* 바닥에 눕는다는 뜻.

당히 비슷하지 않은가요?

▶ 〈탕핑주의자 선언〉은 제가 이 책의 제목을 정한 뒤에 접
해서, 한발 늦었다고 생각하면서도 기쁘게 읽은 글입니다.
이 선언문에서는 탕핑주의자를 "가장 작은 자치구"[2]라고
칭합니다. 드러눕는 것은 영역적인 반역이지요. 거기에 비
추어 보면 제가 주장하는 '이불 속 봉기' 역시, 이불이라는
작디작은 자치구에서 시작하는 파괴 행위라고 말할 수 있
을 겁니다. 손가락 하나 움직이지 못한다 해도 그것은 실
천입니다.

○ '이불'은 전혀 비유가 아니라는 뜻이군요.

▶ 네, 실제로 봉기는 이불 속에서 이미 시작되고 있는 거죠.

○ ...정말로 궁금한데요, 어째서 거기까지 생각하고 있으면서 지금
도 '나는 아무것도 못 해'라고 계속 한탄하는 겁니까?

▶ ···. 입이 열 개라도 할 말이 없지만, 한마디 해보자면 저의
글은 저 자신에 대한 설득입니다. '나는 이렇게 존재한다'
라는 이야기를 한다기보다, '나는 이렇게 존재하고 싶다'라
는 이야기를 하는 거지요.

○ 이상론이군요?

▶ 네, 이상론은 바보 취급받기 쉽지만, 저는 이상을 생각하
는 자세는 결코 틀리지 않았다고 봅니다. 기도랑 마찬가지
예요. 유토피아에 대한 갈망 없이는 사회를 바꿀 수 없습
니다.

○ 동의합니다. 그리고 당신은 무턱대고 큰 이상론을 가지고 있는 탓에 끝없이 갈등하는 거로군요.

▶그건 그렇습니다. 지금 새삼 드는 생각은, 이불이 갈등의 장이라는 것입니다. 부드러운 천 사이에서 일어난다/잔다, 할 수 있다/할 수 없다, 노력한다/노력하지 않는다, 이상/현실, 그리고 생/사까지 온갖 것이 복잡하게 충돌하니까요. 갈등은 결코 마음 편하지 않고, 반드시 필요한 것도 아닙니다. 하지만 잘못된 것이라고는 생각하지 않습니다. 아니, 생각하고 싶지 않습니다.

○ ...다시 한번 묻겠는데요, 이제부터 어떻게 할까요?

▶아직 아무 생각이 없습니다. 어떻게 하면 살아남을 수 있을지조차 잘 모르겠어요. 그저 저는 제 갈등의 장, 가장 작은 자치구를 옹호하려면 어떻게 해야 할지에 대해 고민과 생각을 하고 있습니다.

5

꼼짝할 수 없는 밤을 위해

: 정신건강과 우생학

진흙처럼 이불 속에 뭉개져서 대낮까지 자고, 부모님이 차려준 밥으로 살아 있는 것이 정말로 면목 없다. 하지만 지금 상황을 '회복'시키기 위해서는, 역시 소극적으로 멍하니 생존에 매달려 있는 상태를 적극적으로 긍정하는 수밖에 없다. 아무리 진흙이라 해도 생존을 손에서 놓지 않는 선택은 훌륭하다. 너무나도 장하다.

완전히 붕괴하기 전에
: 환자가 되는 방법

대붕괴

무언가가 무너졌다. 무엇이 무너졌는지는 모르겠다. 정신을 차리고 보니 이불 속에서 꼼짝할 수 없었고, 정신을 차리고 보니 심장이 아프고 목이 메어 숨을 쉴 수 없었고, 정신을 차리고 보니 한밤중에 불안해서 엉엉 울고 있었다. 무언가가 무너졌다. 아마도 전부 무너지기 시작했다. 나는 이것을 '대붕괴'라고 이름 붙였다.

대붕괴는 진찰을 받기 전에 네 차례 일어났다. 2020년 5월에 한 번, 7월에 한 번, 9월에 두 번이다. 원인은 꽤 명백한데, 팬데믹 때문에 본가에 틀어박혀 지내야 했기 때문이다. 나는 집이라는 공간을 사랑하지만 그 사랑보다 수만 배 증오하기도 한다. 집에 있는 시간이 오래되면 오래될수록, 가족과 지내는 시간이 길면 길수록 나는 바로 옆에서 꿈틀거리는 타인이 너무나 짜증 나서 존재할 수가 없어진다. 텔레비전 소리, 말하는 소리, 전부 견디기 힘들었다. 구체적인 인물, 즉 나의 부모님은 딱히 잘못하지 않았다(이 사람들의 험악한 대화는 내 간을 철렁거리게 만들고 온몸을 계속 긴장시켰지만 그들 탓에 내가 이렇게 된 것은 아니다). 내가 가족이라는 형태에 전혀 적응하지 못했던 것이다. 그것은 처음부터 그랬다. 이 뒤틀림은 팬데믹이 덮쳐오자 나의 목을 치명적으로 졸랐다. 대붕괴는 단순한 귀결이었다.

허겁지겁 병원에 갔더니 교감신경이 과민해졌으며 우울 상태depressive state라는 이야기를 들었다. 상상했던 범위를 별반 벗어나지 않은 말이었다. 그 뒤 새로운 진단명으로 조현병도 추가되었다.

사실 내가 쓸 수 있는 말은 이뿐이다. 나는 그냥 환자일 뿐, 의료 관계자가 전혀 아니다. 나는 정신이 흔들리는 사람을 위한 구체적인 처방전이나 약을 더 잘 먹는 방법 같은 건 쓸 수 없다. 그러므로 이제부터 쓸 내용은 어디까지나 개인적인 체험에 기반한 환자가 되는 방법, 특히 정신 질환 치료를 받을 때의 마음가짐이다. 분명 나 말고도 나와 비슷한 상황에 놓인 사람, 혹은 내 '직전'의 상태인 사람이 있으리라 예상하며, 내가 요 몇 년 동안 배운 것을 여기에 써두고 싶

다. 이 글이 누군가에게 참고가 되면 좋겠고, 아무도 참고할
필요가 없다면 가장 좋을 것이다.

환자의 자격

우선 대전제로 환자가 될 자격을 묻지 않는 것이 중요하
다. '나보다 힘든 사람이 세상에 차고 넘치니까, 나는 아직 병
원에 갈 정도는 아니야'라는 생각으로 자신의 나쁜 상태를
덮어둔 사람이 있다면, 그 생각만큼 위험한 것은 없다고 말
하고 싶다. 사람에게 괴로움은 언제나 고유한 경험이며, 타
인과 비교할 필요도 없거니와 어떤 기준에 따라 진찰 가능
여부를 결정하는 것도 아니다. 무언가가 괴롭다면, 그것은
충분히 정신건강의학과를 방문할 이유가 된다.

또한 통원을 부끄러워할 필요도 없다. 당신이 정신 질환
치료를 시작해 병명이 확정되거나 약을 처방받는다고 해서,
그로 인해 당신의 무언가가 손상될 가능성은 지극히 적다.
자신의 상태가 나쁘다는 것을 스스로 감지해 대처해나가는
것은 현실의 고통에 대한 적절한 대응이다.

어쩌면 '이 정도 병세는 늘 있는 일이니까 나 혼자서 어떻
게든 할 수 있어'라고 생각하는 사람도 있을지 모른다. 그 경
우에도 다른 사람의 도움, 특히 전문가의 도움을 받는다는

선택지를 강하게 추천하고 싶다. 혼자서 극복할 수 있을 만한 폭풍이라 해도 부러지려고 하는 그 돛대를 떠받치는 사람은 많은 편이 좋고, 떠받치는 방법을 숙지하고 있는 사람에게 맡기면 더욱 좋을 것이다. 본인 방식의 인내보다 훨씬 더 편안한 극복법이 있을 수도 있지 않은가! 진료를 받는 것은 절대로 '응석'이 아니며, 설령 '응석'이라 해도 뭐가 나쁜가? 아무것도 나쁘지 않다.

더 말하자면 나쁜 상태는 여러 가지 형태로 나타난다. 내가 우울증과 조현병을 앓으며 체험한 것만 해도 수면 과다, 불면, 망상, 식욕 감퇴, 위협적인 불안, 공포, 심장의 아픔, 몸의 저림, 권태감, 기분 저하, 초조감, 목이 막히는 듯한 아픔, 목소리가 나오지 않는 것, 자살 충동, 고독감, 복통 등 실로 다채로운 증상을 들 수 있다(실생활에서 발생한 구체적인 지장을 늘어놓자면 더욱 끝이 없다).

다시 말해 정신 질환으로 여기지 않았던 증세가 의외로 정신 질환 때문인 경우가 있다. 비록 증세가 가벼워도 신경 쓰이는 증상이 있다면 충분히 병원에 갈 이유가 되며, 진료를 받은 후 정신 질환이 아니라고 판명되면 그것은 그것대로 틀림없는 행운이리라.

뒤집어 말하자면 증세가 가벼울 때 진료받지 않아서 그대로 악화될 경우, '병원에 가고 싶지만 몸을 물리적으로 움직일 수 없는' 상태에 빠질 가능성이 있다. 나는 대붕괴를 네 번이나 그냥 지나쳤고, 결과적으로 휴대폰의 통화 버튼을 누를 힘조차 없는 상태로 병원을 알아봐야 했다. 부디 몸을 움직일 수 없게 되기 전에, 대붕괴를 겪기 전에 병원에 가보시기를 바란다.

'좋은' 병원의 기준

가벼운 증세라도 일단 진료를 받아보는 편이 좋다고 강조하는 이유는 역시 정신건강의학과의 진료 예약이 어렵기 때문이며, 또 자신에게 '좋은 병원'을 만나기도 힘들기 때문이다.

예를 들어 내가 팬데믹 시기에 우울증을 치료하려고 분주하게 병원을 찾아다녔을 때는 두 군데의 병원에서 초진을 거절당했다. 팬데믹의 영향으로 환자 수를 줄인 탓도 있겠지만, 인기 있는 병원은 원래 환자 수가 많아서 예약이 어렵기도 하다. 그러므로 이른 시기에 진료를 받는 것이 중요하다. 판단할 에너지가 남아 있는 동안 '좋은 병원'을 찾아둘 필요가 있다.

그렇다면 '좋은 병원'이란 어떤 곳인가? …이것은 사람에 따라 다르다고밖에 대답할 길이 없다.

나의 첫 정신건강의학과 방문은 열아홉 살 무렵이었고,

수면 장애를 치료하기 위해 다녔다. 그 후 우울증에 걸려서 새로운 병원에 다니기 시작했는데, 거기서도 전에 먹던 수면 장애 약을 처방받을 수 있다는 사실을 알게 되어 예전 병원에는 가지 않게 되었다.

지금 돌이켜보면 첫 병원은 나한테 잘 맞지 않았던 것 같다. 환자마다 주치의를 배정하지 않는 병원이라서 내가 예약을 넣으면 그 날짜에 출근한 의사가 임기응변으로 진료해주는 시스템이었다. 나는 병원에 갈 때마다 내 신분부터 다시 설명해야 하는 상황에 강한 불안을 느꼈다.

지금 다니는 병원은 의사 한 사람이 개설한 진료소라서 언제 가도 반드시 같은 선생님이 진료를 봐준다. 나는 전화하는 것을 매우 힘들어하는데, 진료 예약을 문자로 할 수 있어서 그것도 도움이 된다. 무엇보다 선생님의 성품이 나와 잘 맞았다.

전자의 병원과 후자의 병원, 어느 쪽이 '좋은 곳'일지는 무엇을 바라느냐에 따라 다를 것이다. 남들이 자신의 얼굴을 기억하지 않기를 바라고, 개인 정보를 너무 많이 말하기 싫은 사람이라면 전자가 쾌적하다고 느낄 터다. 후자에 대해 나는 멋진 인연을 얻었다고 생각하지만, 선생님이 맞지 않아서 병원을 바꾼 사람 역시 적지 않다고 들었다.

어느 쪽이든 병원이 한 군데밖에 없는 것도 아니고, 옮기는 것이 나쁜 일도 아니다. 자신과 안 맞는다고 느끼면 억지로 계속 다니는 것보다 거침없이 바꾸는 게 낫다고 생각한다. 적어도 그에 대해 죄책감을 느낄 필요는 없다.

환자로 살기

현재의 사회는 정신 질환 환자에게 결코 다정하지 않다. 정신 질환이 낙인 효과를 일으켜 차별을 당할 가능성은 유감스럽게도 일상 속에 숨어 있다. 실제로 병을 밝힘으로써 본의 아니게 사회적 취급이 달라진다거나, 상대가 증세 탓을 하며 이야기를 제대로 들어주지 않게 된 경험은 나에게도 있다. 인터넷에는 정신 질환을 비웃는 말들이 여기저기 넘쳐난다. 병을 공개적으로 언급하면 "피해자 코스프레 하지 마" 하고 비난당한다. '피해자 코스프레'는 본디 늘 복잡하게 교차하는 인간의 위치를 단순화해서 규탄의 대상으로 치부하는, 실로 잔혹한 표현이다. 환자가 사회의 가해성을 호소하는 것이 타인의 이익을 탐하는 모습으로 보이는 모양이다. 정말이지 한심하다. 너무나 한심하다. 그러나 차별이나 비난을 '한심하군' 하며 경멸하는 데에도 에너지는 필요하고, 병을 앓는 상황에서 그걸 할 수 있는 사람은 결코 많지 않다.

또한 사회의 속도 역시 가해적이다. 병을 얻은 몸으로 바라보는 사회는 병이 생기기 전에 본 그것보다 훨씬 빠르게 느껴져서 나 혼자만 남겨지는 기분이 든다. 지금 사회에는 정신 질환 환자에게 몇 넌씩 휴식 기간과 생활 자금을 주는 제도가 부족하다. 피폐해진 몸으로도 먼 미래까지 살아남을 전망이 내다보였다면, 겪지 않고 넘어갔을 고통이 확실히 있었다.

이처럼 정신 질환 환자의 앞에는 단순히 병 때문에 느끼는 고통과는 별개로, 여러 가지 사회적 고통을 겪을 가능성이 가로놓여 있다.

나는 병에 걸려서 잘됐다고는 전혀 생각하지 않는다. 병 때문에 많은 시간을 잃었다. 인간관계도 변해버렸다. 이제 돌이킬 수 없다. 그러나 병에 걸리지 않았다면 보지 못했을 풍경도 분명히 존재한다. 몸을 움직이고 싶어도 꼼짝하지 못할 때 바라보는 천장, 존재할 수 없을 정도의 불안 속에서 어루만지는 내 두 팔의 감촉은 나의 시야를 적잖이 넓혀준 것 같다. '성장'이라고는 절대로 부르지 않겠지만, 나의 현실은 병으로 인해 확장되었다.

내가 병에 대해 여러 차례 이야기하는 이유는 한편으로는 '정신 질환 환자가 현실에 존재한다는 사실을 제시하고 싶어서'지만, 다른 한편으로는 병이 나의 현실에 녹아들어 있으므로 그것을 묘사하지 않을 수 없기 때문이다. 다시 말해 여기까지 쓴 것도 일종의 생활 스케치다.

즉 내가 하고 싶은 말은 당신의 생활에 통원이 끼어든다 해도 예전 생활과의 사이에 우열이 생기는 것은 아니고, 또 당신이 환자가 되었다고 해도 전혀 당신 탓이 아니라는 것이다. 기댈 수 있는 것에는 기대가며, 우선은 지금을 견딜 방법을 찾자. 그건 틀린 일이 아니다. 절대로 틀린 일이 아니다.

젠장, 미안해, 괜찮아, 괜찮아

3월은 '끝'이었다. 모든 게 뜻대로 되지 않았다. 이불 속에 웅크린 채 스마트폰으로 카드 게임을 하거나 손가락 껍질을 피가 날 때까지 벗기고 있었더니 한 달이 끝났다. 신은 어째서 이렇게 피가 나기 쉬운 곳에 오락거리를 마련해둔 걸까. 솔직히 말해 지금도 왼쪽 집게손가락으로 엄지손가락 껍질을 뜯으며 이 문장을 쓰고 있다.

해야만 하는 갖가지 일들을 전부 다 미뤘다. 아무것도 하고 싶지 않았고, 실제로 거의 아무것도 하지 않았다. 만사가 소름 끼치게 귀찮았고, 몸 바깥쪽 시간의 흐름에 전혀 따라가지 못한다고 느꼈다. 아르바이트만은 어찌어찌 나갔지만 그것 말고는 사람을 만나지 않았다. 모든 것이 멀리 떨어져 있었다.

3월은 엉망이다. 나한테는 겨울보다 힘들다. 옷을 갈아입고 한 발자국 밖으로 나가면 고작 한 달 전까지만 해도 갈망해 마지않았던 태양이 있는데, 아무리 애를 써도 방에서 움직일 수 없다. 겨울의 '끝'에는 '이런 날씨라면 어쩔 수 없지'라는 설득력과 납득이 있지만, 봄의 '끝'은 내 상태가 나쁜 이유를 외적인 요인 탓으로 돌리기 힘들 만큼 햇빛이 아름답다. 괴롭다. 나는 평생 이 날씨를 '나들이하기 좋은 날씨'라고 묘사할 수 없을 것이다.

하지만 신기하게도 이번 시즌에는 그 자리에 있는 것을 견디지 못할 정도의 정신적 하강은 없었다. 기묘하게 잔잔해진 물결이다. '헬 일본'스러운 뉴스가 너무나도 평범해져서 화를 내는 것조차 피곤해졌는지도 모른다. 아니, 성폭력[1]에, 공무원의 한국 차별[2]에, 출입국재류관리청의 인권 무시에, 이렇게 엄청난 일만 일어나고 있는데 새로운 연호니 올림픽이니 아무래도 상관없는 뉴스만 내보내는 방송국에 대해 계속 화가 나긴 했고, 이것은 나의 현실이라는 의식도 있었지만, 한편으로는 왠지 묘하게 모든 것이 나에게서 멀리 떨어져 있었다. 평소라면 심장이 쿵쾅거려 그 자리에서 손발을 버둥거리거나 신음하지 않고서는 견딜 수 없을 때라도 '아, 그렇구나' 하고 생각해버리는 내가 있었다. 슬프고 열 받아서 일단은 여기저기에 서명을 했지만, 그 이상의 구체적인 대처법을 알 수 없으니 고질라가 되어 전부 밟아 뭉개고 싶었다.

생각건대 짧은 기간 동안 너무나 여러 가지 문제를 한꺼번에 시야에 넣은 탓에, 시야의 축척縮尺이 점점 줄어들어 세상을 대하는 눈이 고질라처럼 변해버린 것이 아닐까 싶다. 시부야109 쇼핑몰에서 츠타야 서점까지의 도보 경로를 표시한 지도보다 야마구치현에서 아오모리현까지의 도보 경로를 표시한 지도가 더 추상적인 것과 마찬가지로, 넓은 범위에서 일어나는 대량의 문제를 보려고 한 결과 시점이 공중에 떠서 세부를 볼 수 없게 된 것이다. 어찌할 수 없는 많고도 자잘한 무언가. 뭐부터 손을 대야 할지 모르겠다. 이제 전부 다 틀린 거 아니야? 모조리 밟아 뭉개고 싶다. 와지끈. 밟은 뒤에는 발바닥을 닦아야지.

그러나 동시에, 이런 때일수록 공연히 인간이 사랑스럽게 보인다. 아르바이트를 하러 가려고 지하철을 타면 같은 칸에 있는 사람들이 너무나 사랑스럽다. 의자에 앉아 조는 사람의 미간에 잡힌 주름, 손때 묻은 가방, 네 모서리가 벗겨진 스마트폰 케이스 같은 것을, 너무 오래 쳐다보면 실례니까 풍경으로서 쏜살같이 눈에 담고 '다들 살아 있는 게 사랑스럽구나' 생각하며 음미한다. 남녀노소 관계없이 뭐랄까, 다달이 살아온 생명체가 거기에 있다는 사실 자체가 못 견디게 근사하다. 전철 창문으로 보이는 수많은 아파트는 벌레 구멍 같고, 열심히 만든 구멍 하나하나에 인간들이 가득 모여들어 살고 있다고 생각하면 더더욱 사랑스럽다. 나 자신의 생활은 전부 제쳐두고서 모든 게 사랑스럽다.

이런 기분도 결국은 '고질라가 되어 모조리 밟아 뭉개고 싶은 욕구'와 뿌리가 같을 것이다. 다시 말해 내 안의 끝없는 살의도 끝없는 호의도, 결국은 대상과 마주하고 싶지 않다는 무책임한 마음이기 때문이다. 살의를 움켜쥐고 있다 해도 나는 실제로 살아 있는 인간의 에너지를 앞두고 그 살의를 실행하려는 생각은 하지 않고, 모두가 사랑스럽다 해도 "그럼 지금부터 생판 모르는 이 사람과 손을 잡고 서로 바라보며 한 시간 동안 대화를 나눠봐"라는 말을 듣는다면 틀림없이 거부할 것이다. 이것은 개인을 향한 마음이 아니기 때문이다. 현실적인 결과를 바란다면 벡터를 정해야 한다. (고질라가 아닌) 나의 신체로 모든 방향을 향해 광역 공격을 해봤자 위력이 분산되니 효과가 없다. 상대에게 공격당할지도 모르는 거리까지 다가가, 대상을 정해서 에너지를 써야 한다 (항상 현실적인 결과를 바라는 건 당연히 옳지 않지만, 기왕 한다면 이기고 싶다고도 생각한다). 다시 말해 어떤 마음으로 하든 간에 숨통을 끊어놓고 싶은 상대가 있다면 그 대상과 진심으로 마주해야 한다.

'마주함'이란 대상에게서 영향을 받아 자신이 변할 가능성을 받아들이는 일이다. 대상을 먹느냐 혹은 대상에게 먹히느냐 하는 장소에 서는 일이다. 상대와의 관계에 책임을

질 각오를 하는 일이다. 그리고 그것은 사랑이다. 혐오든 호의든 간에 대상에 대해 생각하고 생각하고 생각하고 또 생각해서 '마주했다'면, 그것은 사랑이라고밖에 달리 부를 방법이 없다.

그러나 여기까지 써두고 새삼 생각하건대, '마주하는' 행위에는 정말이지 특정 종류의 에너지가 많이 든다. 거기에 힘을 쏟아붓기로 결단할 용기도 필요하고, 실제로 거기에 쏟아부을 힘도 필요하며, 만약 힘이 부족해지면 철수를 결정할 각오도 필요하다. '생존'하는 행위에 에너지를 집중시키고 있는 탓에 '마주할' 여력이 전혀 없다든가, 혹은 다른 에너지라면 끌어낼 수 있지만 '마주할' 에너지만은 고갈되었다든가, 이처럼 나 한 사람의 실감만으로도 수많은 상황이 떠오른다. 사람의 에너지는 사소한 일로 금세 바뀌고 다른 것과 쉽게 충돌한다. 꺾일 때가 있는 것은 어쩔 수 없는 일이다.

여기까지 알고는 있지만, 역시 아무것도 하지 못하는 채로 있는 건 괴롭고 분하다. 심정상 어떻게도 해결하기 힘든 일이 있는 이상, 더더욱 언어를 통해 나 자신의 괴로움을 거듭 허용해두고 싶다. 실제로 어려운 일이다. 진흙처럼 이불 속에 뭉개져서 대낮까지 자고, 부모님이 차려준 밥으로 살아 있는 것이 정말로 면목 없다. 하지만 지금 상황을 '회복'시키기 위해서는, 역시 소극적으로 멍하니 생존에 매달려 있는 상태를 적극적으로 긍정하는 수밖에 없다. 아무리 진흙이라 해도 생존을 손에서 놓지 않는 선택은 훌륭하다. 너무나도 장하다. 젠장, 미안해, 괜찮아, 괜찮아.

새벽 3시 40분, 가장 괴로운 시간

난방 기구의 설정 온도를 높이면 습도가 낮아진다. 그것
만으로 묘하게 심장이 벌렁거린다. 이미 꽤 한계에 이르렀는
지도 모른다. 그렇지만 결국 해야만 하는 일과 하는 일은 같
아서, 실제로는 하고 있다.

얼마 전부터 어렴풋이 느끼는 점은, 남들과 대화를 나누
는 게 전보다 귀찮다는 것이다. 메시지에 답장을 하고, 메일
을 보내고, 편지를 쓰고, 전부 "하겠습니다"라고 했지만 안
한다. 다른 사람과 만날 약속을 몇 번이나 겨우 거절했다. 머
리로는 꼭 만나고 싶다, 꼭 연락하고 싶다고 생각하는데 몸
이 그렇게 따라주지 않는다. 병이란 게 원래 그렇다고 말하
면 그뿐이지만, 어디까지가 병 때문인지는 나도 모르겠다.

가습기는 물이 500밀리리터밖에 들어가지 않아서 한밤

중에 여러 번 물을 다시 넣어줘야 한다. 다마고치 같다. 보살 핌을 요구하는 말 없는 어떤 존재에게 끊임없이 커피 서버로 물을 부어준다. 몇 년쯤 전 생일 축하 메시지를 '읽씹'당한 뒤 소원해진 지인이 갑자기 생각난다. 그 사람은 잘 지내고 있을까. 벌써 시간이 많이 지났으니 사이가 멀어진 슬픔은 적잖이 옅어졌지만, 그래도 몇 번이나 다시 떠올리며 내가 뭔가 잘못했기 때문일까 곱씹는다. 나는 나대로 나밖에 모르는 이유로 연락하지 못하는 날이 툭하면 생기는데도. 소중한 사람의 생일은 까먹는데 소원해진 지인에게 마지막으로 메시지를 보낸 그의 생일 날짜만큼은 또렷하게 기억한다.

사람과 사람이 관계를 맺는 것은 엄청나게 어렵고 복잡한 일이다.

2022년, 나는 설날을 처음으로 혼자 맞이했다. 본가에서 나왔기 때문이다. 그전까지는 본가에서 보내는 연말연시가 아무래도 나와 맞지 않아서 일부러 그 기간에만 친구 집이나 비즈니스호텔로 도망가고는 했는데, 올해는 그럴 걱정이 없다. 마침 함께 사는 친구도 집에 없었다. 밤은 고요헤시 에어컨과 가습기 소리만 들린다. 그래서 역시 가습기가 신경 쓰인다. 쿨렁쿨렁 물을 빨아올리는 소리가 크게 들리기 시작하면 수위가 낮아졌다는 신호다. 되도록 쿨렁쿨렁 소리를 안 내게 해주고 싶다. 왠지 필사적으로 살아 있는 생명체를 보는 것 같아서 괴로워지기 때문이다. 생명체, 혹은 생명체와 비슷한 무언가는 모두 가능한 한 여유롭게 지냈으면 한다. 어떤 요인으로 인해 존재 자체를 방해받아 생겨나는 필사적인 모습은 늘 나에게 죄책감을 안겨준다. 지금의 나는 아무래도 그런 죄책감 때문에 피폐해지고 싶지 않다는 생각이 든다. 근원적인 공포다.

"마음속 깊은 곳에 공포를 품고 있으면서 넓은 범위를 자세히 보려고 하는 사람이 조현병에 잘 걸린다는 주장이 있어요."

꼭 한 달 전 주치의 선생님이 나에게 그렇게 설명하며 두 종류의 약을 보여줬다. 둘 다 조현병 치료약이었다. 선생님이 말하기를 사람은 좁은 범위를 자세히 보거나 넓은 범위를 대충 보는 두 종류의 방식을 이용하는데, 개중에는 넓은 범위를 자세히 보려 하는 사람이 있다고 한다. 그런 시선에 어떤 근원적인 공포가 합쳐지면 조현병을 일으키기 쉬워진다는 뜻이었다. 짚이는 부분은 있었다. 나는 언제나 나를 둘러싼 여러 가지 일들에 대해 이것저것 한꺼번에 생각을 뻗쳐 나가다가 단숨에 낙담하기를 반복해왔다. 하나하나 끝내지 않으면 아무것도 앞으로 나아가지 않는다는 사실을 아는데도, 살아가기 위해 해야만 하는 일이 너무나 많아서 그 모든 게 갑자기 무서워진다. 이런 터무니없는 짓을 대체 언제까지 계속해야 하는 걸까? 주위 사람들은 어떻게 그 허무함이 지나가게 내버려두는 걸까? 아니면 그들은 전혀 다른 감각으로 매일을 살아가며 그것을 즐기고 있는 걸까? 나와 연락을 끊어버린 그 사람도?(그 사람에게는 그 사람의 고유한 삶의 고통이 분명 있을 텐데!)

약은 이럴 때 먹는다. 충동적인 기분이 진정되고, 심장의 아픔이 점차 가라앉는다.

시계가 3시 40분을 가리킨다. 괴로움이 잦아들고 있는지 스스로도 잘 모르겠고, 윤곽이 흐려지는 감각이 덮쳐온다. 아직 4시도 안 되었나 싶다. 이때쯤이 가장 괴로운 시각이다. 아침은 좋다. 바깥이 빛나면 나의 표면이 선명해지는 기분이 든다. 새로운 해가 뜨면 빨래를 해야지. 세탁기가 돌아가는 동안 차를 우려내 마시고, 옷을 갈아입고 세수를 할 것이다. 젖어서 무거운 빨랫감을 정남쪽에서 쏟아지는 햇살 아래에 널 것이다. 추워도 분명 맑은 날이겠지. 이제 몇 시간 뒤면 분명 그렇게 될 것이다.

나는 침착해졌다. 그렇게 되뇐다. 밤을 넘기기 위해, 일단 가습기 스위치를 끄고 커버를 벗겨 물통의 수위를 확인한다. 물은 아직 거의 줄지 않았다. 다시 커버를 씌우고 스위치를 켠다. 빨려 올라간 물이 수증기가 되어 기운차게 뿜어져 나온다. 귀를 기울이면 들리는 물을 빨아들이는 소리도, 역시 아직 무리하고 있는 것 같지는 않다. 너는 적어도 그렇게 있어주렴. 그런 생각을 하며 에어컨을 끄고 이불 속으로 들어간다.

이미 도착해 있는 내일, 빨래를 할 것이다. 다들 분명 그렇게 하며 살아가고 있다. 아마도. 그렇게 되뇌며 어떻게든 잠이 든다.

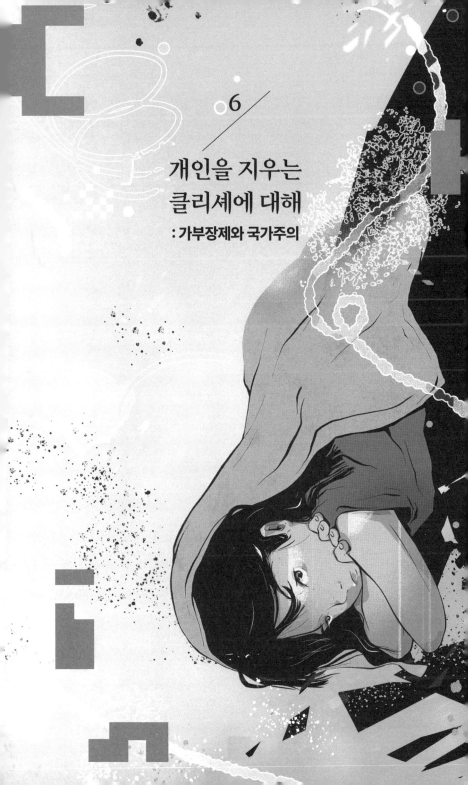

6

개인을 지우는
클리셰에 대해

: 가부장제와 국가주의

풍경을 쉽게 받아들이지 마라. 풍경에 잡아먹히지 마라. 풍경이
바뀌는 상상을 멈추지 마라. 풍경 속에 있는 자신을, 풍경을
풍경으로 만드는 자신의 내면을 의식하라. 아무것도 못 한다고
느끼는 시간에도 우리는 풍경의 일부다. 그러므로 불의를 미워하고
혁명을 믿으며 살아가는 것은, 이미 저항이다.

새해에는 비즈니스호텔로 도망친다
: 영화 〈기생충〉과 가부장제

　세면대 수도꼭지에서 물을 뜬다. 작은 플라스틱 국자는 봉지를 뜯었을 때부터 움푹 패어 있어서, 손가락으로 들어간 부분을 펴서 쓴다. 발로 욕실 문을 열고 쏟지 않도록 조심하며 '가루 1' 위에 물을 떨어트린다. 함께 들어 있던 장난감 같은 스푼으로 잘 휘젓고, 덩어리질 즈음에 하늘색 '가루 2'를 넣는다. 사진을 한 장 찍은 다음 조금 더 젓는다.

　끈기가 충분히 생기면 옆 트레이에 '가루 3', 즉 토핑용 사탕을 넣는다. 왼쪽에 만들어둔 젤리 같은 것을 오른쪽 사탕에 얹어서 먹는다. 이것이 '네루네루네루네'라는 과자를 먹는 방법이다. 입에 넣는다. 껌 같은 질감에 소다 맛이 난다.

　"맛있네."

　소리 내어 말하면서 옆을 보자 절친이 다른 친구와 통화하며 인터넷 대전 게임을 하고 있다. 그렇게 하지 않으면 못 이긴다고 한다. 나는 대전 게임을 거의 안 하기 때문에 "흐음" 하며 네루네루네루네를 먹는다. 텔레비전에서는 연말 가요제인 홍백가합전이 나오고 있다. 컴퓨터로 1월 중순 마감인 원고를 쓰다가, 마침 등장한 그룹 푸린Foorin의 〈파프리카〉*가 '어른이 바라는 **착한 어린이상**'을 제시하는 것 같아서 "무섭다, 너무 무서워, 무섭다고!" 하고 외치며 웃는다. "완전 동감이야" 하며 절친도 웃는다. "이 왠지 모르게 '민족'스러운 의상은 대체 뭐람…." 그렇게 말하면서도 절친은 게임을 제대로 하고 있으니 요령이 좋다. 이따금 네루네루네루네를 뜬 스푼을 절친의 입가에 내민다.

"먹을래?"

"응."

절친은 게임에서 손을 떼지 않고 먹는다. 나도 남은 네루네루네루네를 먹고 다시 컴퓨터 앞으로 돌아간다.

요 몇 년 동안 절친과 나는 호텔에서 새해를 맞이하고 있다. 비즈니스호텔에 틀어박혀 끝없이 떠든다. 딱히 뭘 하는 것도 아닌 1박짜리 모임이지만, 이것은 우리가 할 수 있는 최대한의 도피다.

---

* 2020년 도쿄 올림픽 응원 프로젝트로 만든 응원가. 푸린은 이 프로젝트를 위해 오디션으로 멤버를 선발한 그룹으로, 당시 멤버들은 초등학생과 중학생이었다.

연말연시, 집에 '있을' 수가 없다.

'연말연시의 공기'는 확실히 독특하다. '너 같은 건 아무 신경 안 써' 하는 듯한 고요하고 건조한 기운을 품고 다가오면서도, 그 내부는 거대한 심장처럼 쿵쿵 진동하며 사람을 어딘가로 몰아간다. 문득 정신을 차릴 즈음에는 익숙한 풍경 속에 연하장 판매대와 설 장식품이 생겨나서 나의 의식으로 슬쩍 비집고 들어오고/비집고 들어오고/비집고 들어오고/계속 비집고 들어오는데, 그 연속의 한복판에서 '아아, 벌써 연말이구나' 하고 생각한다. 하늘이 낮고 숨이 하얗다. 모든 것이 멀어지는 기분이다.

딱히 누가 잘못한 것도 아니다. 그냥 '그렇게' 되어 있다. 어째서 '새해가 온 것'이 경사스러운지를 묻는 사람은 없다. 사회라는 거대한 의례 공간에 '연말연시의 공기'가 구석구석 퍼지고, 이와 교대로 그 전까지 차 있던 공기가 떠밀려 나간다. 이 공기의 교체가 강제적으로 실행되는 것이 괴롭다. 내 안에는 여전히 존재하는, 새해가 밝아도 질질 끌어야 하는 것들이 잔뜩 있지만 '떠미는' 힘의 영향을 받지 않고 살기란 기묘하게 어렵다. 타인이 정한 달력으로 스위치가 눌린다. 끄아아아아악.

무엇보다 가장 큰 문제는 연말연시의 공기가 '가족' 논리를 증폭시킨다는 것이다…. 이것이 너무나도 힘들다. 가족들에게는 민폐와 부담을 엄청나게 끼치고 있기 때문에 이런 말을 '해버리는' 것은 정말로 염치없다고 생각한다. 생각하지만…. 집에 계속 사람이 있다. 명절을 대비해 집 냉장고가 터질 듯이 가득 차 있다. 그런 여러 가지 요소에 해마다 동요한다. 너는 이 집의 인간이라고, 귀에 대고 큰소리로 외치는 느낌이다. 그게 너무나 무서워서 결론이 나지 않는 불안으로 가득해진다. 방 안을 서성여도 진정되지 않는다. 누가 나를 탓하지도 않고, 또 탓할 필요나 이유도 없다는 건 안다. 그저 괴롭고 힘들어서 소리를 지르며 뛰쳐나가고 싶어지는 것이다.

안 되겠다, 안 되겠어…. 부탁이야, 여기서 도망가게 해줘…. 으아아아아악… 하고 절규한 결과가 네루네루네루네와 함께하는 비즈니스호텔이었다. 어째서 네루네루네루네인가 하면, 도시코시소바* 따위는 먹고 싶지 않았기 때문이다.

산수경석의 의미

내 천성이 그렇기 때문에, 영화 〈기생충〉(2019)을 봤을 때도 가장 먼저 떠오른 의문은 '왜 이 가족은 붕괴되지 않는 걸까?'였다.

---

* 일본에서 섣달그믐날 밤 한해를 잘 마무리하고 새로운 해로 이어가자는 의미로 먹는 메밀국수.

〈기생충〉은 가족 이야기다. 반지하에 사는 찢어지게 가난한 김씨 일가는 실직 중인 아버지 기택, 투포환 선수 출신인 어머니 충숙, 재수생인 오빠 기우, 미대를 지망했지만 대입에 실패한 여동생 기정으로 이루어진 4인 가족이다. 영화는 어느 날 기우에게 굴러들어 온 짭짤한 아르바이트 이야기로 시작된다. 기우는 유학을 떠나는 친구 민혁으로부터 학력을 사칭해 부잣집인 박씨 집안의 과외 선생님 자리를 이어받아달라는 부탁을 받는다. 기우는 감쪽같이 명문대 학생으로 가장해 박씨 가족의 신뢰를 얻는 데 성공한다. 그리고 김씨 가족은 차례차례 신분을 위장해 기정은 미술 선생님, 충숙은 가정부, 기택은 운전기사로 박씨 집안에 침입하여 '기생'을 시작한다….

내가 기우나 기정이라면, 아마도 몇 개월 동안 박씨 집에서 일하며 돈을 모은 뒤 조금 무리해서라도 혼자 집을 나올 것이다. 그러나 이들은 둘 다 본가에 머무른다. 또 아무도 기택을 탓하지 않는 것도 그것대로 무서웠다. 일을 찾으라거나, 무책임하다거나, 생색만 낸다거나, 그런 불만이 나오지 않는다. 다들 '평범하게 사이가 좋은' 것이다. 그런 일이 가능한가? 마음에 걸려서 영화관에서 나온 후 리뷰를 검색해보니 나와 같은 감상을 두 건 발견할 수 있었다.[1] 한 건은 셰익스피어 연구자 기타무라 사에, 다른 한 건은 사회학자 한동현의 글이었는데 양쪽 다 너무나 강고한 가족의 유대를 지적하고 있었다. 남의 집에서 가족끼리 단란한 시간을 보내는 기택 일가의 모습은, 나한테는 정말로 닭살이 돋을 만큼 무서웠다.

"그것까지 포함해서 의도적으로 비판하는 연출이라고 생각합니다."

한편 영화를 좋아하는 지인은 이렇게 말했다. 그 말을 처음 들었을 때는 '비판적인 요소가 있었나?' 하며 고개를 갸웃거렸지만, 다시 스토리를 곱씹어보니 확실히 영화 속 키아이템에 의해 '비판'의 축이 세워진다는 것을 깨달았다.

바로 산수경석이다. 아마 이 돌은 가부장제 사회의 굴레를 나타내는 것이 아닐까 싶다.

산수경석이란 산, 골짜기, 폭포 등 자연 경치의 모습을 갖춘 감상용 돌인 모양이다. 조사해봤지만 감상법은 잘 모르겠다. 요컨대 분재 같은 '취미' 용품일 것이다.

영화 초반에 모든 일의 발단이 되는 과외 선생님 자리를 기우에게 소개한 친구 민혁이, 어떤 고급스러운 상자를 들고 김씨 가족의 집에 온다. 이 상자 속에 든 물건이 바로 그 산수경석이다. 육군 장교였던 민혁의 할아버지가 취미로 수집한 것인데, 재물운과 합격운을 가져다주는 행운의 물건인 모양이다. 어머니 충숙은 "먹을 거 사오지" 하며 투덜거리지만 아버지 기택은 "참으로 시의적절하다. 할아버님께 꼭 감사의 말씀을 전해 드리고" 하며 감격한다.

이 대화로 짐작건대 민혁의 할아버지와 김씨 일가는 딱히 친교가 있어 보이지는 않는다. 민혁의 할아버지는 민혁으로부터 김씨 일가의 상황을 전해 듣고 그 돌을 양도하기로 결심했을 것이다. 그러나 '직업이 없고 찢어지게 가난한 가족'에게 '재물운과 합격운을 가져다주는 돌'을 선물하는 것은 아무리 생각해도 현실적인 원조가 아니다. 산수경석은 공간도 잡아먹고 무거운 데다 명백하게 '취미의 세계'에 속하는 물건이므로, 다른 사람에게 갑자기 보내는 선물로는 부적절하다. 그 가족의 곤궁을 진심으로 걱정한다면 충숙의 말처럼 먹을 것을 보내는 편이 훨씬 낫다.

하지만 기택과 기우는 크게 기뻐하며 산수경석을 받아서 거실에 장식하고, 생활비를 위해 팔아 치우지도 않고 대홍수의 밤에도 소중하게 품에 안고 나온다. 한편 어떤 면에서는 당연한 충숙의 불평은 딸 기정이 충숙에게 눈치를 줌으로써 '무례한' 말로 치부된다.

이 흐름부터가 상징적이었다…. 산수경석은 군인인 민혁의 할아버지, 즉 지극히 남성사회적인 권위를 가진 존재가 하사한 물건이며, 모든 일의 발단이 되는 가짜 과외 선생님 권유와 함께 기우에게 건네진다. 민혁이 유학하는 기간 동안의 대리 과외 선생님으로 대학 동창들을 제쳐두고 기우가 선택된 이유는, 민혁이 제자 다혜를 '공대생 늑대 새끼들'에게 빼앗기기 싫었기 때문이다. 고등학생 제자에게 손을 대는 민혁의 (유감스럽게도) 평범한 '나쁜 남자'의 얼굴을 보면서도 기우는 아무런 추궁을 하지 않고, 기우 자신도 다혜에게 휩쓸린다.

그리고 대홍수의 밤, 기우는 산수경석을 가지고 나온다. 무거운 데다 실용성도 없는 산수경석은 그 긴급한 순간에 가지고 나올 물건으로는 보이지 않았지만, 기우의 생각은 달랐다. 기우는 피난소가 된 체육관의 차가운 바닥에서 돌을 껴안고 누워 아버지에게 말을 건다. 이렇게 된 이상 자신이 책임지고 전부 끝내겠다는 각오를 한 표정으로 이야기하는 기우에게 기택은 말한다. "절대 실패하지 않는 계획이 뭔 줄 아니? 무계획이야, 무계획. 노 플랜. 왜냐? 계획을 하면 반드시 계획대로 안 되거든. 인생이…." 그전까지 자신만만하게 "나한테 계획이 있어"라던 기택은, 사실 아무런 계획이 없었던 것이다. 아무리 생각해도 김씨 가족은 위기를 맞이하고 있는데, 기택은 오히려 생각한 후 행동하기를 포기하고 운에 맡기고 행동하기를 선택한다. 기우는 또다시 휩쓸려간다.

기우는 산수경석을 박씨 집에 사는 또 한 명의 '기생충' 근세를 살해할 흉기로 쓰려고 하지만, 기우는 근세가 숨어 사는 지하실로 이어지는 계단에서 그것을 떨어트린다. 그 탓에 기우는 근세에게 반격을 당하고, 결과적으로 돌은 기우의 머리를 찧는 흉기로서 그 일생을 다한다. 기우는 '책임을

질' 기회를 잃고, 그것이 모든 비극으로 이어진다.

가족의 분위기는 정말 무섭다. 김씨 일가는 궁지에 몰리면 몰릴수록 훌륭한 단합을 보여준다. 그리고 그 결속은 마지막까지 깨지지 않는다.

사건이 일어난 후 기우는 갑부가 되어 그 집을 사들여 기택과 재회하는 날을 상상한다. 실제로 결의 하나만 가지고 호화 저택을 살 만한 부자가 될 수 있다면 처음부터 이런 비극은 일어나지 않았을 것이다. 어째서 아직도 그런 꿈을 꿀 수 있는 걸까.

계급을 넘어선 가족 논리

〈기생충〉에서 등장인물의 사회적 지위는 마지막까지 변동이 없다. 기우와 충숙은 물론 주 수입원인 아버지를 잃은 박씨 일가도, 정신적인 데미지야 당연히 헤아릴 수 없겠지만 길거리에 나앉을 일은 아마 없을 것이다. 유산은 박 사장의 아내인 연교의 손에 들어갈 것이고, 박씨 일가가 아들 다송의 생일을 연교의 친정에서 보내는 것으로 보아 그 친정 역시 상당히 유복하며 박씨 일가와의 관계도 양호한 듯하다.

그리고 '리스펙트 아저씨' 근세는 명확하게 김씨 일가만 노려 살해한다. 정원으로 나가 처음 눈이 마주친 파티 손님은 죽이지 않고 곧장 기정을 죽이러 간 근세는 '미쳐' 있지 않다. 박 사장에 대한 '리스펙트!'는 자조도 광란도 아닌 진짜 존경인 것이다. 근세의 목적은 자신 이외의 기생충을 제거해 기생충으로서의 안녕을 얻는 것이다. 지상에서 돈을 버는 박 사장에 의해 자신의 생활—다른 사람의 눈에는 일견 비참해 보이지만, 근세는 마치 태어났을 때부터 지하에서 지냈다고 느낄 정도로 그 생활에 익숙해져 있다—이 유지되는 그 시스템에 근세는 납득하고 감사하며 변화를 바라지 않는다. '위쪽 사람'이 '위에 있다'는 이유로 '리스펙트'하는 것이 지하의 주민 근세다.

각자의 위치가 이렇게까지 고정된 가운데, 유일하게 계급 격차를 뛰어넘어 휘두른 폭력이 기택의 박 사장 살해였다. 다송을 데리고 달아나기 위해 차 키를 던지라고 외치는 박 사장과 칼에 찔려 금방이라도 목숨을 잃으려고 하는 기정을 앞두고 기택은 살상에 이른다.

물론 칼에 찔린 자신의 딸을 내버려두고 누군가가 달아나는 상황을 용서하지 못하는 아버지는 어떻게 보면 믿음직하므로, 그 태도 자체가 이상하다는 말은 아니다. 하지만 여태까지 계급에 순종했던 기택이 자신의 방침을 바꾸는 계기가 가족이라면, 가족의 논리는 계급의 논리 이상으로 개인을 속박하는 강력한 문제로서 한국 사회에 뿌리박혀 있다고도 해석할 수 있지 않을까.

아무리 힘든 상황에 처해도 손에서 놓지 않는 '가족'이라는 결속이야말로 어떤 면에서는 이 비극의 근본에 뿌리를 내리고 있는데, 그 문제는 아무도 언급하지 않는다. 그것은 아마도 의도적인 침묵일 터다.

1월 1일 오전 10시에 호텔에서 체크아웃하고 어슬렁어슬렁 신사로 간다. 절친은 생각보다 형식적인 행위를 좋아하고, 나 또한 절친이 그러고 싶다면 그렇게 하는 편이 좋다고 생각해 새해맞이 참배를 하러 간다. 인기척 없는 상점가에 빰, 빠바바바바바밤… 하고 '설날 음악'이 흘러나온다.

신사 근처까지 갔더니 인파가 어느 정도 생겨 있었다. 교차로에는 정치인의 현수막이 걸려 있고, 자원봉사자가 전단지를 나눠준다. 자민당이다. 선거 기간 말고는 코빼기도 안 내비치는 사람인데 설날이라서 굳이 나온 모양이다. 갸륵한 일이다. 이런 활동을 좋아하는 거겠지.

신사 입구에는 전국 대부분의 신사를 총괄하는 신사 본청의 포스터가 붙어 있다. 교훈인지 명언인지 무슨 글귀가 쓰여 있는데 매월 바뀐다. 어젯밤 갈아입은 옷을 넣어 빵빵해진 배낭을 짊어지고 사람들의 행렬에 뒤섞이며, 어쩐지 나는 벌써 호텔로 돌아가고 싶어졌다.

느슨한 합의로 마구 확대되는 것
: 몸을 내맡겨서는 안 되는 여러 가지에 대해

"사랑은, 지구를, 구하지 못해!"

아무런 맥락도 없었다. 초등학교 5학년 때의 한여름이었다. 바깥 기온에 비하면 믿기지 않을 정도로 쾌적한 온도의 교실에서, 나는 '간토 지방에서 가장 무서운 학원 강사'라는 소문이 도는 선생님에게 수학을 배우고 있었다. 선생님이 위와 같이 내뱉자, 평소에는 허락 없이 아무런 발성을 할 수 없었던 나를 포함한 아이들이 일제히 소리 내어 웃었던 것을 똑똑히 기억한다. 우리의 웃음에 대해 선생님은 전혀 혼내지 않았다.

나는 왜 웃었을까? 그 말의 당돌함에 그냥 아무 생각 없이 웃은 것일까, 공포정치의 한복판에서 생겨난 '웃음을 허락하는 순간'을 순수하게 간파해낸 것일까. 아니면 "사랑은 지구를 구한다"라는 말을 시원스레 부정하는 대담함이 속 시원했던 것인지도 모른다. 유튜브를 보는 방법을 알고 있기만 해도 반 아이들의 존경을 받는 시대였다. 〈24시간 텔레비전〉*은 아직 활기가 있는 '국민 방송'이었다. '사랑은 지구를 구한다'를 부정하는 그 말에는 '공부도 안 하고 〈24시간 텔레비전〉을 보는 녀석들'을 '공부하느라 〈24시간 텔레비전〉을 안 보는 우리'가 비웃는다는 뉘앙스가 확실히 있었다.

〈24시간 텔레비전〉이 얼마나 진부하며 다수파의 기만을 품고 있는가 하는 부분은 여태까지 호되게 비판받아왔지만, 그럼에도 이 방송은 여전히 계속되고 있다. 아직까지 방영한다는 것은 지금도 어딘가에서 원한다는 뜻으로 받아들여야겠지. 공식 사이트[1]에 따르면 2018년 기부 총액은 8억 9376만 7362엔이었다고 한다. 기부금은 해마다 줄어들고 있으리라 생각했는데, 추이를 살펴봐도 여실히 감소하는 느낌은 없다. 이 기부금으로 누군가가 도움을 받기도 할 테니 전면적으로 부정하는 것도 좋지 않다는 건 알지만, 아무래도 늦가을 바퀴벌레 같은 끈질김에는 소름이 끼치고 만다.

생각하면 생각할수록 잘 모르겠다. '사랑은 지구를 구한

* 매년 8월 하순 토요일 밤 8시부터 일요일 밤 8시까지 생방송으로 진행하는 모금 목적의 일본 버라이어티 쇼로 정식 명칭은 〈24시간 텔레비전 사랑은 지구를 구한다〉이다. 연예인 한 명이 주자로 나서서 100여 킬로미터를 달리는 마라톤 코너가 이 쇼의 하이라이트다.

다'는 모든 게 애매하다. 사랑이란 무엇인가? 반쯤 울먹이며 100킬로미터를 달리는 것이 사랑인가? (사회 모델에서의) 장애를 가진 사람에게 도전을 시켜놓고 "덕분에 용기가 생겼어요"라고 말하는 것이 사랑인가? 똑같은 티셔츠를 입은 수많은 사람들이 이 방송의 주제가 〈사라이سرای*〉를 합창하는 것이 사랑인가? 해마다 같은 일을 반복해왔지만 아직도 지구는 구해지지 않았다…. 아니, 그보다 어떤 상태가 되면 "지구를 구했다!"라고 말할 수 있는지 모르겠다. 구체성이 하나도 없다.

무엇을 향해 가는지 전혀 알 수 없는 목표는 편리하다. "달성했습니다"도, "달성하지 못했습니다"도 전부 마음대로 말할 수 있다. 더 이야기하자면, 뒤쪽에서 무엇이 뒤엉켜 있든 간에 표면상의 목표가 '사랑은 지구를 구한다'라면 대부분의 사람들은 그것을 부정하지 않을 터다. '사랑은 지구를 구한다'라는 문구에는 '막연하게 좋은 느낌'이 감돈다. '사랑은 지구를 구한다'는 '고양이는 귀엽다'나 '과자는 맛있다'와 해상도가 똑같은 수준이기 때문에 폭넓게 받아들여질 수 있다.

---

* 페르시아어로 '집' '세계'라는 뜻.

다양한 구체성을 덮는 추상성

최근 화제가 된 킴 카다시안의 '기모노' 소동—킴이 직접 제작한 속옷 브랜드에 '기모노'라는 이름을 붙인 것에 대해 문화 도용이라는 비판을 받아 결과적으로 명칭을 변경한 사건—에서 나는 엄청난 위화감을 느꼈다. 위화감의 대상은 킴의 결정이 아니라 비판자들의 방식이었다(이는 킴이 한 일에는 문제가 없다는 뜻이 아니다).

가령 교토시에서 발표한 항의문은 아래와 같다.

> 기모노는 일본의 풍요로운 자연과 역사적 풍토 속에서 조상들의 꾸준한 노력과 연구를 통해 성장시켜온 일본의 전통 민족의상이며, 생활 속에서 소중하게 계승해 발전시켜온 문화입니다. 또한 장인의 기술의 결정품이며, 일본인의 미의식과 정신, 가치관의 상징이기도 합니다.[2]

이 글은 정말로 아무것도 말하고 있지 않은 것이나 마찬가지다. '기모노'를 '임의의 민족의상'으로, '일본'을 '임의의 국가 또는 지역'으로 바꾸면 모든 지역에 대해 통용되는 내용이다. 기모노가 "일본인의 미의식과 정신, 가치관의 상징"이라고까지 말한다면 더욱 구체적인 역사를 언급해도 좋았을 텐데, 그런 이야기는 전혀 나오지 않는다.

애초에 여기서 '전통 민족의상'으로 지목하는 기모노란 무엇을 가리키는 것일까? BBC 기사에 '한 일본 여성'의 코멘트가 다음과 같이 소개되어 있다.

> 우리는 건강과 아이들의 성장, 약혼, 결혼, 졸업을 축하하기 위해, 또는 장례식 때 기모노를 입습니다. (…) 기모노는 축하의 의복이며, 대대손손 가족에게 대물림되었습니다."[3]

'축하의 의복'으로서의 기모노…. 이 시점에서 벌써 수상하다. '민족의상'과 정장이 등호로 묶이는 상황은 너무나 근대적이다. 시골 산골짜기에서 풋거름용 풀을 베는 에도 시대의 농민이 입었던 '기모노'나 중세 시대의 피차별민들이 입었던 나무색 '기모노'는 적어도 여기서 완전히 배제된다.

전근대의 의복은 신분의 표상이었다. 다양한 형태와 기능은 물론, 입는 자의 신분을 드러내는 의미도 포함되어 있었다. 요컨대 일본의 의복 가운데 '기모노'를 통시대적으로 위치 지을 때, 특정 형태의 어떤 의복으로 '기모노'를 대표시키는 것은 대부분의 사람들을 일본의 역사에서 제외하는 행위와 같다. 그 옛날 수많은 천민들의 피와 땀과 눈물을 흡수했던 의복은 대체로 이름 없는 사람이 필요에 쫓겨 만든 평상복이었다. 장인이 공들여 만든 고급 나들이옷으로 '기모노' 전체를 대표하게 하는 것은 너무나 편향된 일이다.

사회인류학자 고지마 미네의 〈'일본'의 신체화「日本」の身体化〉에 따르면, 기모노에 대한 현대의 이미지는 "신분에 따른 복장 규제가 풀린 메이지 시대에 들어 확립된 것"[4]이라고 한다. 메이지 초기부터 중기에 걸쳐 기모노의 허리띠에 해당하는 오비의 중요성이 커지며 요즘 사람들이 생각하는 크고 화려한 오비를 두르는 형태로 점차 변해갔다. 고지마는 이 기모노 이미지의 성립 시기가 서양 옷의 수용 시기와 거의 일치한다고 지적한다. 기모노의 아이콘화는 명백히 국가주의의 파도 속에서 일어난 현상이었다…라기보다, 지금 우리가 당연하다는 듯이 사용하는 '기모노'라는 카테고리 자체가 이 시기에 '외부'의 시선을 의식하며 재설정한 것이라고 할 수 있을지도 모른다.

기모노를 '일본인의 미의식과 정신성, 가치관의 상징'으로 보는 것에 대한 그로테스크함은, 새삼 비판하자면 끝이 없다. 거듭 말하지만 지금 기모노로 상징되는 스타일은 일본의 의복 역사를 대표할 수 있는 것이 아니다. 예전의 수도였던 교토시가 스스로를 기모노 문화의 발신자이자 옹호자로 자부하는 상황 자체가 자문화 중심주의라고 해도 좋다. 또 현재 일본 국적을 가진 사람 가운데는 당연히 기모노와 연관된 문화권 외부에 뿌리를 가진 이들이 셀 수 없이 많다. '기모노'라는 애매한 단어로 표시된 카테고리 내부의 변화와 요동, 다양성을 무시하면서 '문화'의 수호자인 양 행동하는 것은 실로 기묘한 일이다.

고지마의 '기모노 문화' 비판을 조금 더 인용해보자.

기모노를 문화로 여기는 것은 자기 긍정감을 만족시킨다. 본디 유동적이며 고정된 틀이 없는 기모노는 역시 애매한 개념이다. '민족'이나 '인종'과 연결 지어 개인의 감정에 호소한다.[5]

"기모노는 옛날부터 있었지?" "전통은 지키는 편이 좋잖아?" 이런 물음은 추상적이기에, 또한 '일본인'을 막연히 긍정하는 것이기에 더더욱 고개를 끄덕이게 만든다. 애매한 개념이기 때문에 한층 느슨하고 광범위하게 합의를 얻는 것이다.

타자가 없는 세계

지금 가장 경계해야 할 것은 이 '느슨한 합의가 마구 확대하는 모호한 개념'이 아닐까 싶다. 앞서 말한 '사랑'이나 '문화'가 그 선두에 있을 것이다. 이 단어들의 뉘앙스는 좋다. '막연하게 좋은 느낌'이 있다. 게다가 왠지 모르게 중후한 분위기와 어떤 식으로든 해석할 수 있는 애매함도 갖추었다. 누구든지 임의의 형태로 자신의 마음이나 행동을 이 단어에 실을 수 있는 것이다.

　뭐가 문제냐고 생각할 수도 있다. 하지만 사회가 한 사람 한 사람이 다른 마음인 것보다 많은 사람들이 추상적이고 커다란 하나의 마음을 공유하는 것을 우선시한다면, 무수한 인간을 자기 뜻대로 지배하려는 사람에게 이렇게 편리한 건 없을 터다. 그 공유된 하나의 마음을 말로 표현해주면 그것만으로 수많은 사람들이 기꺼이 감동받을 테니까.

　서양 영화가 일본에서 개봉할 때, 그 외에도 힘을 준 부분이 있음에도 불구하고 '사랑과 감동의 이야기'라는 문맥에 기대어 홍보하는 모습을 자주 본다. 그 또한 '막연하게 좋은 느낌'에 의해 보다 많은 사람들에게 가닿기를 노린 수법일 것이다. "이건 사랑입니다" "이런 문화예요"로 뭐든지 번지르르하게 설명된다면, 한 인간이 자신이 느낀 감정이 어떠했는지, 자신의 실천이 어떤 배경으로 어떻게 수행되었는지를 자세하게 말로 표현할 필요가 없어진다. 이 점이 무섭다. 자신의 생각과 행동을 자기 손에서 놓아버리고 커다란 무언가에 기대기를 반복하면 개인은 사라져버린다. 그렇게 되면 당도하는 지점은 (이미 당도했는지도 모르지만) 타자가 없는 세계다. 비판도 자정 능력도 없는, 그저 모든 게 대충 같은 형태라고 믿고 있는 흐리멍덩한 인파와 그 인파의 일부가 되기를 강제하는 조용한 압력만 남는다.

　역시 역겹다. 나는 특히 '사랑'을 말하는 것에 닭살이 돋는다. '막연하게 좋은 느낌' 전부를 부정하는 건 아니지만, 세상에서 '사랑'이 이토록 귀중하게 여겨지는 모습을 보면 너무나 그로테스크한 구조라는 생각이 들어서 견딜 수 없다. 비판하지 않으면 위험할 것만 같다. 끈질기게 말하지만 모두들 '사랑'에 구체적인 것을 과도하게 내맡기고 있다. 해상도를 떨어트려 커다란 다발로 한데 묶기를 반복함으로써, '사랑'은 너무나도 큰 세력을 떨치고 있지 않은가. '사랑'의 독재는 '사랑'을 애초에 이해하지 못하고 필요로 하지도 않는 사람들을 차단하는 배외주의이며, '사랑'이라는 개념을 좋지 않은 것의 방패막으로 삼아버릴 위험성을 품고 있다("이건 사랑이다"라는 명목으로 휘두르는 폭력의 사례는 일일이 셀 수조차 없다).

지금 꺼내기에는 뒤늦은 이야기지만, 한참 전에 친구가 싱어송라이터 요네즈 켄시의 〈레몬〉이라는 노래에 대해 "그건 가사가 추상적이라서 인기를 끌었지"라고 말한 적이 있다. 〈레몬〉은 법의학자가 주인공으로 나오는 드라마 〈언내추럴〉(2018)의 주제가였는데, 과연 죽음과 이별을 다룬 이야기라면 대체로 가사가 맞아떨어지기 때문에 아무 에피소드에서나 배경음악으로 깔아도 대개는 눈물이 나도록 구성되어 있다. 수많은 오타쿠들이 이 노래에 마음을 내어준 것은 인상적인 광경이었다. 좋아하는 캐릭터가 죽음을 맞이하거나 누군가와 사별하는 장면에서, 임의의 형태로 상상을 하며 〈레몬〉을 들었던 것이다. 〈레몬〉은 온갖 이야기를 대입할 수 있는 감정 장치였다. 아마도 전부 전략적인 설계일 것이다. 〈레몬〉뿐만 아니라 '시장' 전체가 추상적인 방향으로 흐르고 있는 듯한 기분이 든다.

지금은 복잡한 합의 형성을 광범위하게 이루는 것 자체가 거의 불가능해지고 있는지도 모른다. 자신이 어떤 것에 대해 무엇을 느끼는지를 치밀하게 언어화하는 작업, 자신의 우주를 개별적이고도 구체적인 것으로 재인식하는 작업을 당연한 일로 여기며 게으름 부리지 말고 해나갈 필요가 있다. 이 종잡을 수 없고 나조차도 설교 같다고 느끼는 문장 또한 '개인'을 지우지 않기 위한 실전의 일부다. 그때그때 가장 불안하게 여기는 것에 대해 글로 쓰면 가슴속 응어리가 조금 풀린다. 오늘 밤은 어젯밤보다 조금 낫다.

눈앞의 풍경을 의심하라
: 혹은 다이조큐 앞에 늘어선 우산에 대해

왼쪽에는 수많은 도쿄 관광버스들, 드넓은 광장에는 너무도 가지런히 손질된 소나무와 그 뒤로 늘어선 고층 빌딩. 오류 난 컴퓨터의 배경 화면 같은 풍경 속에서 사람들이 줄줄이 얌전하게 행렬을 이루어, 경찰이 준비한 그늘막 아래로 빨려 들어간다. 가랑비가 내리는 평일 한낮인데도 펼쳐진 우산 수는 꽤나 많다.

2019년 가을이다. 나는 다이조큐大嘗宮*를 일반인에게 공개하는 자리에 참석해 있었다. 천황제의 모든 것을 부정하는 몸으로 이곳에 오는 데는 나름대로 저항감이 들었지만, 내 연구 사정상 이 광경을 비판의 대상으로 봐두어야 했기

---

* 다이조사이(일왕 즉위 후 처음으로 거행하는 궁중 제사)를 치르기 위해 가설하는 옛날식 궁전.

때문에 몇 사람과 함께 지요다구 1-1번지*로 향했던 것이다.

뭐, 각오는 하고 있었다. 나는 체포는커녕 불심검문조차 당한 적 없는 일종의 특권적 위치에 있는 사람이지만, 그래도 적은 경험 가운데 가까이에서 본 경찰은 대체로 이쪽을 노려보며 고함을 지르고 있었고, 시위 참가 도중에 눈앞의 사람이 트집을 잡혀 체포되는 장면도 본 적이 있다. 그들은 마음에 들지 않는 사람을 배제하는 데 여념이 없으므로 무슨 짓을 할지 모른다. 다이조큐를 보러 간 날 내 가방에는 노트북과 필기구 같은 것이 모조리 들어 있었는데, 최악의 경우 노트북과 공책 속까지 검사당하는 게 아닐까, 그리 되면 어떻게 저항해야 할까 혼자 상상했다.

그러나 실제로는 어땠나. 그들은 동네 순경처럼 친근하게 웃으며 그곳에 서 있었다. 믿을 수 없이 명랑하게 웃는 얼굴로 살며시 금속 탐지기를 갖다 댈 때도 "저기, 노트북이 들어 있는데요" "네에~ 괜찮아요~"만으로 산뜻하게 끝났다…. 정말로? 주머니 속도 뒤져보지 않고, 너희들 그걸로 된 거야? 아니, 내가 '그걸로 된 거냐'라고 묻는 것도 이상하지만….

안으로 들어가자 경비도 상상했던 것보다 훨씬 느슨했다. 건물 크기에 비해 감시하는 사람 수가 적었다. 반면 다이

---

* 일왕의 거처인 고쿄(皇居)의 지번.

조큐 앞은 인산인해였고, 늙수그레한 커플이 싱글벙글 웃으며 서로 기념사진을 찍어주기도 했다. 이 사람들은 그걸 영정 사진으로 쓰지 않을까 반사적으로 생각했다. **정말이지 모두들 웃는 얼굴이었다.** 좀 세련된 트래킹용 등산 점퍼를 입고 "오늘 히라타 씨도 왔으면 좋았을 텐데" "맞아" 하며 이야기를 나누는 무리를 지나치자 어쩐지 벌써부터 건물을 볼 기력이 완전히 사라졌다. 이 사람들은 분명 친구 사이이고, 오늘의 즐거운 피크닉에 히라타 씨가 빠져서 진심으로 아쉬운 거겠지. 여기가 그냥 상쾌한 강변이라면 딱히 아무렇지도 않을 대화다. 그러나 이곳은 천황이 사는 고쿄고, 여기에 우뚝 솟아 있는 것은 다이조큐다. 가부장제와 국가 권력, 전쟁에 대한 책임, 인간을 지배하는 폭력의 상징인 동시에 그 폭력들을 무비판적으로 보존·계승하는 행위의 상징인 것이다.

"기괴하네, 진짜⋯." "천황제도 없어지면 좋을 텐데."

주위에 살짝 들리도록 그렇게 말한 것이 고작이었고, 나는 결국 금세 고쿄를 떠났다. 도망치듯 지하철 안으로 들어가 우산 끝에서 떨어지는 물방울을 물끄러미 바라봤다. 나는 낙관했는지도 모른다. 아무도 외치지 않았다. 아무도 플래카드를 들고 있지 않았다. 아무도 날뛰지 않았다. 모두가 집 근처를 산책하듯이 그곳에 있었다. 나 역시 거의 아무것도 못했지만, **그렇게까지 다들 아무 말도 하지 않으리라고는** 상상하지 못했다.

풍경은 당연하지 않다

이 시점에서 풍경을 의심해야 한다.

우리는 일상적으로 풍경을 접한다. 풍경이란 일상이다. 그리고 여기서 말하는 풍경은 결코 시각만으로 설명할 수 있는 것이 아니다.

사회학자 가와바타 고헤이는 지역사회에서 비가시화되는 타자성을 뒤쫓는 논의를 펼쳐나가는 가운데, 초등학생 시절 아버지가 했던 "저 고개의 내리막 근처에는 성가신 놈들이 많으니까 조심해"[1]라는 말을 자신의 부락 차별 원체험으로 규정했다. 실제로는 '내리막 근처'에서 피차별 부락을 눈으로 확인하지 못하며, 확인할 수 있는 지점에서 본 피차별 부락의 모습도 초등학생이었던 저자의 눈에는 동네 바깥의 풍경으로밖에 비치지 않았음에도 불구하고 아버지는 아이에게 '성가신 놈들'을 경계하라고 말한 것이다. 즉 부락 차별의 근거는 지역 주민의 공간 인식에서 자연화된 관념이며,[2] 그것은 요컨대 풍경이다. 폭력이 풍경으로 처리될 때 폭력에 대해 가져야 할 의문은 내버려진다. 우리가 정말로 경계해야 할 것은 스스로 자명하다고 여기는 풍경 그 자체다. 풍경을 받아들임으로써 폭력을 간과하고 있지 않은가. 그 간과가 폭력의 진행에 가담하고 있지 않은가. 우리는 우리가 완전히 신체화해서 뼛속 깊이 받아들인 지 오래인 그 풍경을 몇 번이라도 타자화하여 다시 바라봐야 한다.

'감옥 폐지'를 주장한 철학자이자 활동가인 안젤라 데이비스는, 감옥이 우리를 에워싼 영상 환경 속에 널리 퍼져 있는 것이 사람으로부터 감옥 없는 세상에 대한 상상력을 빼앗는다고 말한다.

우리의 영상 환경 속에서 감옥은 가장 중요한 위치를 차지하는 것 중 하나다. 우리가 감옥의 존재를 당연하게 받아들이는 이유는 그 때문이다. 감옥은 우리의 상식에서 주요 구성 요소가 되었다. 감옥은 우리 주변의 온갖 장소에 존재한다. 우리는 감옥이 존재해야 하는지 아닌지 물으려 하지 않는다. 감옥은 너무나도 우리 생활의 일부가 되어버렸기 때문에, 감옥의 시대 이후에 도래할 감옥 없는 미래의 사회를 상상하려면 마치 묘기와도 같은 어마어마한 상상력이 필요하다.[3]

데이비스가 감옥을 없애자고 주장하는 이유는, 다름 아닌 그것이 일상에 뿌리 깊고도 광범위하게 파고든 폭력 장치이기 때문이다. 징벌로서의 투옥은 인종차별에 기반해 불평등하게 실시되고, 수감자들은 노예제나 다름없는 저임금 노동과 인권 침해에 시달린다. 이 상황에서 생기는 이익—감옥 운영에 대해 국가, 행정기관으로부터 받는 보수, 수감자의 노동으로 발생하는 이윤—은 기업으로도 흘러가 징벌/

감옥은 산업화된다. 게다가 백인이 다수인 지역사회는 감옥이 있는 풍경을 당연하게 받아들이는 동시에 '범죄자' 이미지를 유색인종에게 씌움으로써 책임을 자각하지 않은 채로 유색인종 배제를 추진해나간다…. 이 상황을 데이비스는 '감옥 산업 복합체'라고 부르며 비판했고, 감옥 없는 사회의 실현을 주장했다.

분명히 말해두건대 이것은 구조의 문제다. 한 기업, 한 지역이 나쁜 것으로 끝나는 이야기가 전혀 아니다. 감옥 덕분에 단물을 빠는 자본가, 인종차별을 계속해서 이어가는 국가, 감옥이 있는 풍경을 우리에게 상식으로 각인시키는 미디어와 지역사회, 그리고 이들을 의심하지 않고 받아들이는 우리, 이 모두가 뒤얽혀 지옥은 명백하게 나타난다.

더욱 분명히 말해두자면, '그건 미국 이야기잖아?'라는 반응에도 의미는 없다. 애초에 감옥 산업 복합체에 참여한 기업은 전 세계에서 점유율을 높이고 있고, 감옥을 자연화하는 영상은 각지에서 만들어져 온갖 장소로 수출된다(데이비스는 많은 할리우드 영화들이 감옥의 이미지를 강화하는 데 기여했다고 지적한다). 그리고 무엇보다, 감옥 산업 복합체 자체가 그러하듯이 폭력에는 여러 가지 요인이 세계적인 규모로 뒤얽혀 있다. 어딘가에서 묵인한 불의는 전 세계로 전파되어 다른 누군가가 외상값을 치러야 한다. 물론 각자의 입장과 상황에 따라 할 수 있는 일과 할 수 없는 일이 있지만, 물리적·시간적·심리적으로 먼 타자의 문제라는 이유는 불의를 묵인하는 변명이 될 수 없다.

거듭 말하건대 우선은 풍경부터 의심해야 한다. 우리의 몸 안쪽에는 이미 거대한 폭력의 아성이 구축되어 있다. 일본 사회에 서 있는 나 또한 다른 누군가의 눈에는 '일본'이라는 폭력 구조를 구성하는 풍경의 일부다. 이 성의 존재를 인정하고 자신이 서 있는 자리를 되돌아보는 일부터 모든 것을 시작할 필요가 있다.

풍경을 바꾸는 상상

한편 우리에게는 풍경을 이용할 여지가 있다. 우리 자신이 풍경의 일부인 이상, 풍경을 다시 그릴 수 있는 힘은 우리의 손에도 남아 있기 때문이다.

예컨대 2018년 7월 27일, 스기타 미오의 '생산성' 발언에 대한 자민당 본부 앞에서의 항의 시위를 떠올려보자. 길 가득히 모인 사람들을 척척 앞질러, 그날 나는 발언대 바로 옆에 있었다. 침묵하는 자민당 본부 앞의 가로등을 펄럭이는 무지개 깃발 너머로 봤다. 빛은 눈물로 번져 있었다. 왜 눈물이 나왔는지 지금도 언어만으로는 설명할 수 없다. 분하기만 한 것도, 기쁘기만 한 것도 아니었다. 순서대로 발언대에 올라가는 사람들의 각오와 긴장, 호모포비아와 우생 사상에 저항하기 위해 그 자리를 메운 사람들의 존재감, 그것이 일본 정계의 중심지인 나가타초 한복판에서 드러나고 있다는 데 내 마음이 요동쳤다.

시위를 한다고 뭐가 달라지냐는 사람도 자주 본다. 확실히 좌파의 역사는 패배의 역사고, 그건 지금도 변함없다. 앞으로 형세가 바뀔 징조초자 여전히 보이지 않는다. 성과가 없는 것에 대해 뻔뻔하게 굴 생각은 없다. 그럼에도 의사 표시가 풍경으로서 일어설 때, 공간의 의미는 확실히 민중에게 점령된다. 시위의 의의는 거기에 있다. 폭력적인 정적으로 지배된 풍경을 휘저어 거기에 숨은 것을 폭로한다. 그 장면을 목격한 사람 모두가 함께 휩쓸려주는 건 아니라는 사실은 충분히 알면서도, 그 퍼포먼스가 누군가를 공동전선으로 끌고 들어와줄 가능성을 믿는다.

앞에서 시위의 의의라고 말했지만, 그 효능은 결코 시위에만 한정되지 않는다. 국회 앞으로 가서 외치는 것만이 사회운동은 아니다. 일상 속의 부조리에 혀를 차며 분위기를 깨부수는 것, 정치적인 입장과 무관한 친구들이 모여 있는 SNS에 정치적 메시지를 흘리는 것, '불청객'으로서 그냥 거기에 여봐란듯이 눌러앉는 것, 그리고 저항하는 주체로서 이 지옥에서 살아남는 것. 풍경을 부수는 방법은 무한하며, 사소하더라도 그 가치는 경멸당해서는 안 된다. 어느 컵으로 넣은 물이 풀장을 터트릴지 모르니, 어떤 컵도 깨트릴 필요가 없다.

풍경을 쉽게 받아들이지 마라. 풍경에 잡아먹히지 마라. 풍경이 바뀌는 상상을 멈추지 마라. 풍경 속에 있는 자신을, 풍경을 풍경으로 만드는 자신의 내면을 의식하라. 아무것도 못 한다고 느끼는 시간에도 우리는 풍경의 일부다. 그러므로 불의를 미워하고 혁명을 믿으며 살아가는 것은, 이미 저항이다.

밈처럼 변한 사회

: 통념과 의례

7

의례가 못 견디게 싫다. 생일 파티뿐만 아니라 성인식이든
졸업식이든 형식화된 축하는 죄다 싫다. 나는 나의 절실한 의지를
존중하고, 그것을 표명하는 방법은 그때그때 생각하고 싶다.
모든 것을 임의로. 모든 것을 자유 참가로.

총구 앞에서 계속 춤추기

쓰레기 같은 여름이 지나고 쓰레기 같은 가을이 왔다. 나는 인생에서 처음으로 "왜 술을 안 따르는 거야?" 하고 혼나서 동요하고 있었다.

술을 따르라고 혼낸 사람은 나의 은사였다. 은사는 자신에게 술을 따르라고 말한 게 아니라, 술자리에 동석한 다른 사람의 잔에 본인의 손이 닿지 않아서 나에게 따라주라고 지시한 것이었다. 그에 대해 내가 "저는 절대 술을 따르지 않기로 결심해서요"라며 거절하자 위와 같이 말하면서 화를 냈다.

나는 오랫동안 이 선생님 밑에서 공부했지만 그동안 혼났던 적은 한 번도 없었다. 처음으로 혼났다는 놀라움과 윗사람에게 강한 말을 들은 것에 대한 단순한 공포로 나도 모르게 몸이 굳었다. 술은 무슨 일이 있어도 따르기 싫었다. 나는 술을 한 방울도 안 마시고, 술자리는 좋아하지만 술자리 규범은 엄청나게 싫어한다. 어째서 모두가 자신이 마시고 싶은 양에 딱 맞춰서 직접 따르지 않는 걸까? 서로 따라주고 싶다면 그러고 싶은 사람끼리 알아서 하면 될 텐데, 커뮤니케이션이 음주량에 영향을 주는 구조는 아무리 생각해도 좋지 않다. 그 원에 나를 끼워 넣지 말아줬으면 한다.

게다가 나는 '술 따르는 여자'의 표상이 되고 싶지 않다. 술 마시는 사람들에게는 그저 내가 술을 따르기 딱 좋은 자리에 앉아 있었던 것이며 젠더는 관계없었을지도 모른다. 그러나 나는 나의 존엄을 손상시키는 문맥 속으로 스스로 들어가는 행동은, 그것을 의식하고 있는 한 절대로 하고 싶지 않았다.

그런 생각을 가지고 있긴 했지만 나는 거의 반론할 수 없었다. "왜 안 따르는 거야?"라는 말을 듣고 "젠더 바이어스가*…" 하고 반박해본들, "여자 남자는 관계없잖아!"라고 딱 자르며 시비조로 이야기가 더 길어지는 것도 싫었으므로 나는 잠자코 은사의 시선을 피했다. 저절로 눈물이 날 것 같았지만 여기서 울면 더더욱 나를 성가셔할 것 같아서 필사적으로 참았다.

* 사람이나 사회가 무의식중에 여성과 남성의 역할, 성소수자 등에 대해 고정적인 확신이나 편견을 가지는 것.

그러는 동안 '이건 혹시 내가 틀린 걸까?'라고 계속 생각했다. 눈앞의 화난 사람, 그것도 평소에는 화를 내지 않는 은사가 화를 내는 상황은 분명 무섭고 기가 죽는다. 나는 사과하며 술을 따라야 했을까? 하지만 술은 절대로 따르기 싫고, '술을 따라야만 하는 상황'이 존재한다고도 전혀 생각하지 않는다. 초조했다. 내가 잘못된 건지 그 자리가 잘못된 건지 알 수가 없어졌다. 혼란한 와중에 나는 다른 사람의 말에 자연스러운 표정으로 맞장구를 치느라 애를 쓰기도 했다. 나의 언짢은 기분을 관찰당한다면, 그건 그것대로 지는 기분이 들어서 싫었다.

석연치 않은 마음으로 집에 가는 전철을 탔다. 피곤한 분위기와 희미한 술 냄새가 떠도는 전철 안에서 그날을 넘겼다. 동네 전철역에서 집으로 향하는 인기척 없는 길을 걷는다. 발걸음이 무겁다.

"듄."

밤길 위에서 목소리를 낸다. 요즘 무턱대고 이런 짓을 한다. 납득하기 힘든 현실이 있을 때, 언어화할 수 없는 무언가를 느낄 때, "듄" "구왓" "우완" 하고 중얼거리며 손을 휘적휘적 움직이거나 허공을 향해 손가락으로 브이를 그린다. 또는 길을 구불구불 갈지자로 걷기도 한다. 보는 이도, 듣는 이도 없다(고 생각하고 싶다)는 것을 구실 삼아 밤길 위의 나는 자유다. 그런 동작을 반복하다 보면 점점 내가 무엇을 느꼈는지 이해되기 시작한다. 의미 없는 언어와 의미 없는 움직임을 통해 나는 내 뱃속에 쌓인 위화감을 차분히 해부하고 있다.

어쩌면 이것은 가다듬어지지 않았을 뿐, 일종의 '춤'이 아닐까 하고 깨달은 것은 그다음 날이었다.

이해받지 못한 세상 앞에서 추는 춤

다음날 나는 무엇을 했는가. 영화 〈엔젤〉(2018)을 봤다. 1971년 아르헨티나의 부에노스아이레스를 무대로 칼리토스라는 열일곱 살 소년이 살인과 도둑질을 거듭하다 이윽고 파멸하는 과정을 그린 이야기다.

칼리토스는 도둑질 천재다. 죄책감 없이 무엇이든 훔치고, 훔친 물건에 대한 집착도 없다. 그저 침입하고, 마음껏 훔치고, 당당하게 나와서 도둑질한 물건은 남에게 줘버린다. 처음부터 물건이 탐나서 훔치는 것이 아니다. 칼리토스가 도둑질을 통해 갈구하는 것은 생의 갈증을 충족시켜줄 무언가이며, 제멋대로 사는 자신을 이해하고 인생을 함께 걸어줄 누군가였다.

얼마 후 칼리토스는 자신이 다니는 공업고등학교에서 라몬이라는 청년을 만난다. 폭력적일 정도로 추근대거나 훔친 물건을 주는 등, 위태로운 행동으로 관심을 사려고 하는 칼리토스를 라몬은 마음에 들어 하여 두 사람은 함께 도둑질에 열을 올린다. 뒷골목 일로 돈벌이를 하는 라몬의 부모도 가담해 도둑질은 보다 계획적이고도 대규모로 진화하지만 칼리토스의 충동은 잦아들지 않는다. 위험을 무릅쓰고 필요 이상으로 훔치고, 죽이지 않아도 되는 사람을 쏜다. 라몬 일가는 매우 곤혹스러워 한다. 이 녀석은 대체 뭘 하고 싶은 거야! 칼리토스는 라몬 일가에게 막대한 돈을 가져다주는 천재 도둑이지만, 언제 무슨 짓을 저지를지 모르는 제어 불능의 위험한 인물이기도 했다.

이런 칼리토스와 주위 사람들의 '보폭 차이'야말로 이 영화의 주제다. 칼리토스는 라몬이 자신을 이해하는 유일무이한 사람이 되어주지 않을까 기대했지만, 도둑질에 대한 두 사람의 태도는 너무나 달랐다. "훔치는 게 아니야, 살아가고 있는 거야"라는 칼리토스의 대사가 모든 것을 말해준다. 한 몫 벌면 떳떳하지 못한 일을 접고자 하는 듯한 라몬과는 달리, 칼리토스에게는 마음대로 훔치는 것 자체가 삶이다. 거기에 이유 따위는 없다. 스스로 무슨 생각을 하는지도 말로 잘 표현하지 못하는 어린아이가, 자신의 충동적인 행동에 목숨을 거는 것 자체를 단순히 재미있어 한다. 그뿐이다. '남의 것을 훔치면 안 된다'라거나 '사람을 죽이면 안 된다'라는 등, '현대 사회 안내서'라는 책자가 있다면 서문 다음으로 적혀 있을 법한 '규칙'을 왜 지켜야 하는지 몰랐을 뿐이다.

결국 그 틈은 마지막까지 메워지지 않는다. 아무리 연모해도 마음은 전해지지 않은 채, 칼리토스는 자신과 같은 길을 걸을 수 없었던 라몬을 차 사고로 위장해 죽여버린다. "매릴린 먼로 같아"라는 말을 들은 것, 단 한 번의 짧은 포옹, 그리고 죽음 직전에 잠든 라몬의 입술에 손가락을 찔러 넣은 것. 조금 에로틱했을 뿐 뜻대로 되지 않았던 추억을 품고 칼리토스는 결국 모든 것을 빼앗았다.

칼리토스는 내내 고독하다. 영화의 처음과 마지막 둘 다, 칼리토스는 아무도 없는 집 한가운데에서 춤을 춘다. 집이라 해도 칼리토스의 집이 아니라 남의 집이다. 처음에는 도둑질하러 들어간 사람 없는 저택에서 레코드를 틀어두고, 마지막에는 예전에 라몬 일가가 살았던 집—칼리토스가 라몬을 죽인 후 그곳은 폐허가 되었다—의 부엌에서 낡은 라디오 카세트를 틀어두고. 노래는 라 호벤 과르디아의 〈긴 머리의 낯선 사람El extraño de pelo largo〉이다. 마음 가는 대로, 그러나 담담하게, 칼리토스는 자문자답하듯이 춤춘다.

칼리토스는 춤을 추면서 누구에게도 이해받지 못한 자신과 자신을 이해하지 않았던 세상 사이의 거리를 냉정하게 재보았을 것이다. 어찌할 수 없는 세상(=적)을 앞두고, 그 어찌할 수 없음에 온몸을 푹 담그는 것이 아니라 자신의 상태와 위치를 더듬더듬 파악하고 있었다. 그야 춤을 춰야겠지.

춤추는 수밖에 없다. 현실이라는 버거운 진흙을 돌림판에 얹고 온몸으로 헤매면서 어떻게든 형태를 빚으려고 할 때, 그 동작은 틀림없이 '춤'이다.

집 밖을 총구가 에워싸고 있다.

매일 나빠지기만 하는 세상에서

최근 한 달 동안, 세상은 평소보다 한층 더 '끝장'이다. 《주간 포스트》가 혐한을 골자로 특집호를 만들었고, 새로 꾸린 내각에서는 여성 멸시 발언이나 직장 내 괴롭힘 등 실책만 눈에 띄는 사람들이 잇달아 자리를 차지했으며, 문화청이 '표현의 부자유전'을 이유로 아이치 트리엔날레 교부금을 주지 않기로 결정했다.* 그레타 툰베리의 유엔 연설에는 "감정적이다" "어른들에게 조종당하고 있다"라는 촌스러운 비난이 날아들었으며, 미일 무역 교섭에서는 축산 관련 품목을 중심으로 대폭의 관세 인하가 결정되었다. 게다가 이제부터 소비세가 오른다. 명백하게 이상하다. 이렇게나 이상하

---

* 일본 최대의 국제 예술제인 아이치 트리엔날레에서 2019년에 열린 '표현의 부자유전, 그 후'는 일본에서 외압으로 전시되지 못한 작품들을 한자리에 모은 특별전이었다. 평화의 소녀상, 불탄 이미지의 일왕상 등의 작품이 전시되었으나 일본 정부의 압력과 우익 세력의 항의 등을 이유로 개막 사흘 만에 전시가 중단되었다.

다는 것을 알면서도 세상은 그대로 나아가고 있다. 어떻게든 브레이크를 걸어야 한다고 생각하지만, 한 가지 문제를 차분하게 생각할 틈도 없이 또다시 새롭게 쓰레기 같은 상황이 나타난다. 뭐라도 써야겠다는 생각으로 문서 작성 프로그램을 열었으나 "죽여버릴 거야"라고 쳤을 뿐, 그다음이 전혀 떠오르지 않는다. 그런 일을 매일 반복하고 있었다. 말이 조금도 나오지 않았다.

우편함에 신문이 들어오는 소리를 들으며, 환하게 불을 켠 방에서 묵묵히 홀로 몸을 흔든다. 두 팔을 흐느적거린다. 의미도 없이 제자리걸음을 한다. 이 세상에 대한 해상도가 극단적으로 떨어진 머리로 '이 세상은 적이야. 최악의 적이야' 하고 생각하며, 그래도 어떻게든 나 자신의 역치를 낮추기 위해 춤을 춘다. 방 바깥쪽 시간의 흐름과는 다른, 누구와도 공유하지 않는 리듬에 내 한 몸을 실으며 침착함을 되찾으려고 노력한다. 나의 시간은 나의 것이다. 저항해야 해. 가능한 한 현실적으로.

반反생일 파티주의

해피 버스데이 투 유, 해피 버스데이 투 유, 해피 버스데이 디이이이이이어/아아아아아아아아아아아아아아아아아아아! /리이이이이이이이이이이인 짱.

도망가고 싶다/어둠/촛불/지령이 보인다/"불어서 꺼!"/거스르지 않는다=불어서 끈다/축하해애애애/아아아아아아아아아아아아아아아아아아아아아아아아아아아아아아아! /도망가고 싶다.

전등이 켜진다. 케이크=좋아하지 않는 음식=축하의 아이콘/잘라서 나눈다/접시에 담는다/옆으로 쓰러진다/먹는다.

소반에 둘러앉는다=아빠/엄마/언니/나

가족. '생일에' '케이크를 먹는' '가족'=드라마에서 본/다

정한 아빠/다정한 엄마/다정한 아이/모두 사이좋다/실제와
다르다.

생일 파티가 불쾌하다는 사실을 깨달은 것은 초등학생
무렵이었다. 그전 기억은 없으니 순순히 기뻐했던 것 같다.
갑자기 생일 축하 노래를 부르는 내 몸이 목만 남기고 전부
사라지는 느낌이 드는 것을 자각했다. 목은 저 혼자서 울린
다. 목소리만 붕 떠 있다. 내 목소리가 아닌 것만 같다. 노래
하기 싫다/여기 있기 싫다/당장 일어서서 밖으로 달아나고
싶다.

모든 것을 임의로, 모든 것을 자유 참가로

의례가 못 견디게 싫다. 생일 파티뿐만 아니라 성인식이
든 졸업식이든 형식화된 축하는 죄다 싫다.

공간으로 '축하'를 나타낸다는 '의향'이 발생했을 때, 그
공간에 (강제로) 참여하는 사람들은 의례 공간이라는 커다
란 기계를 움직이는 톱니바퀴로써 정해진 역할을 완수하기
를 강요받는다. 방금 전까지 의지를 가진 인간이었던 나는
갑자기 말 못하는 톱니바퀴로 변한다. '생일 파티'니까 여기
에 앉아라, 노래를 불러라, 박수를 쳐라, 촛불을 불어서 꺼
라, 케이크를 먹어라…. 이 행동들 하나하나에 절실한 의미

가 있을까? 대체로 없다. 적어도 내 경우에는 없었다. 개인이 개인을 축하해주는 방법은 이것 말고도 수없이 많을 테니, 이런 틀에 박힌 형식을 억지로 따라 할 이유는 없다. 그럼에도 딱히 부르고 싶지도 않은 노래를 부르고, 치고 싶지도 않은 박수를 치고, 흥미도 없는 촛불을 불어서 끄고, 좋아하지도 않는 케이크를 먹는 것은 '그 자리의 분위기'에 휩쓸리기 때문이다.

'마땅한 모습' '보통은 이렇잖아'. ···특별한 설명도 없이, 그냥 '그런 식'이다. 미소를 띤 상대가 말없이 무언가를 건네면 나도 모르게 받아버리듯이, 의례는 기본적으로 '선의'로 운영된다. 악의에서 비롯된 것을 거절하기보다 선의에서 비롯된 것을 거절하는 쪽이 훨씬 어렵다. 선의로 살아가는 사람의 에너지를 거절하려면 상대의 몇 배나 되는 에너지가 필요하다. 의례가 절실히 필요한 사람도 있을 테니 나쁘다고 말하려는 것은 아니다. 하지만 나는 싫다. 정말로 싫다. 엮이고 싶지 않다. 부속품이 되고 싶지 않다. 롤플레잉 따위 하고 싶지 않다. 나는 나의 절실한 의지를 존중하고, 그것을 표명하는 방법은 그때그때 생각하고 싶다. 모든 것을 나와 관계없는 곳에서 해주었으면 한다. 모든 것을 임의로. 모든 것을 자유 참가로.

그러나 세상은 '의례 불참'에서 의미를 찾아낸다. 강력한 의미다. 설령 '임의' '자유 참가'라는 방침이 있다 해도 불참은 하나의 이상 사태로 인식된다("○○○한테 **무슨 일이 있는 거야?**"). 요구되는 행동을 거절하면 곧바로 '성가신 녀석'이라는 인식이 따라붙는다. 안다. 축하가 밈처럼 되어 있으니 딱히 축하할 마음이 없는 상대에게도 어느 정도 축하하는 척행동할 수 있으며, 분명 그것에는 매우 번잡한 사회의 인간관계를 주관하는 측면이 있다. 보여주기식 축복으로 구원받는 사람이 많다는 점도 안다. 그렇지만 역시, '그런 것을 모조리 그만둔다'라는 선택이 허용되지 않는 세상은 이상하다. 명문화되지 않은 채로 존재하는 동조 압력에서 빠져나올 때, 거기서 특별한 의미를 느끼지 않았으면 한다.

이 동조 압력이 가장 강해지는 것은 역시 가족 관계의 의례다. 나는 예전에 언니의 결혼 상대를 만나는 상견례 자리에 참석하라는 청을 단호하게 거절한 적이 있다(지금도 서먹해서 되도록 피하고 있다). 만난 적도 없을뿐더러 내 의지로 관계를 맺은 것도 아닌 상대에게, '배우자**의 여동생**'이라는 종속적인 존재로 기호화되는 상황을 나는 견딜 수 없었다. 정말로 견딜 수 없었다. "언니의 결혼 상대가 오면 안 갈 거야"라고 거듭 말하며 달아나는 나에게 아버지는 이렇게 말했다. "너 말이야, 이제 좀 어른이 돼라."

…그런 게 아니다. 정말로 그런 게 아니다. 물론 무슨 뜻으로 한 말인지는 안다. '어른이 돼라'는 '어린애가 아니니까'

라고도 바꿔 말할 수 있다. 나의 불참 의지가 '제멋대로'에 '어린애' 같으니 고치라는 이야기다. '어른'이라면 의례 공간의 원활한 운영에 기여해야 하며, 사람은 모두 이 '어른'의 길로 들어서서 앞으로 나아가야 한다고 진심으로 생각하는 거겠지. 그럴 리 없다. 스스로 이용당하는 존재로 전락하는 것이 성숙이라면, 허용되지 않더라도 평생 갓난아기로 지내는 편이 훨씬 낫다. 이 세상 자체가 이미 터무니없이 거대한 의례 공간이다. 죽도록 답답하다.

의례의 톱니바퀴가 되기를 거부하기

요컨대 나는 온갖 것에 대해 '진심으로 그렇게 생각해?'라고 느끼는 듯하다. 진심이 아닌 것이 싫다. 하지 말라는 뜻이 아니다. 생일을 축하한다면 진지하게 상대에게 좋은 것을 해주고 싶으며, 형식적인 '축하'를 억지로 해야 하는 상황을 만드는 사회는 쓰레기라고 생각한다. 곰곰이 생각하고, 생각하고, 생각하고, 또 생각한 끝에 겨우 보이는 무언가가 나에게는 가장 중요하다. 엉성한 마음으로 임하고 싶지 않다. 베팅한다면 올인, 그뿐이다.

이 글을 쓰고 있는 지금은 2019년 4월 하순, 마침 항간에 넘쳐나는 개원改元*에 관한 이야기들에 너무나 짜증이 나 있는 참이다. "천황 폐하 만세"를 외치고 할복자살한 소설가 미시마 유키오만큼 천황을 사랑하는 사람이 있는 힘껏 개원을 축하한다면 그건 그것대로 개인의 자유라고 생각할 뿐이지만(단, 친구가 되지는 못할 것 같다), 그렇지도 않으면서 아무 생각 없이 "헤이세이** 최후의 ○○" "레이와*** 최초의 ○○"을 연호하는 녀석들에게는 구역질이 나온다. 진지하게 생각해봐, 너한테 연호란 대체 뭐야! 천황제와 연호에 대해 제대로 생각하고서 축하하는 거야? 천황 가문의 사람에게 인권이 없다는 사실을 알고 그 대물림을 축하하는 거야? 아직까지 '지배자'의 계류를 '상징'으로서 받들고 있는 사회 상황에 대해 아무런 생각이 없는 거야? 진심으로 축하한다면 이런 질문에 가슴을 쫙 펴고 대답하거나, 최소한 자신감을 가지고 질문을 거부한 다음에 축하하라고!

…….

나도 안다. 이런 마음이 깊게 생각하는 것이 대단하다거나 생각하지 않는 녀석은 멍청이라는 사고방식으로 바뀌면 본전도 못 찾을 테고(그래서야 단순한 마초이즘이다), 현시점에도 잘난 척하는 듯이 보이는 경우가 있을 것이며, 실제

---

* 연호를 고치는 것.
** 1989년 1월 8일부터 2019년 4월 30일까지의 일본 연호.
*** 2019년 5월 1일부터 사용하는 일본의 새 연호.

로 사람에 따라 '진심'의 척도가 다르다는 점도 충분히 이해한다. 내 생각이 '무겁다'는 점도 자각하고 있다. 이제까지 몇 번이나 "즐기고 있는데 찬물 끼얹지 마"라는 말을 들은 적이 있다. 언쟁을 한다 해도 속 시원히 싸우지 못하는 경우는 얼마든지 있다.

그럼에도 "이게 싫단 말이야!" 하고 일인칭으로 명확하게 쓰고 있는 이유는, 의사 표시를 하는 들개는 많으면 많을수록 좋다는 생각을 전제로, 이 의례 사회에 열받아 있는 사람이 분명히 존재할 것이기 때문이다. 이 글을 읽고 공감하는 사람이 있다면, 반드시 적어도 1년에 한 번 정도는 아무렇지 않게 의례 참여를 거부했으면 한다.

아나키스트 인류학자인 제임스 C. 스콧은 저서 《우리는 모두 아나키스트다》에서 '아나키스트 유연 체조'라는 것을 제창했다. 그의 말에 따르면 언젠가 자신의 신조로 인해 중대한 규칙 위반을 범하는 날이 오는데, 그 디데이에 원활하게 법을 위반하려면 평상시부터 소소하게 법률을 어기며 몸을 유연하게 풀어둬야 한다는 것이다. 스콧이 구체적으로 하는 행동은 신호등 무시다. 차가 없을 때 신호등에 빨간불이 켜져 있으면 굳이 기다리지 않고 척척 건너는 식의 작은 행동이라도 괜찮다. 그것을 의식적으로 한다. 이 유연 체조가 축적되면 톱다운top-down* 방식의 쓰레기 같은 질서에 조금씩 바람구멍을 뚫는 계기가 될 수 있다. 의례 공간의 톱니바퀴로 존재하기를 적극적으로 거부하는 일은, 언젠가 커다란 자유를 향한 붕괴를 일으킬 큰 가능성을 품고 있다.

꼭 의례 참석 거부가 아니어도 좋다. 거대한 의례 공간으로서의 사회에 저항하려면, 예컨대 갑자기 의미 없는 말을 외치거나 집에 가는 길에 불현듯 신발을 벗는 등 사회 속에서 상정된 행위의 바깥으로 일탈하는 행위가 중요하다고 본다. 결국 대화를 할 때든 이동할 때든, 생활 속에는 '일반적으로 이렇게 한다'라는 명문화되지 않은 규칙이 숨어 있고 그것들이 어딘가에서 누군가를 궁지로 몰아넣는다. 온갖 것들이 밈처럼 변한 사회란 결국 '일반'밖에 허용하지 않는 사회, '이상異常'을 배척하는 사회가 아닐까. 살의, 분노, 짜증은 자신의 목을 조르기 위해서가 아니라 유연 체조에 써야 한다. 아무도 하지 않는 이야기를 하고, 싫은 것이 무엇인지 큰 소리로 지적하고, 의례에서 도망가고, 아무런 예고 없이 내달린다. 질서 역시 오래된 아파트의 벽지처럼 매일 가장자리부터 손톱으로 조금씩 뜯어내면, 언젠가 전부 훌렁 벗겨질 날이 올 것이다.

---

*   방침이나 정책 따위가 위에서 결정되어 아래로 전달되는 형식.

두 사람의 역사

"네가 외치고 싶은 말을 외쳐줄게. 뭐 없어?"

3월의 에노시마였다. 아직 바닷바람이 차갑고 인적도 드문 해변에서 녀석이 그렇게 말했다. 녀석의 발은 물에 잠겨 있었다. 아까 "들어가도 돼?" 하고, 어째서인지 나의 허가를 구한 뒤 신발을 벗고 들어간 것이다. 그 탓에 내 발치에는 엉성하게 놓인 닥터 마틴 신발이 있었고, 그 속에는 방금 벗은 양말이 둥글게 뭉쳐져 있었다. 나는 신발도 안 벗었고 바다에도 안 들어갔다. 발이 젖는 건 싫은 데다 그것이 바닷물이라면 더더욱 싫기 때문이다. 하지만 나는 모래밭에서 반걸음 앞으로 내딛고 있었다. 이유는 하나, 녀석이 그대로 바다에 첨벙첨벙 들어가려고 할 때 그것을 막기 위해서였다.

"뭐든 괜찮아. 네가 외치고 싶은 걸 외쳐."

나는 대답했다. 녀석은 몇 번이나 "뭐 없어?" 하고 묻고 늘어졌지만 실제로 녀석이 외쳐줬으면 하는 말은 한마디도 떠오르지 않았다. 죽는 것과 스스로를 상처 입히는 것이 아니라면, 네가 하고 싶은 건 뭐든 해도 된다고 생각했다. 살아 있어주기만 한다면, 나의 윤리까지 포함해 모든 것을 뒤로 치워버려도 상관없었다. 나는 녀석에 대해 너무 많이 생각했고, 녀석에 대해 생각하는 나 자신에 대해서도 너무 많이 생각했다. 이 자세는 지금도 크게 변하지 않았다고 인식하지만, 20대 전반에는 특히 녀석이 끊임없이 죽음으로 접근하는 것을 어떻게 마주하면 좋을지 몰라서 혼자 계속 혼란했다.

"세상아, 망해라!"

약간 억눌렀지만 작지 않은 목소리로, 녀석은 바다를 향해 그렇게 외쳤다. 주위 사람들이 우리 쪽을 슬쩍 보다가 이내 눈을 돌렸다. 목소리는 금세 사라졌다. 물론 세상은 망하지 않았다.

나는 잠자코 휴대폰을 꺼내 무음 카메라로 사진을 찍었다. 아직 낮은 하늘과 시시한 색깔의 많은 물을 배경으로, 최근 탈색한 녀석의 오렌지색 머리카락이 나부낀다. 예뻤다든가 슬펐다든가, 그런 감정에 앞서 내가 기록해둬야만 한다고 생각했다. 아마도.

이런 시기에 에노시마까지 와 있는 이유는 우리 둘 다, 특히 녀석이 정신적인 한계에 이르렀기 때문이었다. 바다에 가면 뭐가 있는 것도 아니지만, 대량의 물을 보면 역시 단순히 엄청난 풍경이구나 하는 생각이 든다. 바다가 있네. 맞아, 바다야. 굉장해, 바다다. 아무래도 상관없는 대화를 한다. 상처를 어루만지듯이 의미 없는 말을 주고받음으로써 녀석의 무언가를 붙들어둘 수 있지 않을까 내내 생각했다. 나는 녀석을 정말로 좋아하니까.

나한테는 '사회가 이렇게 되면 좋겠다'라는 마음은 있지만 '세상이 이렇게 되면 좋겠다'라는 마음은 아마도 없다. 그야 적이다. 적이지만, 전부 적이라면 너를 이토록 보지 않았겠지.

나를 구원한 A의 한마디

녀석을 A라고 해두자. 중학교 때부터 동창이었으니 나와 A는 벌써 인생의 절반 이상을 함께 보내고 있는 셈이다.

녀석은 정말로 처음부터 온갖 것에 대해 절망했고, 정말로 사회와 맞지 않았다. 타자에게 가해 충동을 느꼈고(재판까지 간 적도 있다), 자살 충동도 느꼈으며, 세상에서 말하는 연애와 성애를 전혀 필요로 하지 않았고, 한편으로는 젊음과 아름다운 용모에 집착해서 이성애 규범이나 '여자다움'과 같은 증오해야 마땅한 이 세상의 중력에 무시무시한 힘으로 끌려가는 것처럼 보였다.

알쏭달쏭할 것이다. 알쏭달쏭한 녀석이니까. 실제로 A가 품고 있는 것의 전모를 알게 된 시점은 세월이 꽤 많이 흐른 뒤였다. 중·고등학교 6년 동안 나는 녀석과 계속 함께 다녔지만, 그 시기의 커뮤니케이션은 보다 단순하고 야만적이어서 나도 녀석과 서로 진지하게 속마음을 터놓기에는 너무 어렸다.

A를 처음 만난 열두 살 때 나는 녀석을 혐오했다. A는 그림을 잘 그렸고, 노래도 잘하고 악기도 잘 다뤄서 나 말고 다른 사람과 학교 밖에서 밴드를 결성하기도 했다. 더 이야기하자면, 이런 말은 별로 하고 싶지 않지만 적어도 내 눈에는 '귀엽게' 보이는 용모였다.

나는 그림 그리기를 좋아했지만 솜씨는 미묘했고, 노래도 못 불렀고, 악기도 못 다뤘으며, 인간관계도 잘 풀리지 않아서 밴드를 결성하는 일도 없었다. 외모로 말하자면, 이 또한 별로 이야기하고 싶지 않지만 콤플렉스 덩어리였다. 아무것도, 아무것도, 정말이지 아무것도 없었다. 지금 돌이켜보면 당연한 일이지만, 당시의 나는 지극히 평범하게 재능을 바랐으나 그 바람은 전혀 이루어지지 않았다. 평범한 사춘기였다. 그 바람이 절실했다는 점까지 포함해서 지극히 평범한 사춘기였다. A는 내가 원하는 것을 얼추 가지고 있었는데 나는 가지고 있지 않았다. 너무 짜증났고, 너무 싫었다.

이리하여 나는 A에게 질투와 조바심을 품고 일방적으로 라이벌로 여겼으며, 멋대로 열등감에 시달렸다. A의 입장에서는 내가 그리 재미있는 사람이 아닐 수도 있다는 의심이 그 감정을 부풀렸다. 6년 동안 나는 몇 번이나 의도적으로 A를 싫어하려고 했다. 그 시도가 전부 실패한 것은 내가 녀석을 증오를 뛰어넘을 정도로 너무나 좋아하고, 정말로 재미있는 놀이 상대라고 인식했다는 증거다. 그리고 A의 말에 결정적으로 구원받은 경험이 더더욱 나를 A로부터 멀어질 수 없게 만들었다.

"나는 평생 너를 싫어하지 않을 거고, 너도 평생 나를 싫어하지 않을 거야."

A의 집에 놀러 간 어느 날, 녀석이 기타를 만지며 담백하게 말했다. 중학교 2학년 여름이었다. 나는 그전까지 쭉, 내가 타인에게 관여하는 것은 언제나 가해라고 생각하며 살아왔다. 이 생각은 지금도 사라지지 않았지만, 그 예외가 존재한다는 것을 A를 만나고 처음 알았다. 내가 무엇을 하든, 녀석이 무엇을 하든, 우리는 서로를 싫어하는 지경까지는 가지 않으리라는 것이 언어로 확인되었다. 그것은 과장이 아니라 정말로 세상이 뒤바뀌는 듯한 사건이었다.

그리고 그때의 약속은 지금까지 한 번도 깨지지 않았다.

내 이기심이라도 상관없이

그렇다 해도 우리는 정말로 모든 면에서 다른 인간이기 때문에, 오랫동안 계속 만나오는 과정에서 그만큼 어려움이 발생했다. 나는 언제나 타인과의 대면 속에서 살았지만 A는 자신이 우선이고, 자립해 있으며, 자기만으로 완결되어 있었다. 나는 사회를 생각했지만 A는 혼자서 세카이계世界系*의 주인공이 되어 있었다. 나는 개별적이고도 구체적인 인간의 행위를 좋아했지만 A는 얼굴 없는 무수한 사람의 군집에 관심을 가졌다. 나는 생리적으로 거짓말에 서툴고 내 경험을 주위에 이야기하려 하는 보고벽 같은 것이 있었지만 A는 자신을 드러내려 하지 않았다. 나는 타자의 생존을 강하게 긍정함으로써 나의 생존을 유지했지만 A는 타자에 대해서도 죽음이 곧 구원이라고 생각했다.

이 차이가 명확하게 보이기 시작한 것은 고등학교를 졸업한 뒤였던 듯하다. 그전까지 여학교에서 자신과 타인의 경계가 애매한 채로 살았던 나도, 대학에 들어가고부터는 드디어 타자라는 존재를 이해하기 시작했다. 그리고 이 세상의 형태가 얼마나 비뚤어져 있는지를 몸소 깨닫게 되었다. 자아가 뒤늦게 싹텄다고 말해도 좋을 것이다. 나는 페미니스트를

* 소설, 만화, 애니메이션 등에서 평범한 주인공 소녀(소년)의 심정과 행동, 타자와의 관계가 전 세계의 운명을 좌우하는 것, 또는 그러한 작품.

자칭하게 되었다. 나는 내가 집단을 거북해한다는 사실을 깨달았다. 나는 내 성향이 어느 정도 연구에 적합하다는 사실을 깨달았다. 나는 혼자서 사회운동의 장으로 나가게 되었고, 국회 앞을 오갔다. 이윽고 나는 아나키스트라고도 자칭하게 되었다. 나는 극단적인 것을 선택하는 데 일가견이 있었기 때문에 그에 대한 저항감은 전혀 없었다.

A 역시 사회와 충돌하고 있었다. A는 상대가 자신에게 무엇을 요구하는지 기민하게 파악했고, 또 이런저런 일로 인해 성차별을 당하기 쉬운 환경에 처하는 경우가 많았기 때문에 정말로 민감하게 이 세상의 부조리를 맛봤을 것이다. 죽고 싶다고 말을 할 때가 많아졌다. 정서가 안정되지 않는 날도 늘어났다. 고등학교 시절 정서 불안으로 이름을 날린 내가 설마 A의 정서를 보살필 날이 올 줄이야, 꽤나 거대한 전환이라고 느꼈던 것을 선명히 기억한다.

그런 상황은 오랫동안 이어졌다. 나의 정신도 계속 연약했기 때문에 원래는 남을 보살피는 데 능숙하지 못한 A가 몇 번이나 구해줬지만, 동시에 나는 A의 살의나 자살 충동을 어떻게 마주하면 좋을지 몰라서 상당히 골머리를 앓았다. 그것은 틀림없이 내가 생각해야만 하는 문제였으나, 나는 필요 이상으로 생각에 빠져서 점점 자의식 과잉이 되어갔다. 당시 나는 엄청나게 오만했기 때문에 내가 A에게 구원받았다면 A도 나로 인해 구원받아야지, 그렇지 않으면 곤란하다고 생각하는 구석이 있었다. 실제로 그렇게는 되지 않는다는 것을 이해하고 스스로의 오만함을 자각한 뒤로는 정말로 이 녀석에 대해 어떻게 하면 좋을지 알 수가 없어졌다. 뭘 하든 자기만족일 뿐 A를 위한 일은 아니었다. 녀석의 뜻을 존중하면 자살을 긍정하는 셈이 된다. 하지만 나는 녀석이 반드시 살아줬으면 한다. 녀석의 자살을 허용하면 나도 죽을 수밖에 없어진다. 아니, 이 또한 이기심이다. 이 반복, 다람쥐 쳇바퀴다.

이 물음도 끝을 맞이한 것은 아니다. 하지만 어느 시기를 경계로 이기심이라도 상관없다고 생각하게 되었다.

괜찮다. 아니, 괜찮지 않다

나는 지금까지 쭉 A가 정말로, 너무나도 좋았다. 이것이 어떤 종류의 '호감'인가 하는 물음은 나에게 필요 없기 때문에 여기서는 묻지 않겠다. 나는 정말 단순하게 A를 사랑한다. A에게 내가 어떤 존재인지는 사실 잘 모른다. 녀석은 나와 같은 의미로 나를 사랑하지는 않을 것이다. 하지만 그래도 좋다. 자신을 최우선으로 삼으며 사는 뾰족함까지 포함해 나는 녀석을 좋아하고, 동시에 나는 타인을 우선으로 삼으며 살아가는 쪽을 좋아하기 때문이다. 이는 순수한 이기심이다. 나에게 가장 좋은 사람을 열두 살 때 만났다. 그것만이 나의 진실이다.

이렇게까지 단언할 수 있는 상대라 해도, 우리가 적어도 행정상으로는 동성이고 특히 연애 관계라는 명칭으로 수렴될 수 있는 관계에 해당하지 않는다는 사실은 나를 몹시 괴롭혔다.

A는 이 세상의 나쁜 중력에 내내 끌려갔기 때문에, '기혼자'의 신분을 얻어서 '이탈'하고 싶다는 말을 몇 번인가 나에게 흘렸다. 나는 A의 생각에 나름대로 충격을 받았고, 매번 '왜 나로는 안 되는 거야?' 하고 머리를 쥐어뜯었지만, 어느 시기부터 살아 있어주기만 하면 그걸로 다 괜찮다고 생각하게 되었다. 그로써 진심으로 괜찮았기 때문이다. 녀석이 살기 위해 한 일이라면 뭐든지 받아들이자고 생각했다. 설령 A가 남성과 결혼한다 해도, 어차피 나보다 A를 좋아하는 사람은 이 세상에 존재하지 않으리라는 점은 이미 확신하고 있다. 그렇다면 이제 그것만으로 괜찮다. 물론 '선택받지 못한' 자신을 생각하면 죽도록 분하지만, 최악의 경우 그 부분을 참아줘도 괜찮다. 아니, 괜찮지 않다(이 갈등만 해도 5년치쯤 된다).

하지만 어느 순간 갑자기 길이 열렸다. 녀석이 "이제 결혼은 올해로 포기했어"라는 말을 꺼낸 것이다. 중력이 바뀌었다. 우리는 미지근한 분위기 속에서 (나한테는 묵직했지만) 서로에게 파트너의 지위를 부여하기로 슬며시 합의했다. 정말로 슬며시, "파트너라고 해도 돼?" "응, 돼" 하고, 휴대폰 메시지로. 그뿐이었지만 이는 인류 최초의 달 착륙에 버금가는, 아니 그 이상의 역사였다. 적어도 나에게는 그랬다.

스물네 살 여름의 일이다. 여기까지 오는 데 12년이 걸렸다. 정말로 긴 시간이 필요했다.

전혀 다른 인간끼리, 전혀 다른 마음으로 마주하고 있어도 우리는 인생을 함께 걸을 수 있다. 지금도 나는 A를 라이벌로 여기고, 녀석의 활약은 기쁘지만 분하다. 하지만 A는 나에 대해 그런 마음을 품은 적이 한 번도 없는 모양이고, 나는 그 점까지 포함해 분하다. 정말이지 서로가 보는 것이 다르다. 대화가 완전히 어긋날 때도 있다. 그래도 A는 절친이자 파트너고, 나에게는 확고하게 '가장 좋은 사람'이다. 그 점만은 변하지 않는다.

언젠가 묘지를 사려고 한다. 녀석은 정말로 구두쇠인 데다 묘지에도 장례식에도 흥미가 없으니 내가 살 것이다. 우리의 관계에 붙일 수 있는 적당한 명칭은 아직 이 세상에 존재하지 않지만, 그럼에도 우리가 같은 묘지에 뼈를 묻는 것만큼은 분명 사실로 남는다. 일단은 그걸로 됐다.

첫 번째 덧붙임 나는 A와의 관계를 글로 쓰는 것을 오랫동안 망설였지만, A가 자신에 대해 써서 남겨야 한다고 말해준 덕분에 이렇게 형상화할 수 있었다. 이 글은 A의 동의를 구한 뒤 공개한다.

두 번째 덧붙임 이 글은 2020년 여름쯤 썼다. 그 뒤 A는 2021년 2월에 두 번째로 모습을 감췄고, 2021년 12월 현재까지도 연락 두절 상태다.

세 번째 덧붙임 2021년 12월, 연락 두절 상태가 끝났다. 또한 우리의 관계는 서로의 정신 상태에 따라 다소 변했고, 이 양자 관계를 파트너라고 여기지 않게 되었다. 그러나 우리의 인연은 죽는 날까지 이어질 것이며, 먼저 죽는 사람의 유골을 다른 사람이 가지기로 약속했다. 내가 죽으면 나의 유골이 A에게, A가 죽으면 A의 유골이 나에게 건네질 것이다.

네 번째 덧붙임 여기까지 거듭해서 보충 설명을 달았듯이, 나와 A의 관계는 변치 않는다고 몇 번이나 확신했으나 실제로는 수차례 변천을 거듭하고 있다. 이번 수록에도 망설임은 있었지만, 나와 A의 관계를 서술한 2020년 당시의 필치에는 남겨둘 만한 가치가 있다고 생각해 이 책에 실었다. 앞으로도 관계에 대한 확신과 붕괴, 재구축은 이어질 거라고 2022년 2월 현재의 나는 생각한다. 이는 그저 두 인간에 대한 역사다.

8

소리 지르지 못하는
존재들을 위해

: 애도와 기도

채집할 수 있는 사람이 적은 목소리일수록, 채집한 사람이 앰프가
되지 않으면 그 목소리는 사회에서 간과되고 만다. 인생에서
언젠가 스쳐 지나는 죽은 이. 그것은 가까운 사람일 때도 있고
한없이 먼 사람일 때도 있다. 하지만 그런 죽은 이의 흔적과
마주쳤다면(목소리를 들었다면), 그 목소리를 자신의 힘으로
진지하게 다시 서술할 책임이 있다.

전철에서 눕는 사람, 봉탕스키의 신화

　그 사람은 래퍼 덴가류를 조금 닮았지만 덴가류보다 다부진 체형에 하얀 탱크톱과 짧은 남색 반바지를 입고 있었다. 짐은 딱 하나였다. 서예부를 무대로 한 청춘 만화《도메하네! 스즈리 고교 서예부とめはねっ! 鈴里高校書道部》였다. 가방 같은 것도 없이, 정말로《도메하네!》한 권만 들고 있었다. 게다가 단행본이 아니라 편의점에서만 파는 페이퍼백이었다. 검색해보니 2016년에 발매된 책이었다. 방금 전 편의점에 홀쩍 들러서 산 것이 아니라 어떤 의도가 있어서《도메하네!》를 골랐다고 짐작되었다.

　그 사람은 처음에는 출입문 앞에 주저앉아 있었다. 이 더위에 말이다. 몸이 안 좋은 건가 싶었다. 하지만 겉보기에는 안색이 좋았고, 괴로워하는 표정도 아니었으며, 무엇보다 느굿하게 《도메하네!》를 읽고 있었다. 아무런 문제도 없어 보였다.

출입문에 기대어 있던 그 사람은 갑자기 《도메하네!》를 덮고 문에 딱 붙이듯이 바닥에 놓더니 거기에 천천히 누웠다. 한쪽 출입문으로는 머리가, 다른 쪽 출입문으로는 다리가 향하게 누운 채 전철에서 자기 시작한 것이다. 그 사람은 눈을 감고, 마치 자기 집 거실에 있는 것처럼 편하게 쉬고 있었다. 그러자 다른 승객들이 동요하는 기색을 보였다. 나도 조금 동요했다. 하지만 그 사람은 주위에 전혀 폐를 끼치지 않았다. 한산한 전철에서 눕는 것이 뭐가 나쁜가. 아무것도 나쁘지 않다.

무엇보다 그 사람이 제대로였던 부분은, 곧 정차한다는 안내 방송이 나오면 순순히 일어서서 비어 있는 근처 의자에 걸터앉아 사람들의 출입이 끝날 때까지 기다렸다는 점이다. 전철이 움직이고, 다음 역까지 문과 문 사이에 서 있는 사람이 이제 없다고 확신하면 의자에서 일어나 다시 한번 같은 장소에 누웠다. 빈 좌석이 없어서 바닥에 앉거나 눕는 게 아니라, 바닥에 집착해서 그런 행동을 한다는 것이 명확했다. 기다리는 동안 그 사람은 조금 전까지 베개로 삼았던 《도메하네!》를 읽었다.

이런 행동을 두 번 반복한 뒤, 세 번째 역에서 마침내 사람들이 우르르 들어오자 《도메하네!》를 베개 삼아 누울 수 있는 공간이 거의 없어졌다. 그러자 그 사람은 억지로 누우려고 하지 않고 순순히 의자에 앉아서 그대로《도메하네!》의 다음 장을 읽기 시작했다.

나는 그 사람을 보며 '동요하면 안 돼. 동요하고 싶지 않아' 하고 생각하면서도 동요를 멈출 수 없었다. 그리고 결국 동요한 자신을 반성했다.

그 사람에게 동요해버린 나는, 아직도 몰아내고 싶은 것을 모두 몰아내지 못한 거라고 생각한다. 내가 내면화한 '전철을 타는 방법'에서 일탈한 사람을 경계했던 것이다. 그러면서 동시에 '하얀 탱크톱을 입고 그런 바닥에 누우면 등 부분이 더러워질 텐데' 하는 쩨쩨한 걱정까지 했다. 탱크톱 등 부분이 더러워진다 해도 딱히 문제가 없는데 탱크톱을 걱정한 것은, 나의 '경계'로부터 눈을 돌리기 위한 일종의 '외면'이었을 터다. 탱크톱은 그 사람이 입은 옷일 뿐, 그 사람과 밀착되어 있긴 하지만 그 사람 자체는 아니기 때문이다. 나는 나 자신이 그 사람을 완전히 허용하고 있다고 믿으려 했다. 결국 나는 여전히 도시의 윤리에 푹 길들어 있는 것이다.

그러나 한편으로는 어느 정도 주위를 배려하며 만화책 한 권으로 자신이 원하는 자세를 취한 그 사람의 방식에 가슴이 뛰기도 했다. 한산한 전철에서 누우면 안 되는 절박한 이유는 전혀 없다. 그저 눈앞의 사물과 적은 소지품으로 좁은 공간을 보다 잘 이용하는 방식은 본디 바람직한 것이 아닌가. 그 사람은 누운 다음에 누군가의 다리 사이를 엿보려고 하거나 당장이라도 밟힐 듯한 곳에서 진을 치는 것과 같은 가해 혹은 피해의 가능성과는 완전히 동떨어져 있었다. 난폭하게 굴고 싶어서 누운 것이 아니라, 그저 눕는 편이 쾌적하기 때문에 누울 수 있는 범위 내에서 누운 것이다. 그리고 읽을거리와 베개라는 두 가지 기능을 가진 《도메하네!》 한 권만으로 '전철 타는 방법'을 교란시켰다.

이 기분은 뭘까 생각하며 나는 전철에서 내렸다. 그 사람은 아직 앉아서 《도메하네!》를 읽고 있었다. 그 사람이 그 후 어디로 향했는지, 아니면 딱히 어디로도 향하지 않았는지, 자세한 건 아무것도 모른다.

볼탕스키가 전하는 죽음의 감각

《도메하네!》를 든 사람에게서 눈을 떼고 노기자카에서 내린 나는 크리스티앙 볼탕스키전을 보러 국립신미술관으로 향했다.

볼탕스키는 유대계의 뿌리를 가진 예술가로 기억과 죽음에 관한 작품을 여럿 발표했다. 개별적이거나 구체적인 테마가 아니다. 보다 추상적인, 아무것도 확실하게 움켜쥘 수 없는, 휑뎅그렁한 개념으로서의 기억과 죽음이다. 볼탕스키는 유대계 의사인 아버지와 그 친구로부터 홀로코스트에 대한 기억을 들으며 자랐기 때문에 그의 작품 가운데는 홀로코스트를 모티프로 삼은 것도 많다. 그러나 이는 어디까지나 볼탕스키의 마음속에서 죽음과 홀로코스트가 뗄려야 뗄 수 없을 정도로 가까운 위치에 있기 때문이며, 아마도 볼탕스키가 한 작업은 홀로코스트에 대해 무언가를 말하는 것이 아닐 터다. 볼탕스키가 자신 혹은 타자의 기억으로서 제시하는 것을 통해, 작가 본인이 숙고한 표현 이상으로 관람객은 자기 안에도 비슷한 기억이 이미 존재함을 문득 자각한다. 볼탕스키는 이 구조 쪽에 공을 들였다.

예를 들면 볼탕스키가 주변에서 임의로 말을 걸어 촬영한 소년들의 사진을 나이순으로 늘어놓고 마치 자신의 성장기록인 양 보여주는 〈1946년과 1964년 사이, 볼탕스키의 열 개의 초상〉(1972), 어느 일가의 오래된 가족사진을 잔뜩 붙여놓았지만 그 흔한 '가족사진스러운 구도'로부터 사진 속 가족의 역사보다 관람객 자신의 가족사진을 떠올리게 만드는 〈D 가족의 앨범〉(1971) 등이 있다.

또 〈죽은 스위스 사람들의 창고〉(1990)라는 작품에서는 대량의 녹슨 양철 쿠키 상자(볼탕스키의 작품에서 헌 옷과 맞먹을 정도로 자주 사용된 아이템이다) 하나하나에 스위스 신문의 사망 기사에서 수집한 사람들의 얼굴 사진을 붙여놓았다. 언뜻 보기에는 사물함 묘지 같고, 상자를 열면 그 얼굴 사진 주인의 뼈나 유품 같은 것이 들어 있지 않을까 예상하게 만들지만 딱히 그렇지는 않다. 한 사람 한 사람의 얼굴 사진을 가까이 다가가서 봐도 대체 그게 누구인지, 어떤 인물인지 전혀 알 수 없다. 또한 그들이 딱히 이른바 '역사적으로 중대한 사건'과 연관된 죽음을 맞이한 것도 아니다. 그냥 살다가 죽은 어딘가의 누군가다. 그렇다고 완전히 무미건조하지는 않다. 생면부지의 사람인데도 보고 있으면 기억 속에서 전혀 다른 누군가가 끌려 나온다. 내가 사람의 생김새를 잘 구분하지 못하는 탓도 있겠지만 안경, 짧은 머리, 백발, 어깨에 두른 숄…, 이런 식으로 용모가 부품 수준으로 인식되면 그것은 그대로 같은 요소를 가진 다른 사람—가까운 사람 또는 자신—을 머릿속에서 떠올리는 행위로 이어진다. 그것은 죽음과 눈이 마주치는 일이기도 하다.

가장 인상적인 작품은 수많은 전구를 새까만 공간에 배치한 〈황혼〉(2015)이었다. 전시 첫날에 모든 전구의 불을 켰다가 매일 세 개씩 꺼나간다고 한다. 전구 그림자조차 보이지 않는 새까만 방 안에서, 전구가 강물을 따라 흘러가는 등롱처럼 빛난다. 물끄러미 바라보고 있으면 머릿속 심이 주르륵 녹아서 살짝 환각에 빠지는 듯한 감각을 맛본다. '지금 나는 국립신미술관 전시실의 한구석에 마련된 공간에 놓인 수많은 전구를 보고 있다'라는, 타자의 눈으로도 확인할 수 있는 상황이 의식에서 멀어지는 것이다. '죽으면 분명 이런 빛의 강을 보지 않을까' 하고 아무것도 의식하지 않고 멍하니 생각했을 때, 볼탕스키의 작품은 이런 '무심히, 죽음'이라는 감각을 묵직하게 전해준다는 것을 '이해'했다.

친밀한, 이웃으로서의 고인

나는 개별적이고도 구체적인 인간의 행위를 좋아한다.

앞서 말한 《도메하네!》를 든 사람에게 동요한 동시에 가슴이 두근거렸던 이유는, 그 사람이 《도메하네!》와 전철이라는 공간을 이용하는 방식이 '공유된 규칙'에 물들지 않은, 지극히 개별적이고도 구체적인 행동이었기 때문이다. 정말로 순수하게, 그저 그 자리에 존재하는 사람의 시점만 가지고 있었다.

규칙을 따르는 행위는 면책을 뜻한다. 어떤 공간에서 무슨 문제가 일어나면 그 자리에 있지 않은 규칙을 만든 사람에게도 책임이 흘러간다. 모든 규칙이 나쁘다고는 절대로 말하지 않겠다. 그러나 동시에 규칙에는 '만든 쪽'과 '따르는 쪽'이라는 계급이 있으며, 각각의 내부에도 관여의 정도에 차이가 있다는 점을 항상 의식해야 한다. 그렇게 되면 결국 책임은 흐지부지되기 쉽다. 나쁜 것이든 좋은 것이든 결국 '그 자리'에서 나눌 수 없어지는 느낌이 든다.

사실은 더욱 가뿐하게 책임을 나누어 짊어지는 쪽이 좋다고 쭉 생각해왔다. 옆에 당신이 있었으니까, 눈앞에서 그런 일이 일어났으니까. 그런 생각을 좀 더 유연하게 실천하고 싶다.

볼탕스키는 신화를 만들려고 했다. 신화란 누가 만들었는지 모르지만 거대하면서도 영향력이 오래 지속된 개념이다. 예컨대 〈아니미타스〉(2017)는 칠레의 사막에 설치한 수많은 작은 종이 바람에 흔들리는 영상을 이용한 설치미술이다. 작품 속에 비치는 광경이 칠레의 사막이라는 점은 확실하지만 도대체 사막의 어디인지 아는 사람은 거의 없으며, 또 종은 언젠가 풍화될 것이다. 실제로 그곳까지 가서 이 장소를 볼 필요가 전혀 없는 것이다. 단, 어딘가에 죽은 이를 추모하는 땅이 있는 듯하다는 전설만은 막연히 전해진다. 전설 속 땅이 사라진 뒤에도 이야기만은 계속 이어진다.

신화가 태어나는 데 무슨 의미가 있을까. 볼탕스키의 작업은 개별적이고도 구체적인 개인의 죽음과는 정반대의 것을 만들어내는 행위이긴 하지만, 동시에 우리 감상자가 볼탕스키의 신화를 믿는다면 최종적으로는 그 결론을 개별적이고도 구체적으로 받아들일 터다. 볼탕스키가 만들어낸 신화는 죽은 이에 대한 추모이고, 이 추모에 관한 신화를 내가 받아들여 누군가에게 전한다면 내 안에서 상기되는 것은 이미 죽은 사람에 대한 구체적인 기억이다. 실은 우리 바로 옆에는 친밀한 고인, 이웃으로서의 고인이 언제나 있다. 계속 있다.

타자를 성실하게 마주하기

이 두 가지가 '별안간 연결된' 것은 그다음 날이었다. 볼탕스키전은 절친과 둘이서 봤는데, 당일에는 전시 내용에 대해 별로 대화를 나누지 않았고 《도메하네!》를 든 사람에 대해서도 이야기하지 않은 채 그냥 미술관을 나와 "이 근처는 뭐가 있는지 잘 모르겠네" 하며 익숙한 가와사키까지 가서 버블티를 마시고, 전철역 상가에서 양산을 살까 말까 망설이다가 결국 사지 않은 채 지쳐서 들어간 카페에서 폐점 직전까지 떠들다 돌아가는 길에 책방에 들러 만화 《진격의 거인》 신간을 사서 집으로 갔다. 그날 대화의 중심은 '표현의 부자유전'과 천황제였다.

사실은 이 글에서도 '표현의 부자유전'에 대해 쓰고 싶었지만, 지금의 나에게는 너무나 무거운 주제여서 결국 이렇게 다른 화제를 선택하게 되었다. 그러나 이 두 문제는 어딘가에서 맞닿아 있을 것이다. 땅에 발을 붙이고 손이 닿는 범위의 대상에 대해 가뿐하게 책임을 지는 것과 일상생활 속에 죽은 이의 존재를 끼워 넣는 것은 내 안에서 타자를 성실하게 마주한다는 선으로 연결되지만, '표현의 부자유전'에서 일어난 테러나 작품에 대한 너무도 꼴사나운 공격은 아무래도 이 흐름의 반대쪽에 있는 듯한 느낌이 들기 때문이다.

어떻게 하면 좋을지 모르겠다. 딱히 결론으로서 말할 수 있는 것도 없다. 그저 지금 나의 현실은 이런 형태로 엉성하게 꿰매어져 있고, 매일 나름대로 곤란하다.

변두리의 유령들

터널을 빠져나오자 설국이었다…*가 아니라, 그냥 "후지타 고타로 죽어라"라고 적혀 있었다. 일단 가명으로 썼다. 낙서를 막기 위해 터널에 빼곡하게 페인트로 칠해놓은, 진저리나게 시시한 동물과 어린이 그림, 그 구석에 가느다란 검은색 선으로 아홉 글자가 아슬아슬하게 걸쳐져 있었다. 이렇게 노골적인 살의인데도 어째서 진저리나게 시시한 그림을 방해하지 않는 곳에 배치했는지, 너무나 이상하다. 그게 누구의 이름인지도, 누가 썼는지도 모른다. 장난인지도, 절실한 저주인지도 알 수 없다. 그저 그 살의는 최근 한 달 사이, 팬데믹 소동의 한복판에서 나타나 순식간에 이 동네에 섞여

---

* 가와바타 야스나리의 소설 《설국》 중 유명한 첫 문장.

들었다. 견딜 수가 없어진 거겠지, 아마도.

'우리 고장'*—이 명칭을 쓰는 것에는 나름대로 망설임이 있지만 일단 그렇게 불러본다—은 수도의 교외에 있다. 치안도 썩 좋지 않고 결코 세련된 곳도 아니지만, 이곳을 시골이라고 부른다면 그 즉시 일본에 사는 사람 중 수천만 명이 분개할 정도로는 도시급이다. 몇 분에 한 번씩 다니는 전철이 끊임없이 수많은 인간을 싣고 왔다가 다시 싣고 간다. 역 앞에는 빌딩이 곤충의 집처럼 빼곡하게 늘어서 있고, 한밤중에도 할인 매장 간판이 빛난다. 아시아권에서 온 관광객이 드러그스토어에서 화장품을 품평하고 있다. 멀리서 터지는 불꽃은 빌딩에 가려 보이지 않는다⋯. 이건 딱히 아무래도 상관없다. 이른 아침 역 앞, 신호를 기다리는 교차로에서 패션 디자이너 돈 고니시를 쏙 빼닮은 야쿠자가 뻔하게도 아우들을 거느리고 큰 소리로 말한다. "어이, 어디 팬티 파는 가게 연 곳 없냐? 너희들 세트로 사줄까?" "헤헤헤, 정말입니까? 헤헤헤." ⋯얼른 초록불로 바뀌었으면. 애써 무시했지만 바로 옆이 신경 쓰여서 견딜 수 없다.

나는 태어나서 지금까지 25년 동안 쭉 이 동네를 떠나지

---

* 이 글에서 저자는 '우리 고장'을 한자(地元)와 가타카나(ジモト)로 구분해 썼다. 한자는 자신과 밀착된 고향, 가타카나는 자신에 대한 타자가 존재한다는 가능성을 상정하여 타자화한 고향을 뜻한다. 한국어판에서는 한자는 **볼드체**로, 가타카나는 *이탤릭체*로 표기했다.

않고 살아왔다. 이 동네는 '그럭저럭 좋아한다'. 싫은 기억은 아무것도 없다. 언제나 환하고, 집에 있기 괴로울 때면 혼자서 훌쩍 도망칠 수 있으며, 대부분의 물건은 이곳에서 구할 수 있다. 이는 아마 이 동네에 친구라고 부를 수 있는 사람이 거의 없다는 점과도 관계가 있을 것이다. 설령 거리를 걷는 도중에 이 동네 주민들이 모조리 다른 사람으로 교체된다 해도 나는 분명 알아차리지 못할 것이다. 이렇게 오랫동안 살아온 공간이지만 나의 커뮤니티는 없다. 나는 이 동네에 분명히 '있지'만, 그와 동시에 '없는' 것이다.

팬데믹 한복판에서 나는 내가 있는/없는 이 동네를 몇 번이나 정처 없이 배회했다. 폐쇄된 집에 있기 괴로웠기 때문에, 아무것도 쓰지 못하는 답답한 상태 속에서 새로운 힌트를 얻기 위해 산책 정도밖에 할 수 없었기 때문에…. 그런 이유에서 시작한 배회였지만, 돌아다니다 보니 동네의 폐쇄성을 태어나서 처음으로 감지하게 되었다. 동네를 걸으며 '여기서 꺼내줘'라고 생각한 것은 이번이 처음이었다.

동네의 풍경이 어색하게 보였다. 휴업 중인 가게의 셔터와 폐점 안내문으로 뒤덮인 거리에 임시로 나타난 포장마차에서 고기 굽는 냄새가 흘러나와 퍼졌다. 사람은 평소보다 적었고, 누군가가 기침을 하면 모두 그쪽을 봤다.

이상한 것은 동네뿐만이 아니었다. 걸어도 걸어도 어디에도 도착하지 않았고, 새로운 것을 전혀 떠올리지 못해서 더없이 괴로웠다. 그토록 편리하고 풍성하다고 여겼던 '**우리 고장**'이 밋밋한 허무로 보이기 시작한 것에 나 자신조차 납득이 잘 가지 않는 느낌이었다. 그리고 동시에, 걷는 도중 깨달았다…. 나는 특정한 길밖에 걷지 않는다는 것을. 아까부터 같은 풍경만 보고 있으니까. 도시는 집처럼 닫혀 있었다. 배회하기 위한 배회이므로 어딘가로 발걸음을 옮겨도 좋을 텐데, 나는 기묘할 정도로 특정 위치까지 가면 스스로 되돌아왔다. 너는 여기서 벗어나지 못해, 그렇게 정해져 있어, 하고 에둘러 말하는 소리를 듣는 듯해서 오싹했지만, 그러면서도 나는 또 같은 장소에서 발걸음을 돌렸다.

집도 동네도 숨 막히게 닫혀 있는 괴로움을 토로했더니 친구 몇 명이 "호텔을 잡을까?" "우리 집에 올래?" 하고 말해 줬다. 나는 그 모든 말에 죽을 만큼 고마워했지만, 동시에 친구들의 권유에 응하는 것을 전혀 상상할 수 없어서 몽땅 거절했다. 거절한 뒤에 엉엉 울었다. 그때 깨달은 점은 나한테는 여행용 캐리어조차 없다는 사실이었다. 내가 이다지도 '이곳'에 갇혀 있다는 것을 지금까지 몰랐다.

그럴 때, 동네 변두리에 조그맣게 적혀 있던 '후지타 고타로 죽어라'라는 낙서가 나의 시야에 들어온 것은 어쩐지 상징적으로 느껴졌다. 견딜 수가 없어진 것이다. 전부.

사라져버린 고향

이 '감방에 갇힌 죄수의 기분'에 젖어 컴퓨터게임 〈나이트 인 더 우즈Night in the woods〉를 했던 것도 왠지 묘한 인연이었다. 이 작품은 미국의 러스트 벨트—한때 공업으로 번성했으나 지금은 쇠락한 지역—에 속하는 시골 마을 '포섬 스프링스'를 무대로 한 어드벤처 게임이다. 플레이어는 주인공 메이—작품 속 캐릭터는 모두 동물의 모습으로 나타나는데, 메이는 고양이다—를 조작해 주민들과 대화하며 마을에서 일어나는 기묘한 사건에 점차 깊이 관여하게 된다.

이야기는 메이가 대학을 그만두고 2년만에 포섬 스프링스로 돌아오는 장면에서 시작된다. 포섬 스프링스는 탄광촌이었다. 물론 과거형이다. 20세기 초반에 번성한 탄광은 수십 년 전 폐쇄되었고, 그 뒤에 만들어진 공장도 지금은 거의 남아 있지 않다. 메이의 할아버지와 아버지는 모두 탄광 노동자였지만, 아버지는 탄광이 폐쇄된 후 유리 기술자 등의 일을 전전하다가 지금은 대형 마트의 정육 코너에서 일한다. 게임을 하다 보면 주민들의 대화를 여러 차례 듣게 되는데, 다들 실직했거나 본의 아니게 비정규직에 아등바등 매달려 있다. 오래 할 수 있는 일을 어떻게 찾을지 고심하는 사람들이 모여든 길모퉁이에, 젊은이에게 해군을 권하는 군인이 싱글거리며 서 있다.

길 여기저기에 설치된 탄광을 개발한 자본가들의 동상과 탄광 노동자를 그린 벽화는 이제 누구도 돌아보지 않는다. 마을 의회는 어떻게든 사람들을 마을로 다시 불러들이기 위해 마을의 '역사 유산' 같은 것을 찾거나 수확제를 활성화하려고 노력하는 등 시행착오를 겪지만, 그것도 잘되지 않는다. 한편 마을 의회는 동네 교회에 노숙인 남성을 머무르게 하자는 계획에 대해 '이미지가 나빠진다'라며 거절하기도 한다. 명백하게 '끝장'에 가까운 상황을 타개하고자 하는 사람들이, 가공의 관광객과 이주민을 위해 눈앞의 약자를 배제하는 것이다. 몇 번이나 봤던 광경이다. 늘 어떻게도 할 수 없다.

포섬 스프링스는 '끝장난 동네'다. 동시에 메이에게는 유일무이한 '있을 곳'이기도 했다. 적어도 메이는 그것을 기대하며 귀향했다.

〈나이트 인 더 우즈〉가 무시무시한 이유는 그 '끝장난 동네'에 사는 사람들의 '갈 곳이 없다'라는 절망감이 끼익끼익 소리를 내며 득시글거리기 때문이며, 동시에 그 고통이 메이의 눈을 통해 전달되기 때문이다.

메이는 포섬 스프링스에서 예전의 밴드 동료와 재회한다. 경박하고 정서가 불안한 단짝 친구 그레그, 그레그의 연인이자 그와 함께 사는 청년 앵거스, 무뚝뚝하고 늘 담배를

피우는 비, 모두 이 2년 사이에 변했다. 좋은 변화라고는 말하기 어렵다. 어른이 되자 이 마을이 어떤 상황에 처해 있는지, 자신이 어떻게 살아갈지를 생각하지 않을 수 없어진 것이다.

앵거스와 그레그는 어찌어찌 최저임금으로 일하며 다른 마을로 이사 갈 계획을 세우고 있다. 이사를 결심한 배경은 여러 가지지만, 이 마을이 결코 게이 커플에게 친절한 곳은 아니라는 점도 그 이유 중 하나다. "내가 성장하게 해줘, 메이." 그레그는 메이에게 그렇게 말한다. 어른이 되려면 이 마을에서 벗어나야 한다. 여기에 있으면 원하는 변화를 맞이할 수 없다는 것을 그레그도 앵거스도, 그리고 메이도 사실은 뼈아플 정도로 잘 알고 있다.

비는 최근 어머니를 여의고, 알코올의존증으로 일을 하지 못하게 된 아버지 소유의 가게를 혼자서 꾸려나가고 있다. 예전에는 언제나 메이와 함께 있어줬던 비도 메이에 대해 복잡한 감정을 품고 있는 듯했다. 이 가게에서, 이 마을에서 지금도 움직이지 못하는 비는 그 동네의 매우 드문 대학 진학자인 메이를 미워하지 않고서는 견딜 수 없었던 것이다.

이런 대화들이 메이에게 들리고 메이가 그에 대해 아파하는 이유도, 메이의 몸이 따뜻하면서도 모호한 **'우리 고장'**의 포섭에서 슬슬 벗어나기 시작했기 때문이다. 중학교 무렵부터 막연하게 품어온 불안—혹시 처음부터 모든 것이 '끝장나 있었다'면? 내가 애착을 가져온 모든 풍경이 무의미했다면?—에 견딜 수 없는 아픔을 느껴온 메이는 마을을 떠나 진학한 대학에서 그 아픔을 감당하지 못해 둑이 터져버렸고, 마지막 힘을 쥐어짜서 '**우리 고장**'으로 되돌아온 것이다. 이곳이라면 아픔으로부터 달아날 수 있으리라 믿었다. 하지만 이제는 그럴 수 없었다. 더는 예전과 같은 눈으로 이 마을을 바라볼 수 없었다. 눈앞에 펼쳐진 마을은 이미 안주의 땅이 아니라 불안으로 가득한 현실이었다.

영광의 역사 대 유령

이 폐쇄적인 마을에 가득한 불안으로부터 어떻게 달아날 수 있을까. 게임을 하며 가와바타 고헤이의 《우리 고장을 걷다—친숙한 세계의 에스노그래피》를 떠올렸다.

이 책의 저자인 가와바타 고헤이는 오카야마 출신으로 오랫동안 미국과 호주에서 일본을 대상으로 지역 연구를 해온 연구자다. 가와바타는 긴 해외 생활 후 오카야마로 돌아와 친구의 부모님이 경영하는 회사에서 일했고, 주말에는 재일 한국인들의 이야기를 들으며 10년에 걸쳐 '*우리 고장*'의 에스노그래피*를 완성했다.

제목의 '*우리 고장*'이란 그곳에서 이화異化하여 다시 본 자신의 고장을 말한다. 신물 나게 봐온 자신의 고장을 주의 깊게 걷고, 사람을 만나고, 이야기를 듣는 가운데 지금까지 눈에 들어오지 않았던 존재가 불쑥 솟아오른다. 이 과정을 거쳐 '**우리 고장**'은 '*우리 고장*'으로 재구축된다.

이는 한편으로는 괴로운 작업이다. 여태까지 자신과 결합되어 있었던 사람과 풍경을 뜯어내어 타자화하고 대상을 비판하는 행위에는 당연히도 커다란 고통이 따를 것이다. 예컨대 가와바타가 일했던 회사에서는 북한에 대한 비난을 포함한 농담이 '노동의 윤활제'로 기능했고, 직장이라는 집단에 대한 공헌으로 받아들여졌다. 가와바타는 그런 현실 도피적인 행위가 타자로부터도, 그리고 자신의 내면으로부터도 타자성을 앗아간다고 비판했다. 북한 비난은 그 자리에 있는 모든 사람을 일본 국적과 일본 뿌리를 가진 다수자로 상정하는 행위이며, 동시에 그러한 인물상을 타자에게도 강요하기 때문이다. 그에 대한 비판은 '**우리 고장**'의 미지근한 서클에서 한 걸음 벗어나는 행위나 다름없다. 쉽사리 할 수 있는 일은 아니다.

그러나 가와바타는 "내가 자란 동네가 오히려 지금까지보다 재미있는 장소로 변해갈"[1] 희망의 가능성을 분명히 드러낸다. 그것은 '마을 부흥'이나 '지역 프라이드'처럼 자본주

---

* 현장 연구에 기반해 인간 사회에서 나타나는 현상의 질적 설명을 표현하는 기록의 일종.

의나 시장 원리에 알랑거리는 '가치의 재발견' 따위가 결코 아니다. 그것은 "이곳에는 아무것도 없다고 생각하며 떠나온 자신의 고장과 자신의 생활 장소에서, 사실은 존재하는 무언가를 발견하는 것"[2]이며, "꿈을 꿀 수 있는 지역사회"[3]를 탐구하기 위한 중요한 단서다.

꿈을 꾸는 것. 그것은 이루어지지 않는 상상에 기대어 눈앞의 허무를 무시하려는 시도가 아니라, 제법 먼 장래에 관한 밝은 상상을 '현실적으로' 해볼 만한 여유를 가지는 일이다. 그리고 이는 개인의 문제가 아니라 언제나 사회 환경의 문제다.

메이에게는 포섬 스프링스도 이미 **우리 고장**에서 '*우리 고장*'으로 변해가기 시작했다. 메이는 **우리 고장**/*우리 고장*을 배회하며 자신의 마음을 괴롭히는 존재인 '유령'의 자취를 뒤쫓던 중 기묘한 적과 대치하게 된다. 적은 '마을의 번영'이라는 이미 잃어버린 허상의 실현에 집착하는 보수적인 '아저씨'들이다. 그런 사람들이 마을 뒤에서 컬트 교단을 이루어, 마을에 공헌하지 않을 듯한 백수 젊은이와 노숙인 들을 폐탄광의 함몰 구멍에 산다는 신 '검은 염소'의 산 제물로 바치기 위해 살해했던 것이다. 그들은 검은 염소의 허기만 채워주면 마을이 재생되리라 믿었다.

이 컬트 교단과 메이의 대립은 지극히 상징적이다. 우선

컬트 교단에 대한 사실 중 중요한 것은, 그들의 본거지가 포섬 스프링스의 향토사를 연구하는 '사학회'라는 것이다. 컬트 교단이 채택하려는 역사는 각지에 남겨진 탄광 경영자의 동상으로 상징되는, 탄광과 공장으로 번영했던 눈부신 과거다. 과연 권력자가 좋아할 법한 이야기다('메이지 일본의 산업 혁명 유산' 같은 것이 떠오르지 않는가!). 실제로는 허술한 관리로 인한 대규모 폭발 사고나 파업을 일으킨 탄광 노동자들을 학살한 일 등, 포섬 스프링스의 역사에서는 처참한 사건이 몇 번이나 일어났는데도 그 사건들이 채택되는 일은 없다. 오히려 지역을 사랑한다고 진심으로 맹세할 수 있는 그들이기에, 이미 그곳에 존재하는 것을 인식하지 못한다.

한편 메이와 옛 친구들이 뒤쫓는 '유령'은 이 마을에서 비극적인 죽음을 맞이한 누군가에 관한 전설이었다. 메이가 '유령'이라고 점찍는 것은, 이해할 수 없는 죽음을 맞이했다고 여겨져 번번이 유령 이야기의 소재가 되어온 탄광 노동자 '리틀 조'다.

'유령'은 분명 산 사람을 위협한다. 그러나 질서를 교란하는 '유령' 이야기는 그 자체로 학대당한 사람의 목소리로 강자를 위협하는 하나의 저항운동이며, 누구도 귀 기울이지 않았던 그 목소리를 가시화하는 장치이자 가장 약한 사람들의 역사가 아니었나. 요컨대 메이와 친구들의 '유령' 추적은 그야말로 컬트 집단이 적극적으로 채택하려고 하는 '영광의 역사'에서 내버려진 사람들의 목소리를 거둬들이는 행위다. 메이의 할아버지가 탄광 파업의 주도자였다는 사실이 드러나는 흐름이 삽입된 것도 이 영광의 역사 대 '유령'의 목소리라는 대항축을 강조한다.

　메이는 딱히 성실한 과거의 탐색자가 아니다. 리틀 조의 묘지도 멋대로 파헤쳤고, 애초에 메이에게 '유령'은 머릿속으로 파고들어 자신을 위협하는 존재로 상정되어 있었다. 그럼에도 결과적으로 메이가 '유령'의 목소리와 이어진 사람들을 옹호한 것, 다시 말해 마을에서도 불리한 입장에 처한 사람들 편에 선 것은 메이가 이 마을을 배회하거나 뛰어다니면서 거기에 있는 사람들과 계속 이야기를 나누었기 때문이 아닌가. 이 점은 메이를 조종하며 마을 이곳저곳을 걸어 다닌 플레이어 자신이 잘 알 것이다. 메이가 느끼는 불안의 원천은 이 마을을 둘러싼 어두운 역사로서의 '유령'이었지만, 동시에 메이를 이 세상에 붙들어두는 무게 추가 된 것 역시 이 마을에서 어찌할 바 모르고 있는 예비 '유령'들, 즉 자본가와 권력에 의해 현재진행형으로 궁지에 몰려 있는 친구들이다. '유령'이란 강한 불안이자 '거기에 존재함'으로써 신기하게도 우리에게 온기를 주는 희망이며, 이들이 뒤섞인 '현실' 그 자체였다.

　메이와 친구들은 마지막에 컬트 교단으로부터 '달아나는 데' 성공한다. '쳐부쉈다'라고 말할 정도로 적극적인 공세는 아니다. 그저 뒤쫓아오는 컬트 교단을 따돌려 탄광 밖으로 나가는 것이다. 약한 자를 내버리고 세우는 '영광의 역사'에서 예비 '유령'들이 빠져나간다. 이는 분명 하나의 희망이다.

메이가 앞으로 어떻게 할지는 게임에서 그려지지 않는다. 그저 부모님께 여태까지 자신에게 일어난 기묘한 일들—모든 것이 허무의 덩어리로만 보이는 강렬한 공포와 아픔—에 대해 이야기할 것을 처음으로 약속하며, 자신의 상황을 타자에게 터놓을 가능성을 암시하고 게임은 막을 내린다. 상황은 곧장 호전되지 않고 불안은 계속된다. 그럼에도 메이는 '유령'과 함께 일어섰다. 그러니 이것은 해피엔딩이다. 메이는 이제 이 아픔이 허무가 아니라는 것을 안다.

유령 쪽에 서서

책, 어떻게 들고 가야 할까. 한 박스에 너무 많이 집어넣으면 이삿짐센터 직원이 허리를 다칠 수도 있으니까 여러 박스로 나눠 담아야겠지. 책상은 어떡하지. 이사 갈 거면 처분하고 가라는 말을 들었는데, 이 크기의 가구를 처분한 적이 없어서 어떻게 해야 하는지 모른다. 애초에 우리 집은 엘리베이터도 없는데 어쩌지. 톱으로 해체하는 건? 좀 현실적이지 않다. 그나저나 누군가 함께 살 상대를 찾아야 하지 않을까?

요즘 이사에 대해서만 상상한다. 돈도 없고, 갈 곳도 없고, 이사 나갈 각오도 아직 못 했는데 무엇을 어떻게 넣어서 어디로 가져갈지 생각하며 저렴한 집을 검색하고 있다.

나는 엄청나게 큰 거인이 되어서
모두를 안고
어딘가 안전한 곳으로 데려가고 싶어.
하지만 나는 믿고 싶어.
도망갈 수 있다는 걸.

메이는 옛 친구들에게 이렇게 말한다. 거인이라는 될 수 없는 존재로 표상된 '도망'의 불안정하고도 비현실적인 이미지와 대비되는 것은, 막연하긴 하나 현실적으로 필요한 도주다. 메이는 후자를 '믿는다'고 말했다. 믿는다. 그것밖에 할 수 없는 시간이 아주 많고, 그때마다 자신의 무력함을 맛본다. 하지만 그것은 동시에 무척 중요한 일이기도 하다. 믿는 것조차 그만둬버리면 대체 무엇을 할 수 있을까?

"진짜로 100억 엔 있으면 좋겠다…. 100억 엔 있으면 누구든지 구할 수 있잖아…" 하고 중얼거리며 나는 오늘도 집을 알아본다. 불안과 희망으로 구축된 하나의 현실인 나 또한 '유령' 쪽에 서 있다.

죽은 이와의 합의

이미 이 세상에 없는 사람에 대해 생각한다.

죽은 이, 또는 유령이라 불러도 좋다. 그들은 어떤 원인으로 인해 목숨을 잃어서, 지금 살아 있는 사람들이 이 세상이라고 부르는 장소에는 물질적 신체를 두고 있지 않다. 물질적 신체가 없으면 대부분 인간은 그 존재를 시인하기가 불가능하므로, 이미 이 세상에서 사라진 사람의 존재는 대체로 무시된다.

그래도 괜찮은 걸까?

괜찮다고 생각하지 않는다. 전혀.

아나키스트 합의 형성에서 중요한 것

아나키스트, 특히 집단주의적 아나키스트가 가진 사상의 진수로 합의 형성의 중요성을 들 수 있다. 합의 형성이란 문자 그대로 타자와의 사이에서 합의를 형성하기 위한 활동을 말한다. 실질적으로는 단순한 다수결로 전락한, 의회를 사이에 둔 현재의 간접민주주의와는 달리 아나키스트는 지극히 직접적이고도 근본적인 민주주의를 지지한다. 다시 말해 백 명이 있으면 백 명, 천 명이 있으면 천 명 사이에서 가능한 한 모두가 합의할 수 있는 타협점을 추구하며 끊임없이 맞춰나가는 것이다. 이때 참가자들 사이에 유동적인 역할—예컨대 논의를 정리하는 진행 촉진자facilitator, 소목적별로 형성되는 개별적인 워킹 그룹working group과 그 대변인 등등—은 있어도 지위의 높낮이는 없으며, 항상 수평성을 유지하기 위한 최대한의 배려를 바탕으로 대화를 진행한다. 여기서 '그럼 백만 명이 합의 형성을 할 수 있을까?'라며 의문을 가지는 사람도 있을지 모른다. 그러나 나는 아나키스트가 상정하는 합의 형성은 기본적으로 그러한 국가 또는 거대 도시 규모의 집단을 전제로 삼아서는 안 된다고 본다. 인원수가 많아서 수평적으로 말하기 어려운 상황에 빠진다면, 집단을 잘게 분산해 합의 형성이 가능한 소집단까지 알맞게 흩어져야 한다. 그것이 권력 발생을 억제하는 데 중요한 일이다.

데이비드 그레이버가 말한 합의 형성의 원칙을 참조하자. 그레이버가 이끈 '월가 점령 시위Occupy Wall Street'는 2011년에 시작되어 전 세계로 퍼진 경제 불평등 해소 운동이다. 그레이버는 이때의 경험 등을 예로 들며 합의 형성의 원칙을 다음의 네 가지로 정리했다.

· 누구든지 제안에 대해 발언할 사항이 있다면 그 의견은 주의 깊게 검토해야 한다.
· 누구든지 강한 불안을 느끼거나 이의가 있다면 그 불안이나 이의를 감안해 가능한 한 최종 제안에 포함시켜야 한다.
· 누구든지 제안이 집단에서 공유하는 기본 원칙을 침해한다고 생각하면, 그에 대해 거부권을 행사(블록block)할 기회를 주어야 한다.
· 누구든지 동의하지 않는 결정에 따르기를 강요받아서는 안 된다.[1]

"합의 형성 과정의 멋진 점은 그것이 다양하고 가변적이라는 것이다."[2] 그레이버는 이렇게 말했다. 앞에서 인용한 것은 어디까지나 원칙이며, 실제로 합의 형성이 더듬더듬 나아가는 길은 몇 갈래나 존재한다(어디서 회의를 개최할지, 누가 어떤 순서로 말할지, 진행 촉진자를 어떻게 교대할지, 거부권이 행사된 경우 어떻게 대응할지…).

이것만으로는 구체성이 부족하므로 이 원칙에 기반해 그레이버가 일반화한 합의 형성의 절차도 인용하겠다.

1. 누군가가 어떤 행동 방침을 **제안**한다.
2. 진행 촉진자가 **검토 과제를 명확하게 만들도록** 요청해 누구나 논점을 분명히 이해할 수 있게 한다.
3. 진행 촉진자가 염려되는 사항을 묻는다.
   a. 염려하는 사람은 그 염려를 해소하기 위해 논의 도중 제안 내용에 대해 **'긍정적 수정'**을 건의할 수도 있다. 최초에 제안한 사람은 그것을 받아들일 수도 있고, 받아들이지 않을 수도 있다.
   b. 제안 내용, 수정안, 염려되는 사항의 중요성에 대해 **상황 확인**이 이루어지는 경우도 있다.
   c. 이런 식으로 제안은 기각되거나, 개선되거나, 다른 제안과 합쳐지거나, 세분화되거나, 보류될 것이다.
4. 진행 촉진자는 다음과 같은 방법으로 **합의 내용을 확인**한다.
   a. **방관**을 원하는 사람이 있는지 묻는다. 방관을 신청함으로써 '이 아이디어가 마음에 들지 않으며 행동에도 참가하지 않겠지만 다른 사람의 행동을 막지는 않을 것이다'라는 입장을 취할 수 있다. 어떠한 경우라도 방관하는 사람들이

그 이유를 설명할 기회를 마련하는 것이 중요하다.

b. **블록**을 원하는 사람이 있는지 묻는다. 블록은 '반대표'가
아니며, 거부권이라고 말하는 편이 그 뜻에 가깝다. 알기
쉽게 설명하자면 구성원 중 누구라도 일시적으로 헌법재
판소 재판관의 법복을 두르고 위헌이라고 생각하는 법률
을 무효로 만들 수 있다는 뜻이다. 요컨대 합의 형성에서
는 **공유된 기본 원칙이나 그룹의 존재 목적**에 위반된다고 생
각하면 누구나 이 권한을 행사할 수 있다.[3]

한번 읽어보면 합의 형성이 명확하게 사람들의 '참가'를
중시한다는 점을 알 수 있을 것이다. 아나키스트적인 직접민
주주의에서는 소수파의 의견을 말하는 자리가 언제나 마련
되고, 그것이 최대한 합의에 포함되도록 절차가 고안되어 있
다. 또한 논의 참가자로 상정하는 집단은 늘 유동적이며, 그
저 '지금 이곳에 있는 민중(경우에 따라서는 그곳에 없는 민중)'
으로서 대화를 꾀한다. 물론 논의 참가자 모두가 커뮤니케이
션에 뛰어난 것은 아닐 테니, 상황에 따라 참가자의 의도를
짐작해낼 진행 촉진자가 들어오거나 언어 외적인 표현을 사
용해 의사를 표명하는 시간을 마련할 필요가 있을 것이다.

이 방법이 꼭 쉽지는 않다. 적어도 시간은 걸린다. 그러
나 '의결은 빠른 편이 좋다'라는 발상은 실로 신자유주의적
이다. 아나키스트적인 합의 형성에서는 '시간이 걸리는 것'을

당연하다고 여기고 허용하는 자세가 중요하다. 이는 한 번에 몇십 시간씩 논의하라는 뜻이 전혀 아니다. 합의에 이르기까지 시간이 많이 걸릴 가능성을 받아들여야 한다는 뜻이다.

우리는 전부 인간 앰프가 될 필요가 있다

신자유주의적인 '속도'에 가치를 두지 않도록 신경을 쓰면 또 하나의 시간의 흐름이 나타난다. 바로 '지금 이곳'에 없는 민중, 특히 이미 사라진 민중이다. 죽은 이다.

생각건대 죽은 이와 완전한 합의를 이루는 일은 불가능하다. 이 점은 모두가 대략 공유할 수 있다고 본다. 단, 이는 '완전한' 합의인 경우다. 죽은 사람의 사상을 산 사람이 진지하게 이어받는다면, 거기서 죽은 이를 포함한 합의 형성의 가능성이 열리지 않을까. 또한 죽은 이를 무시한 채로 어떤 일을 진행하려고 하는 사회는 명백히 나쁘지 않은가.

〈잠자는 벌레〉(2020)라는 영화가 있다. 가네코 유리나라는 영화감독이 찍은 62분짜리 작품이다. 이 영화는 가네코 유리나가 품고 있던 어릴 적 돌아가신 할머니—놀랍게도 이분 역시 아나키스트였다!—와 이야기를 나눠보고 싶다는 소망의 계기를 찾아보기 위해 기획한 작품이다.

"있잖아, 유령은 어디로 목소리를 내는 걸까?" 이야기는 이 질문에서 시작한다. 주인공 가나코는 거리에 묻히는 타인의 대화에 귀를 기울이며 몰래 녹음기를 튼다. 그는 '도청'이 취미인 밴드부원이다. 그날도 가나코는 녹음기를 들고 밴드 연습실로 향하는 버스에 타 있었다.

도중에 가나코는 신기한 멜로디를 흥얼거리는 늙은 여성—이름은 쓰카모토 시즈에인 듯하다—을 만난다. 그 노래를 녹음하고 싶다는 일념으로 여성을 쫓아가다가 가나코는 그를 놓치고, 대신 상자를 하나 발견한다. 가나코는 자기도 모르는 사이에 상자를 어떤 집에 전해주는 여행에 휘말린다.

대충 짐작이 가겠지만 시즈에는 유령이고, 가나코의 여행은 유령의 목소리를 전해주는 여정이다. 상자 속에 담겨 있던 시즈에가 모은 돌, 시즈에가 바라보고 스케치한 풍경화, 시즈에의 목소리가 녹음된 카세트테이프는 전부 쓰카모토 시즈에라는 사람의 영혼의 조각이었다.

'인간 앰프'. 유령은 어디로 소리를 내는 걸까. 이 최초의 질문에 대해 가나코는 그런 대답을 내놓는다. 산 사람이 죽은 사람의 악기가 되어 죽은 이의 목소리를 전한다. 그 행위를 나타낸 표현 중 이만큼 사랑스럽고 독특한 말은 없을 것이다.

말하자면 우리는 전부 인간 앰프가 될 필요가 있다. 예컨대 시즈에가 상자에 넣은 물건들이 박물관에 진열될 일은 없을지도 모른다. 그러나 기록에서 누락될 법한 작은 목소리야말로, 그 목소리를 들은 산 사람이 채집해 모으고 때로는 상상력을 발휘해서 이어받아야 하지 않겠는가. 채집할 수 있는 사람이 적은 목소리일수록, 채집한 사람이 앰프가 되지 않으면 그 목소리는 사회에서 간과되고 만다. 인생에서 언젠가 스쳐 지나는 죽은 이. 그것은 가까운 사람일 때도 있고 한없이 먼 사람일 때도 있다. 하지만 그런 죽은 이의 흔적과 마주쳤다면(목소리를 들었다면), 그 목소리를 자신의 힘으로 진지하게 다시 서술할 책임이 있다.

보이지 않는 타자의 의지를 존중하기

인간 앰프가 되는 것은 (적어도 나에게는) 쉬운 일이 아니다. 나는 죽은 사람에 대한 산 사람의 책임의 무게가 두렵고, 무엇을 어디까지 짊어질 수 있을지 불안하다. 또 내가 죽은 이의 과도한 대변자가 되어버리지 않을까 나름대로 우려도 된다.

단, 이 불안과 우려는 (적어도 나에게는) 분명 필요한 것이기도 하다. 타인을 마주하는 일 자체가 근본적으로 그렇기 때문이다. 죽은/죽지 않은, 이 사이의 '/'는 확실히 결정적이기는 해도 존중의 예법 자체는 서로 맞닿아 있다.

나는 내가 만난 죽은 이/타자를 내 나름대로 짊어지고 목소리를 내고 싶다. 내 나름대로밖에 짊어지지 못한다 해도, 짊어질 수 있는 범위 내에서는 성실하고 싶다. 아나키anarchy란 보이지 않는 타자의 의지를 존중하는 일이다.

덧붙임 2022년 9월 27일, 암살당한 아베 신조의 '국장'이 국민들의 동의 없이 진행되었다. 국가라는 폭력 장치가 애도해야 마땅한 죽은 이와 애도할 필요 없는 죽은 이 사이에 선을 그어, 원래라면 책임을 져야 할 죽은 이─예컨대 간토대지진 당시의 조선인 희생자 등─를 계속 무시하는 것은 정말이지 말도 안 되는 일이다. 나의 기도는 목소리를 들어주지 못한 죽은 이들을 위해 존재한다.

마치며

　이 책은 2019년부터 2022년까지 약 3년에 걸쳐 써온 에세이를 한 권으로 모은 것이다.

　다시 읽어보니 나는 뭐가 어찌 됐건 '써서 남기는' 것을 고집해온 듯하다. 이 책에는 지금의 나로서는 감당할 수 없는 일에 발을 들여놓고, 결론을 내리지 못한 채 곤혹스러워하며 끝나는 듯한 문장이 무수히 실려 있다. 나는 나 자신의 족적과 시야를, 뒤죽박죽인 채라도 좋으니 공개적으로 드러내보고 싶었던 것 같다. 나라는 개인이 어떤 상황에 놓여 있었고 무엇에 둘러싸여 있었는지를 책으로 기록하는 일은, 사회적 사건을 개인의 시선으로 다시 이야기했다는 의미에서 일종의 '개인사' 서술이다. 그것을 만난 적도 없는 누군가, 미지의 이웃을 향해 발신해보고 싶었다. 얼굴도 모르고 만난 적도 없는 사람과 어딘가에서 이야기를 나누고 함께 싸울 계기를, 뭐가 어찌 됐건 간에 만들어보고 싶었다.

말하자면 이 책은 자의식 넘치는 묘석이자 무작위하게 흩뿌린 감정적 유언이다. 나는 그것들을 계속해서 만든다. 묘석은 앞으로도 계속 세워질 것이며, 유언도 더더욱 길어질 것이다. 이 소소한 묘석을 언젠가 누군가가 발견해주기를, 나는 긴 시간을 들여 기대해보고 싶다.

내가 써온 문장은 사람을 적잖이 선동하는 성질을 지니고 있다. 적어도 나는 그런 의도로 썼다.

언어에 의한 선동은 기본적으로 폭력이며, 더 말하자면 악이다. 나는 '더 나은' 선동은 있을지 몰라도 '좋은' 선동은 없다고 본다. 그 점을 알면서도 어째서 선동을 계속하느냐고 묻는다면, 인간의 삶을 모독하고 유린하는 시스템에 가담시키려는 선동이 활개 치는 이 사회에서는 인간의 삶을 온갖 형태로 옹호하는 선동, 삶을 협박하는 구조를 파괴하기 위한 선동이 저항 수단으로서 떠오르기 때문이라고 말할 것이다.

나는 독자 여러분을 삶으로 선동한다. 그리고 당신의 삶이 다른 누군가를 삶으로 선동할 가능성을 믿는다. 이는 결코 삶을 선, 죽음을 악으로 나누는 사상이 아니다. 나는 죽음이 얼마나 매력적인 선택지인지, 자신의 삶을 받아들이는 것이 얼마나 어려운 일인지 조금이나마 이해하고 있다. 하지만 죽음에 평온이 있다는 사실을 알면서도, 그럼에도 여전히 괴로운 삶으로 헤쳐 들어가는 길에야말로 사회를 변화시킬 힘이 있다고 말하고 싶다. 생존은 저항이다. 그리고 무엇보다 나는 나의 이기심으로 당신이 살아 있기를 바란다. 이 책의 모든 것은 그 때문에 존재한다.

이 책을 쓰면서 많은 분들의 신세를 졌다.

처음으로 자유로운 에세이를 쓸 기회를 주신 음악 잡지 《엘레 킹ele-king》의 고바야시 다쿠네 씨. 고바야시 씨가 발탁해주지 않았다면 나는 글을 쓰는 사람으로서 여기까지 걸어오지 못했을 것이다.

이 책(이하 원서)의 장정과 디자인을 맡아준 미야기 사토코 씨. 훌륭한 활동가 동지이기도 한 사토코 씨가 나의 첫 책을 맡아주셔서 정말 영광이다.

이 책의 표지 일러스트를 그려준 마쓰모토 다이키. 나의 유일무이한 소울메이트인 너 말고는 내 첫 단독 저서의 표지를 부탁할 상대가 없었어. 너와 함께 일하는 날이 온 것이 진심으로 기뻐.

이 책을 편집해준 진분쇼인 출판사의 우라타 지히로 씨. 글을 쓰며 많은 난관에 부딪혔지만 우라타 씨는 그때마다 헌신적으로 도와주셨다. 우라타 씨가 내 문장의 의의를 끝까지 믿어주신 것은 나의 자랑이다. 나의 에세이를 책으로 만들고 싶다고 말해준 사람이 우라타 씨여서 다행이라고 진심으로 생각한다.

모든 면에서 나를 지지해준 친구들과 나의 사상 형성을 도와준 두 스승, 나카자와 가쓰아키 선생님과 호조 가쓰타카 선생님께도 깊이 감사드린다.

그리고 무엇보다 이 책을 집어 들어주신 독자 여러분께. 당신이 없었다면 나는 문장을 계속 쓸 수 없었을 것이다. 당신이 힘없이 드러누운 날, 모든 것이 허무에 삼켜지려 할 때 이 책이 조금이나마 도움이 되기를 내 멋대로 소망해본다. 무책임한 말이라는 건 알지만, 모쪼록 살아 있어주기를. 그렇게 말하도록 허락해주기를.

모든 것의 혁명적 생존을 바라며.

다카시마 린

주

1부 모든 권력을 거절하라: 아나카 페미니즘

아나카 페미니스트가 된 이유

1   구리하라 야스시 편저 《철겹게 피어라, 자유여》(지쿠마쇼보筑摩書房, 2018),
142~143쪽.

2   앞의 책, 151쪽.

3   앞의 책, 152쪽.

4   앞의 책, 148~149쪽.

5   《나는 나》는 현재 이와나미 문고판 외에 스즈키 유코 편저 《가네코 후미코
나는 나 자신을 산다金子文子 わたしはわたし自身を生きる》(나시노키샤梨の木舎,
2006)에도 수록되어 있다. 전자가 구하기 쉽지만 후자에는 후미코의 주요
조서 외 옥중에서 지은 시도 수록되어 있으므로 이쪽을 추천하고 싶다.

6   스즈키 유코 편저 《가네코 후미코 나는 나 자신을 산다》(나시노키샤, 2006),
351쪽.

7   앞의 책, 351쪽.

8   단, 운동사史를 해석할 때 가네코 후미코는 아나카 페미니스트의 자리에
놓이는 경우가 많다(무라카미 기요시 〈아나카 페미니즘アナーカ・フェミニズム〉
《겐다이시소現代思想》 2019년 5월 증간호, 세이도샤青土社). 나는 운동사에서
는 본인의 자기 정의와는 별개로 사상적 계보에 기반해 입장을 판정해도 좋
다고 본다. 왜냐하면 운동이란 목적에 대한 연대(여야 하)고, 개개인의 사상

을 진지하게 해석하는 한 본인의 사후에도 연대가 가능하다고 생각하기 때문이다.

죽고 싶은, 죽이고 싶은 마음은 사람을 살리는 데 쓰자

1 리베카 솔닛 지음, 와타나베 유카리 옮김《그것을 진짜 이름으로 부른다면 그것을, 真の名で呼ぶならば》(이와나미쇼텐岩波書店, 2020), 2쪽. / 원제는《Call Them by Their True Names—American Crises (and Essays)》(Haymarket Books, 2018), 한국어판 제목은《이것은 이름들의 전쟁이다》(김명남 옮김, 창비, 2018).

2 앞의 책, 15쪽.

2부 함께 화를 내자: 시스터후드

지금 우리에게 필요한 시스터후드

※ 이 원고를 집필할 때 페미니스트 철학자인 하마사키 후미나 씨로부터 많은 가르침을 받았다. 이 자리를 빌려 감사드린다.

1 벨 훅스 지음, 노자키 사와·게즈카 미도리 옮김《벨 훅스의 페미니즘 이론—주변에서 중심으로ベル·フックスのフェミニズム理論—周辺から中心へ—》(아케비쇼보あけび書房, 2017) 75쪽. / 원제는《Feminist Theory—From Margin to Center》(South End Press, 1984), 한국어판 제목은《페미니즘—주변에서 중심으로》(윤은진 옮김, 모티브북, 2010).

2 앞의 책, 100쪽.

3 리 에델만 지음, 후지타카 가즈키 옮김〈미래는 어린이 속이기—퀴어 이론, 비동일화, 그리고 죽음 본능未来は子供騙し—クィア理論、非同一化、そして死の欲動—〉《시소사상思想》241호(이와나미쇼텐岩波書店, 2019, 원저는 1998).

4 Lugones, Maria C.〈Sisterhood and Friendship as Feminist Models〉Penny A. weiss, Marilyn Friedman 편저《Feminism and Community》(Temple University Press, 1995)

5 〈시스터, 등 뒤를 맡긴다シスター、背中は任せた〉《분게이文藝》2019년 겨울호,〈시스터, 미쳐 있는가?シスター、狂っているのか?〉《시몬느シモーヌ vol.2》(겐다이쇼칸現代書館, 2020) 참조.

6 마크 피셔 지음, 세바스찬 브로이·가와나미 루리 옮김《자본주의 리얼리즘資本主義リアリズム》(호리노우치숏판堀内出版, 2018) 69쪽. / 원제는《Capitalist Realism—Is There No Alternative?》(Zero Books, 2009), 한국어판 제목은《자본주의 리얼리즘》(박진철 옮김, 리시올, 2018).

참고 문헌

별책 다카라지마 편집부 편저《알고 싶은 당신을 위한 페미니즘·입문わかり
たいあなたのためのフェミニズム·入門》(다카라지마샤宝島社, 1990)

아루가 나쓰키〈젠더를 둘러싼 키워드 시스터후드─그 의미와 한계ジェンダー
ーをめぐるキーワード シスターフッド(sisterhood)─その意味と限界─〉《젠더 사학ジ
ェンダー史学》3호(2007)

유즈키 아사코〈시스터후드를 믿지 못하는 사람에게シスターフッドが信じられ
ない人へ〉기타하라 미노리 편저《일본의 페미니즘日本のフェミニズム》(가와데
쇼보신샤河出書房新社, 2017)

벨 훅스 지음, 노자키 사와·게즈카 미도리 옮김《벨 훅스의 페미니즘 이론
─주변에서 중심으로》(아케비쇼보, 2017)

기타무라 사에〈파도를 읽다─4세대 페미니즘과 대중문화波を読む─第四波
フェミニズムと大衆文化》《겐다이시소》48권 4호(세이도샤, 2020)

다나카 도코〈느낌 좋은 페미니즘?─인기 있는 것을 둘러싼 우리의 중의성
感じのいいフェミニズム?─ポピュラーなものを巡る、わたしたちの両犠牲〉《겐다이시
소》48권 4호(세이도샤, 2020)

3부 나는 '거울아, 거울아'가 싫다: 외모지상주의

그 열차에는 타지 않아도 된다

1 이토 아카리〈'거울아 거울아'에 담은 마음─편집장 메시지「かがみ
 よかがみ」に込めた思い 編集長メッセージ〉https://mirror.asahi.com/
 article/12627912

도시의 뼈를 주워라

1 미타 무네스케《시선의 지옥─끝없이 살아가는 것의 사회학まなざしの地獄
 ─尽きなく生きることの社会学》(가와데쇼보신샤, 2008), 40~41쪽.

2 앞의 책, 60쪽.

3 앞의 책, 60쪽.

4 앗코 고릴라〈에브리바디 BO〉https://www.youtube.com/
 watch?v=799rexxpndU

5 찬미나〈미인(Official Music Video)〉https://www.youtube.com/
 watch?v=r2bHEcxB5kY

6 자세한 내용은 졸고〈콤플렉스야말로 아름다워'의 미래에 있는 폐쇄된 사
 회「コンプレックスこそ美しい」の先にある、閉鎖された社会〉https://wezz-y.com/
 archives/91811 참조.

7   졸고 〈웃는 방랑자, 혹은 외모지상주의에 저항하기 위한 파괴笑う流浪者、あるいはルッキズムに抗うための破壊〉http://www.ele-king.net/columns/regulars/alternatives/006924/도 참조(이 부에 수록되어 있음).

8   마쓰다 마사오 〈풍경으로서의 도시風景としての都市〉《풍경의 사멸風景の死滅》(다바타쇼텐田畑書店, 1971) 12쪽.

9   앞의 책, 13쪽.

10   이하 골상학에 대해서는 히라노 료 《골상학―능력 인문학의 아르케올로지骨相学―能力人文学のアルケオロジー》(세오리쇼보世織書房, 2015)를 참조했다.

11   앞의 책, 28쪽.

12   앞의 책, 48~49쪽.

13   가토 히로후미 〈선주민족의 유골 반환―선주민 고고학으로서의 해외의 대처先住民族の遺骨返還―先住民考古学としての海外の取り組み〉http://hdl.handle.net/2115/68822

14   앞의 책(미주 10), 42쪽.

15   앞의 책(미주 10), 52쪽.

16   호카리 미노루 《래디컬 오럴 히스토리ラディカル・オーラル・ヒストリー》(이와나미쇼텐, 2018, 초판은 2004), 229쪽.

17   요시자와 나쓰코 《'개인적인 것'과 상상력「個人的なもの」と想像力》(게이소쇼보勁草書房, 2012), 98쪽.

4부 이불 속에서 봉기하라: 신자유주의와 능력주의

나는, 꼭 행복해야 하는가

1   스즈키 유코 편저 《가네코 후미코 나는 나 자신을 산다》(나시노키샤, 2006), 349~350쪽.

셀프 인터뷰

1   RYU · 호소야 유키 옮김 《탕핑주의자 선언寝そべり主義者宣言》(독립출판물, 2022), 11~12쪽.

2   앞의 책, 23쪽.

5부 꼼짝할 수 없는 밤을 위해: 정신건강과 우생학

젠장, 미안해, 괜찮아, 괜찮아

1   2019년 3월 여러 건의 성폭력 사건에 무죄 판결이 내려진 것이 문제시되어 그다음 달인 4월 성폭력에 반대하는 시위 '플라워 데모'가 처음으로 일어났

다. 플라워 데모는 지금도 수많은 지역에서 이어지고 있다.

2 2019년 3월 19일, 후생노동성 관료가 김포공항에서 "한국인이 싫다" 등
의 폭언을 내뱉으며 난동을 피워 경찰에 불구속 입건되는 사건이 일어났
다. 〈후생성 과장이 한국 공항에서 폭행? 현지 경찰이 취조〉《아사히신문》
https://www.asahi.com/articles/ASM3N5T24M3NULFA031.html

6부 개인을 지우는 클리셰에 대해: 가부장제와 국가주의

새해에는 비즈니스호텔로 도망친다

1 〈'유대'란 이런 것―'기생충'(스포 있음)「絆」ってこれだよね~《パラ
サイト 半地下の家族》(ネタバレあり)〉https://saebou.hatenablog.com/
entry/2020/01/23/223209, 〈가족을 의심하지 않는 '기생충'이 역설적으로
시사하는 양극화 사회의 냉혹함과 가족이라는 고질병家族を疑わない《パ
ラサイト 半地下の家族》が、逆説的に示唆する格差社会の厳しさと家族という宿病〉
https://news.yahoo.co.jp/byline/hantonghyon/20200115-00158962

느슨한 합의로 마구 확대되는 것

1 다음 참조. https://www.24hourtv.or.jp/activities/total.html
2 출처: https://www.city.kyoto.lg.jp/sankan/page/0000254139.html
3 출처: https://www.bbc.com/news/48798575
4 방법론 간담회 편저《일본사의 탈영역日本史の脱領域》(신와샤森話社, 2003),
235쪽.
5 앞의 책, 237쪽.

눈앞의 풍경을 의심하라

1 가와바타 고헤이《우리 고장을 걷다―친숙한 세계의 에스노그래피ジモトを
歩く―身近な世界のエスノグラフィ》(오차노미즈쇼보お茶の水書房, 2013), 214쪽.
2 앞의 책, 215쪽.
3 안젤라 데이비스 지음, 우에스기 시노부 옮김《감옥 비즈니스―글로벌리
즘과 감옥 산업 복합체監獄ビジネス―グローバリズムと産獄複合体》(이와나미쇼텐,
2008), 13쪽/원제는《Are Prisons Obsolete?》(Seven Stories Press, 2003).

8부 소리 지르지 못하는 존재들을 위해: 애도와 기도

전철에서 눕는 사람, 볼탕스키의 신화

참고 문헌

유자와 히데히코《크리스티앙 볼탕스키─죽은 이의 모뉴먼트クリスチャン・ボルタンスキー 死者のモニュメント》(스이세이샤, 2004)

변두리의 유령들

1 가와바타 고헤이《우리 고장을 걷다─친숙한 세계의 에스노그래피》(오차노미즈쇼보, 2013), 245쪽.
2 앞의 책, 245쪽.
3 앞의 책, 245쪽.

죽은 이와의 합의

1 데이비드 그레이버 지음, 기노시타 지가야·에가미 겐이치로·하라 다미키 옮김《데모크라시 프로젝트─점령 운동·직접민주주의·집합적 상상력デモクラシー・プロジェクト─オキュパイ運動・直接民主主義・集合的想像力》(고시샤水声社, 2015) 249~250쪽. / 원제는《The Democracy Project─A History, a Crisis, a Movement》(Spiegel & Grau, 2013), 한국어판 제목은《우리만 모르는 민주주의─1%의 민주주의 VS 99%의 민주주의》(정호영 옮김, 이책, 2015).
2 앞의 책, 260~261쪽. 방점은 원문과 같음.
3 앞의 책, 253~254쪽. 방점과 강조는 원문과 같음.

출처

※ 이 책에 수록하며 가필·수정했습니다. 생략된 장은 새로 썼습니다.

1부 모든 권력을 거절하라: 아나카 페미니즘

〈매 순간 변하는 현상이 되고 싶다〉(《엘레킹》 연재 〈There are many many alternatives. 길은 차고 넘칠 정도로 있다〉 제1회 2019/3/1)

2부 함께 화를 내자: 시스터후드

〈지금 우리에게 필요한 시스터후드〉(〈시스터후드 아지테이션〉《분게이》 2020년 가을호, 가와데쇼보신샤)

〈세상에는 더, 더, 더 많은 길이 필요하다〉(〈불길, 죽음, 여자〉 '알트슬럼 ALTSLUM' 연재 https://altslum.com/2020//11/09/fire-death-women/)

3부 나는 '거울아, 거울아'가 싫다: 외모지상주의

〈웃는 유랑자, 저항하기 위한 파괴〉(《엘레 킹》 연재 제6회 2019/6/6)

〈그 열차에는 타지 않아도 된다〉(〈'콤플렉스야말로 아름다워'의 미래에 있는 폐쇄된 사회〉 https://wezz-y.com/archives/91811 《웨지wezzy》 2021/6/22)

〈도시의 뼈를 주워라〉(《겐다이시소》 2021년 11월호, 세이도샤)

4부 이불 속에서 봉기하라: 신자유주의와 능력주의

〈머그잔은 깨졌고, 욕실 타일은 오늘도 네모나다〉(《엘레 킹》 연재 제2회 2019/5/8)

5부 꼼짝할 수 없는 밤을 위해: 정신건강과 우생학

⟨젠장, 미안해, 괜찮아, 괜찮아⟩(⟨사랑과 생존⋯⋯⟩《엘레 킹》 연재 제4회 2019/4/9)

6부 개인을 지우는 클리셰에 대해: 가부장제와 국가주의

⟨새해에는 비즈니스호텔로 도망친다⟩(⟨비즈니스호텔에서 섞는 '가루 1'—영화 ⟨기생충⟩과 가부장제⟩《엘레 킹》 연재 제10회 2020/2/17))

⟨느슨한 합의로 마구 확대되는 것⟩(《엘레 킹》 연재 제7회 2019/7/23)

⟨눈앞의 풍경을 의심하라⟩(⟨풍경을 뚫다—혹은 다이조큐 앞에 늘어선 우산에 대해⟩ https://www.elabo-mag.com/article/20210514-03 《엘라보elabo》 2021/5/14)

7부 밈처럼 변한 사회: 통념과 의례

⟨총구 앞에서 계속 춤추기⟩(《엘레 킹》 연재 제9회 2019/10/8)

⟨반反생일 파티주의⟩(《엘레 킹》 연재 제5회 2019/5/2)

8부 소리 지르지 못하는 존재들을 위해: 애도와 기도

⟨전철에서 눕는 사람, 볼탕스키의 신화⟩(《엘레 킹》 연재 제8회 2019/8/19)

⟨변두리의 유령들⟩(《엘레 킹》 연재 제11회 2020/7/4)

옮긴이의 말

이불 속에서 힘없이 쥔 주먹으로도

2023년 일본 출판계에서 하나의 사건이 일어났다. 대형 서점 체인이자 출판사인 기노쿠니야에서 해마다 뽑는 '기노쿠니야 인문 대상'에 1995년생 신예 작가의 첫 에세이집이 선정된 것이다. 바로 이 책, 《이불 속에서 봉기하라》였다. 역대 수상작이 쟁쟁한 철학자와 비평가 등의 저서였던 만큼 놀라움은 컸다. 저자 다카시마 린은 수상 연설에서 이렇게 말했다.

"저는 아나카 페미니스트로서 글을 쓰고 있습니다. 아나카 페미니스트란 성차별의 근절을 바라며 모든 권력의 발생을 거부하는 사람입니다. 나아가 국가를 거부하고 경찰을 거부하고 (…) 자본주의를 거부하고 신자유주의를 거부하는 사람입니다. (…) 제가 살고 있는 이 나라가 지금 갖가지

부조리를 받아들이도록 강제하는 데 대해 저는 강한 분노를 느낍니다. 이 책을 쓴 원동력은 그러한 거부와 분노에서 비롯되었습니다."

시인이자 한국어 번역가인 사이토 마리코는 이 책의 일본어판 추천사에 "지금 이 사람이 하는 이야기를 반드시 들어야 하지 않을까. 귀만 기울일 게 아니라, 온몸을 기울여서"라고 썼다. 과연 그 말대로였다. 사회와의 마찰을 온몸으로 느끼며 그것을 정확한 언어로 표현하고자 한 분투의 기록은 나의 둔해진 신경을 각성시켰다. 신자유주의, 능력주의, 가부장제, 국가주의, 외모지상주의 등에 대해 많은 이야기를 하는 책이지만, 그중에서도 내 마음을 가장 강하게 두드린 것은 죽지 말라는, 뭐가 어찌 됐건 살아 있으라는 외침이었다. 그리고 그 외침은 필연적으로 7년 전 그 사건을 떠올리게 했다.

2016년 5월 17일 새벽, 강남역 근처의 상가 공용화장실에서 김성민이라는 남성이 일면식도 없는 여성을 살해했다. 그는 화장실에 먼저 들어온 남성 여섯 명은 그냥 보낸 뒤 여성이 오자 칼로 찔렀다. 명백한 여성혐오 살인이었다. 그러나 언론은 이를 두고 '묻지마 살인'이라고 보도했다. 이에 분노한 여성들은 강남역 10번 출구에 모여 외쳤다. "나는 우연히 살아남았다." 그 외침에는 이 일이 "어떤 나쁜 놈이 저지른

이질적이고 특수한 '사건'이 아니라 여성 및 소수자에 대한 혐오가 일상적인 사회, 그리하여 이들에 대한 폭력의 수위 역시 나날이 높아지는 사회에서 발생한 '사회 현상'이라는"* 뜻이 담겨 있었다.

이 사건을 계기로 수많은 사람들이 페미니스트가 되었다. 그리고 눈을 가리고 있던 비늘이 갑자기 툭 떨어진 것처럼 이 세상의 불편한 진실을 깨달아갔다. 하지만 정작 우리가 체감하는 세상은 7년 전 그날 이후로 무엇이 달라졌는가. 입사 동기 여성을 불법 촬영하고 스토킹하다 신당역 여자화장실에서 살해한 사건, 신림동 등산로에서 너클을 끼고 모르는 여성을 폭행 후 성폭행해 사망에 이르게 한 사건 등 여성에 대한 폭행과 스토킹, 그리고 살인 사건은 여전히 사흘이 멀다 하고 일어나고 있다. 그럼에도 그건 여성혐오 범죄가 아니라며, 사람들의 눈을 다시 비늘로 덮으려고 하는 폭력적인 목소리들은 우리의 마음을 끊임없이 멍들이고 지치게 한다. 여성혐오는 단순히 '여성을 싫어한다'는 뜻이 아니라는 것을, 그건 "남성 중심적 사회에서 자라고 배우고 살아가는 구성원들이 자연스럽게 체화하는 남성 중심적 관습이나 문화 등 모든 사회적 맥락을 일컬으며, 궁극적으로는 여성들에

---

* 이지원(페미니즘 액션그룹 '강남역 10번 출구' 활동가), 〈"나는 우연히 살아남았다"〉《프레시안》2017.3.11. https://www.pressian.com/pages/articles/152571

게 실재하는 피해를 야기시킨다"*는 것을 언제까지 외쳐야 닫힌 귀들이 열릴까?

　우연히 살아남았다. 그런 생각을 한 번이라도 해본 적 있는 사람이라면, 어쨌든 살아남으라고 말하는 이 책을 보고 다른 어디서도 접하지 못한 방식으로 위로를 얻을지도 모른다. 물론 저자가 말하는 '살아남기'는 위에서 열거한 참혹한 사건들과는 상황이 다르며, 그 외침의 대상 또한 여성뿐만 아니라 사회의 모든 약자를 포함하고 있다. 그러나 위의 사건들을 ('묻지마 살인'이라고 일컫는 식으로) 단지 개인의 일탈로 치부해서는 안 된다는 점에서, 저자의 말처럼 "문제는 언제나 구조 쪽에 있다"는 점에서 '살아남기'의 본질은 같다고 본다.

　신체에 직접적으로 가해지는 폭력이든 시스템적으로 일어나는 폭력이든, 또는 왜곡된 인식과 사회 분위기로 인해 발생하는 폭력이든, 반격하기 힘든 거대한 폭력을 당해 한없이 무력해지는 경험은 불행히도 현 사회에서 그리 드물지 않다. 저자는 이불 속에 웅크려 힘없이 주먹을 쥐는 것 말고는 아무것도 할 수 없는 그런 이들을 향해 그래도 살아남으라

---

* 〈신당역 스토킹 살인사건'을 둘러싼 '여성 혐오' 논점 총정리 (8) '여성 혐오 범죄' 논쟁이 불편한 30대 남성(한국일보 젠더무물 기획)〉《한국일보》, 2022.9.23. https://www.hankookilbo.com/News/Read/A2022091613400004372?did=NA

고, 저항하라고, 그래서 몇 번이든 만나자고 힘주어 말한다.

그러므로 이 책은 선동문이다. 저자 스스로도 망설이고 실패하고 다시 쓰며 겨우 완성해낸 기나긴 선동문이다. 나는 저자와 마찬가지로 이 책을 읽는 분들이 저자가 말하는 '혁명'에 기꺼이 휩쓸려주기를 소망한다. 그것은 결코 대단한 행동이나 거창한 에너지가 필요한 일이 아니다. "아무리 움직이지 못하더라도 지금 거기서 사회와 마찰을 느끼며 존재하고 있다면", 그 생존 자체가 저항이기 때문이다. 그러니 일단은 살아남자. 그리고 자신이 할 수 있는 가장 작은 일에서부터 혁명을 시작하자. 책에 나와 있는 대로 1년에 한 번쯤 의례 참여를 거부하는 것도 좋고, 직장 상사의 성차별적 발언에 애매한 미소로 동조를 표하지 않는 것이라도 좋다. 또는 이불 속에서 살그머니 주먹을 쥐어보는 것도 "봉기의 증표"가 될 수 있다. 그럴 때 이 책은 "열려 있는 문, 마실 수 있는 물이 솟아나는 고요한 샘, 또는 아무도 없는 호숫가의 벤치로" 당신 곁에 언제나 존재할 것이다.

2023년 가을
이지수

《이불 속에서 봉기하라》 펀딩 후원자 명단

가나다순

"모든 것의 혁명적 생존을 바라며"

초판 1쇄 인쇄 2023년 10월 15일
초판 1쇄 발행 2023년 10월 20일

지은이 다카시마 린
옮긴이 이지수

발행인 박재호
주간 김선경
편집팀 강혜진, 이복규, 허지희
마케팅팀 김용범
총무팀 김명숙

디자인 형태와내용사이
표지 그림 서소영
교정교열 정재은
종이 세종페이퍼
인쇄·제본 한영문화사

발행처 생각정원
출판신고 제25100-2011-000320호
주소 서울시 마포구 양화로 156(동교동) LG팰리스 814호
전화 02-334-7932 **팩스** 02-334-7933
전자우편 3347932@gmail.com

ISBN 979-11-91360-88-2(03300)